はじめに

大いなるものの情け

私は横浜下町の町屋に育った。一九六〇年代のそこは、まだまだ貧しさが抜けていない。近所の酒屋の床は土間だった。私の家は貧しくはなかったが、教育程度が低く、無知と無明に閉ざされていた。世の識者はご存じないだろうが、世の中の事も皆目分からず、先の見通しも立てられない家は不安で気後ればかりしている。悪徳も蒙《くら》い土蔵の中から醸されるように泡を吹き出すのである。

私はそこから今日までずっと硝子窓にぶつかり、羽をバタバタさせる蛾のように「大いなるものの情け」を求めてきた。私にとっての学問とは、そのようなものである。だから私は役に立たない学問を嫌った。

聖書の記憶は一風変わったものである。文語体から口語体にかわった時に、「厳かなものが消えたという軽い喪失感」を味わった。ということは、私は子供の頃のいつか、文語体の聖書を読んでいたはずなのだ。その記憶がないので、シンクロして着地してみると、姉の部屋が視える。たぶんミッションスクールに通っていた姉の部屋にあったそれを竊《ぬす》み見ていたのであろう。口語体は中学の頃に買ったが、先の理由でがっかりしたのでほとんど開かれなかった。

中学からはエスカレーター式の学校だったので、理数系は当初から棄てていた。高校卒業時にはそれでも一〇点満点中八・七あったので工学部に行けたのだが、楽な文学部へ入った。家で独学するためと、当初から決めていたからである。私は「独学魔」なのだ。

中学では中国語を自習していたが、テレビのテキストの第一課は何と、「人民公社は好い」だった。藤堂明保教授が「アジア贖罪」の話ばかりするので、早く発音しろと怒鳴りたくなったのを覚えている。

高校では、文学と哲学ばかり読んでいた。今では私はヘーゲルのことを偽預言者と言ってはばからないが、二年生の時『歴史哲学』はボロボロになるまで読んだ。私は人文の理論系の学問が将来的に役に立つものと信じて過ったのである。

間違った学問を現代に繋がないこと

大学は東洋史を選んだが、教授たちが制度史の話ばかりするので、そんな役に立たないことを現代に繋いでどうするのかと、訝った。十七世紀の快楽主義の偉人もこういっているではないか。

科学もしくは学芸は、善である。というのは、それは快だからである。……他人の書いたものを基礎として事物の原因を論ずる者たち……時には悪でさえある。なぜならば古代の誤りを固定することによって、真実への道を妨害するからである。(ホッブズ『哲学原論』第二巻「人間論」柏書房、二〇一二年、六八三頁)。

その間中国語の独学は進み、卒業時には中華書局版の『巴金全集』がぜんぶ読めるようになった。

大学院の入試で中国語を選ぶと、なんと巴金が出た。黒い街にきらきらと灯りが瞬くような文章だった。満点だったが、わざと二点削られ、指導教授が問題を流したのではないかと疑われた。その時私は、「大学教授とは、何という大人気ない人たちか」と、再び訝った。

その時丁度、毛沢東が死んだ。一九七六年、深夜聞いた死去の北京放送を契機に、中国語は一切やめた。これ以上すると、いやなことばかり増えると直観したからである。私は快楽主義者なのだ。中国語は以後、漢文式に黙読することにした。

社会科学とは何か

大学時代はマルクスばかり読んでいた。ロシア語も並行して、横浜のロシア語学校に通った。ところが一九七九年、旅行先のレニングラードの裏街で、偶然、完全雇用のはずのソビエトで職業安定所の広告が貼られているのが読めてしまった。飢えた失業者も群れをなしていた。ロシア語とマルクスはこの時一撃で捨てた。こんな間違ったものは、やればやるほど苦痛が増すことは分かり切ったことではないか。その後、ソ連邦崩壊まで十二年を待った。

それは丁度、韓国での六年の日本語教師と、帰国後の下関市立大学の韓国語教師五年の計十一年に重なった。その間、私はドイツ消極哲学（シェリングの言葉）の迷妄を解き、社会主義経済の虚妄を晴らすべく研究を進めた。もう哲学や思想は「大人気ない知識人」の遊び道具ではないのだ。日本はどうしようもなくそこに巻き込まれている。

そして、スカウトされ筑波大学にやってきた。人文系の配属かと思いきや、何と社会科学系政治学だった。私が書いた朝鮮の儒教の論文は誰も読んでいなかった。手慰みに書いた北朝鮮政治の論文の方が評価された模様である。このとき私は微かに悟ったのだ。人文系と同じやり方で、政治・経済・軍事をやれば、社会科学になることを。

ただし、論理性は高めなければならない。また、直観と超越が必要である。「大いなるものの情け」を求める長い遍歴で、無意識でそうなっていたものを、これからは意識的にしなければならない。社会科学系の理論は、マルクスで懲り懲りしていたので、二度と手を出さなかった。

さて手元の聖書はこれまでの過程で、いつの間にか付箋が針鼠のように張られ、手垢で真っ黒になっていたので捨て、慌しく新しい口語訳と新共同訳を買った。それもすぐに付箋だらけになった。聖書は私にとって間違いなく役に立ったのである。

社会科学の実験としての聖書

言うまでもなく、聖書は神話部分と記録部分からなっている。それを見分けるには、社会科学を用いなければならない。社会科学は記録の事実を矛盾なく因果ストーリにまとめ、情緒的価値判断をできる限り除くことにより、科学の名に値するものに近づくこと、逆にこれができれば、聖書の神話部分と記録部分を弁別することが可能になるのである。

やってみると、シテが神さまで、ワキが預言者である。一部識者がよく言う、「一神教の苛酷な神」「選ばれた契約の民」などはすべて何らかの偏見であることが分かる。不幸な者にとってヤハヴェは親切な神であり、契約の民はミデヤンびと、レカブびとなど複数いて、ヘブライ人は選ばれた民などではない。M・ウェーバーのいうように賤民におとしめられた人たちである。ユダヤ教の大テーゼ、つまり向こう側の根拠は、「人は神の奴隷であり、人の奴隷ではない」である。だから預言者は異民族の王や異教の王と闘う。

預言者は「予言」し、より良い未来へと人々を導くものなどではない。神に言葉を託され、未来の禍を告げに来るものである。多くは不幸な育ちのものが召命されるので、さらに不幸になるから逃げる。逃げられないと分かると、さらなる身の不運を嘆く。これが預言者である。社会科学できる預言者が存在しないわけがないではないか。

大衆に役立つ実用の「聖書」

社会科学の実験を「聖書」の記録でしてみるというのが本書の特徴になるだろうか。実験してみると、M・ウェーバーの『古代ユダヤ教』は大いに使えたので、その先をやってみることにした。ウェーバーは天才なので、直観が次々と訪れ、超越しては推論をまとめ、それを記録の読み込みの帰納法で得た知見に織り交ぜ、概念化できる。だがそれゆえ、『古代ユダヤ教』の記述は、共時的というよりは、かえって撹拌的になってしまった（瀆神の疑いを避けるという政治的な意味あいもあったものか）。

私の仕事は、読者に分かりやすいように記述を通時的にし、ウェーバーのやり残した直観と超越を一歩進めることだった。結局は、社会科学による古代イスラエル史の探究ということになるだろうか。

使った本は文中に詳しく書くが、聖書は口語訳と新共同訳を用い、新改訳はネットで少し用いた。解釈的な知識のいくつかは同じくネット、参考書はM・ウェーバーを含めて十人に満たない旨、第4

節に記した。読者にはネットで本が書けることを示しておきたいという意図も隠さず記しておく。それはよいサイトを見つければ、十分に可能である。

聖書を一部の人々の偏見から解放し、大衆に役立つものにすること、聖書は無知や無明から抜け出し、「大いなるもの」に近づく実用の書であること、これを示すのが本書の目的でもある。若い読者には本書に盛られた知識より、社会科学の方法論をぜひとも体得してほしいと思う。私のように先のない山道に入りこまないように。

旧約聖書の政治史　目次

凡例

一、聖書の引用は、基本的に口語訳聖書（日本聖書協会）を使用し、新共同訳聖書（日本聖書協会）からの引用には章・節の頭に「新」の文字を付した。また、わずかながら新改訳聖書（日本聖書刊行会）を参照した箇所もある。

一、本書中の他書からの引用内においては、本書著者の注や補筆を〔 〕によって示した。

一、「中国」や「韓国」という言葉は、歴史も浅く、長い歴史のなかで大陸や朝鮮半島に存在した国家や地域を指すには不適当なため、それぞれ「チャイナ」「コリア」を使うのを原則とし、特定の時代の国家については、「明」や「清」あるいは「高麗」「李氏朝鮮（李朝）」など王朝名を用いることにした。ただし「東シナ海」などの固有名詞、慣用として定着している場合、および他の言葉を使うと不自然な場合などには「シナ」の語を用いることもある。

一、ヘブライ語の「ツァーラアト」は今でいうハンセン病と考えられ、「らい病」と訳されてきた。だが近代では諸説紛々として最近の聖書翻訳では「らい」という言葉を避け、「規定の病」「重い皮膚病」などと訳されるようである。しかし本書では、八十年代、滞韓中に平然とバス等に乗ってくる「らい」の人々を視た筆者の目を欺くことができないこと、そして基本的に引用する口語訳聖書が「らい」の語を用いていることや、文学的な伝統を尊重する立場から「らい」「癩」の語を使用している。

旧約時代のパレスチナ

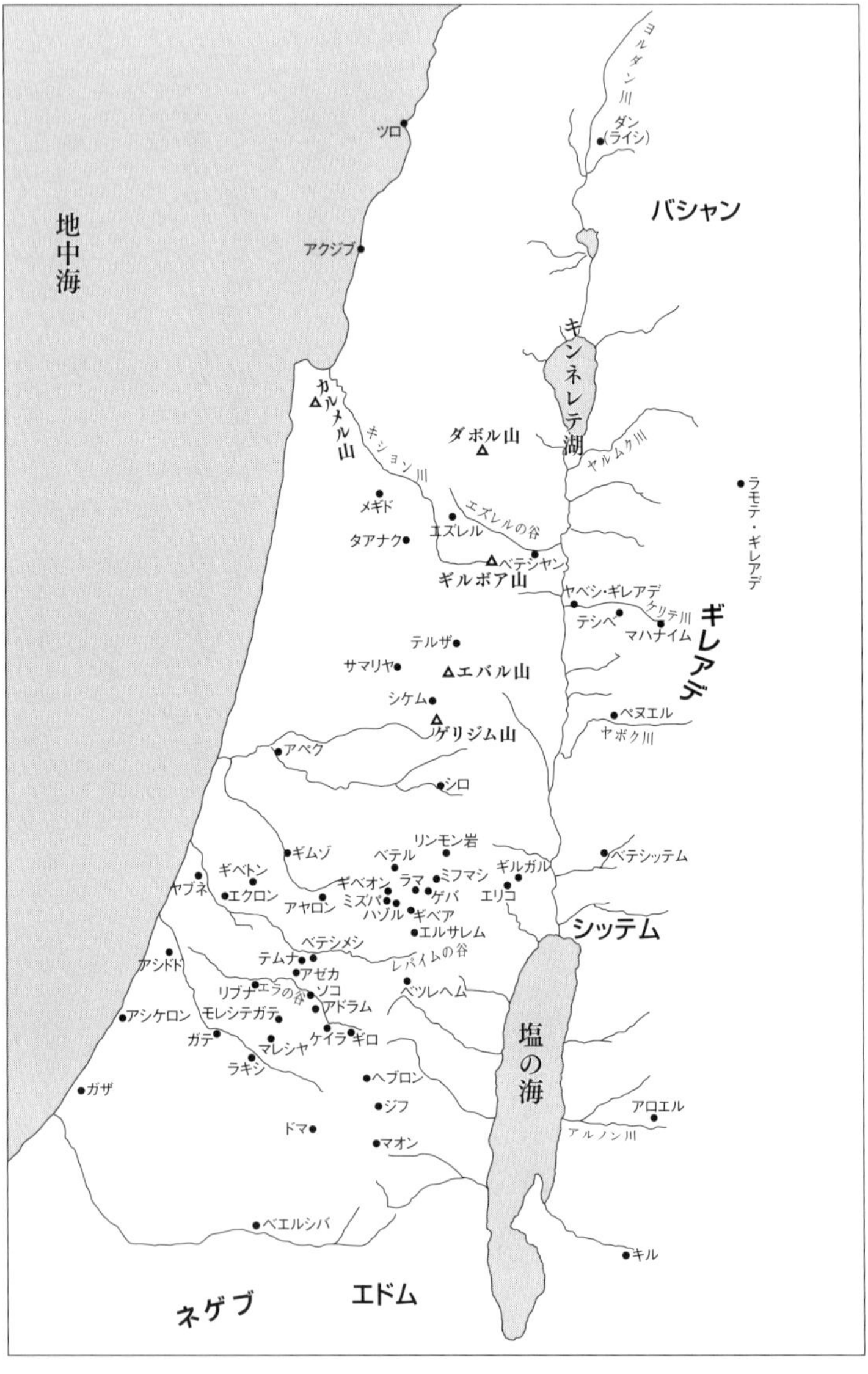

ヨルダン川
ダン（ライシ）
ツロ
バシャン
地中海
アクジブ
キンネレテ湖
カルメル山
ダボル山
キション川
ヤルムク川
ラモテ・ギレアデ
メギド
エズレルの谷
エズレル
タアナク
ベテシャン
ギルボア山
ヤベシ・ギレアデ
ケリテ川
テシベ
マハナイム
ギレアデ
テルザ
サマリヤ
エバル山
シケム
ペヌエル
ゲリジム山
ヤボク川
アペク
シロ
リンモン岩
ギムゾ
ベテル
ベテシッテム
ギベトン
ギベオン
ラマ
ミフマシ
ギルガル
ヤブネ
エクロン
アヤロン
ミズパ
ゲバ
エリコ
ハゾル
ギベア
エルサレム
シッテム
ベテシメシ
アシドド
テムナ
レパイムの谷
アゼカ
リブナ
エラの谷
ソコ
ベツレヘム
アシケロン
モレシテガテ
アドラム
塩の海
ガテ
ケイラ
ギロ
マレシャ
ラキシ
ヘブロン
ガザ
ジフ
アロエル
ドマ
マオン
アルノン川
ベエルシバ
キル
ネゲブ
エドム

旧約聖書の政治史——預言者たちの過酷なサバイバル

第1章

約束の地の政治学

1 神はねたみ、民はさからい、預言者は脅す

……古代エジプトと預言者モーセ

古代エジプトと古代シナは同じ？

地政学的なパレスチナは、朝鮮半島のような「行き止まりの廊下」ではなく、武器をもった人々が遥かに露骨に行き来をする「ただの廊下」であった。

古代エジプトはその痩せたパレスチナに隣接する豊かな子宮型の地形で、東は紅海、西はリビア砂漠、南はヌビア砂漠に囲まれ、北東はパレスチナへと卵管のように道がひらけ、北西はリビアへと同じく卵管を伸ばしている。その間にナイル河の流れる沃土が袋状に広がっていた。

シナ大陸に似ているというと、まさかと思われるかもしれない。だがここも、北東は大興安嶺が海まで迫っていて、山海関を通じてしか満洲へは通じない管のようだ。北西はオルドス・ゴビ砂漠と泰嶺の山脈にはさまれて、管のような隊商路が蘭州へとつづく。そして子宮にあたるのがシナ大陸の心臓部である。黄河と長江の二つの河が流れているが、古代では長江流域は暖かなので鬱蒼とした森になっていて、伐採道具が進歩するまでは開発が遅れた。古代シナの主役は、黄河流域になる。

数学者に怒られることを覚悟すれば、古代エジプトとシナはトポロジー的に相似だと言えるだろう

か。ドーナツ型まで変形してしまえば元も子もないが、その手前の子宮型で止めておきたい。

ともかく、私が「地政学的」と言うのは、そのような意味である。そんな子宮型の地形には、文明の果実が溜まりやすい。技術品、工芸品、美術品、牛馬羊、食糧、人、奴隷。大河は必要だけれども十分とは限らない条件である。そうでないと、アマゾン川やセントローレンス川にも古代文明が栄えてしまうことになる。

地形を思い浮かべていただくと分かりやすいのだが、北をヒマラヤ山脈が塞ぐ逆三角形のインドも然りで、古代文明の発祥地は心なしか子宮の形に似ている。メソポタミアは河が多すぎて治水に手間取ったためだろうか、あるいは北東側の卵管部分が詰まり、北から小アジアのヒッタイト人に圧迫されたためだろうか、紀元前七四五年に即位したティグラト・ピレセル三世の時代になって漸く、アッシリアが全メソポタミアとシリア、パレスチナを征服するのである。

それまでの紀元前二十世紀とか、紀元前十世紀とか、気の遠くなるような旧約聖書の時代では、この地域の主役はメソポタミアではなく、あくまでも古代エジプトであった。メソポタミアの国々は、ヘブライ人の王国が滅亡する辺りでやっと歴史に登場するのである。

ゆえに、旧約聖書の「創世記」「出エジプト記」「レビ記」「民数記」「申命記」の五つ、いわゆるモーセ五書を貫いているのは、エジプトに対するイスラエルの圧倒的な劣等感と、癒しがたい敵愾心なのだ。

貧しい寄留民ヘブライ人

ヤハヴェ連合部族がカナンの地に侵入する前、レビ族の預言者モーセは警告する。

「あなたがたが行って取ろうとする地は、あなたがたが出てきたエジプトの地のようではない。あそこでは、青物畑でするように、あなたがたは種をまき、足でそれに水を注いだ。しかし、あなたがたが渡って行って取る地は、山と谷の多い地で天から降る雨で潤っている」（申命記11：10-11）。雨水まかせの粗放な農業しかできない荒れた土地なのだ。

また、エジプトにはナイル河の恵みがある。ヘブライ人たちは弱音を吐いた。「エジプトでは、ただで、魚を食べた」（民数記11：5）。死海では湧水のところでわずかばかりの魚が手に入るだけである。

「エジプトびとはヘブルびとと共に食事することができなかった。それはエジプトびとの忌むところであったからである」（創世記43：32）。まるで満洲族をさげすむ明人のようだが、チャイナでは「門にさへも立たせなかつた」（『満文老檔 III』東洋文庫、一九五八年、九五四頁）のだから、エジプトの方が少しマシだったのかもしれない。

ヘブライ人の多くは、飢饉のたびにアブラハムやヨセフのように一族でエジプトに南下し難を避けたが、貧しい寄留民の彼らは、その多くが債務奴隷へと転落したことだろう。

あるいはヨセフのように地方の大土地所有者として出世することがあったとしても、それは古代エジプト第十五王朝・第十六王朝のヒクソス（異国の支配者、たぶんアモリ人）の時代（前一七二〇-前一五七〇）のように、粗野な山地の民たちがエジプトを乗っ取ってしまった、征服王朝の時代だったであろう。その期間は、わずか四世代くらいに過ぎない。

ひとたびヒクソスの支配が瓦解すると、第十八王朝のエジプト王たちは、カナンに残存していたヒクソスの脅威を取り除くため、パレスチナへと大遠征に乗り出した。カナンの地ではメギドが要塞化され、ガザが軍兵の基地となった。この占領地も青年ツタンカーメン王の父だったイクナトン（アメンホテプ四世）の時代には衰退してしまう。彼はアテン一神教の唱導者だった。

第十九王朝では、映画『十戒』でユル・ブリンナーが演じたラムセス王が有名だ。このラムセス二世時代に、ヘブライ人は民族大移動をしたように描かれている。旧約では約七十万人。だが、実際はユダ族のように後から加わったものがあり（本書一七一一八頁参照）、イスラエル十二支族というわけにはいかない。後の十二支族はじつは十三個あり、レビ族を聖別して十二個に数えるか、ヨセフ系のエフライム族とマナセ族を合わせて一つにして十二個とする。

学者たちにはヤハヴェ伝承に関する学説があり、それによれば、レカブびとというベドウィンが、モーセたちの部族に一神教を教えたというのである。彼らはケニびとに属し、パレスチナを南北に移動しなければならない遊牧羊民であった。南方のベドウィンのアマレクびとと境を接し、主に北方に住んだ。彼らの牧草地は、エレミヤ（前七世紀召命）の時代には、ユダの山地にあり、戦争の危険があると、彼らは家畜たちをエルサレム城壁内の広場に連れ込んでいた（エレミヤ書35：11）。

ユダヤ教は本当に一神教か

モーセがどこの誰だったのかは誰にもわからない（モーセの偽造された系譜については本書八七頁参

照）。ただ、偉大な預言者であったことは認めなければならない。モーセの舅のミデヤンの祭司エテロ（リウエル）に七人の娘があり、エジプト人を殺害して砂漠に逃れた（出エジプト記2：12）モーセが、ミデヤンびとの井戸で、うち一人チッポラ（「小鳥」の意味）を見そめたのである（同2：15、21）。シナイの荒れ野に入る前、エテロはヤハヴェ連合部族に合流し、人々のさばきづかさ（裁判人）をしていたモーセに司法の導入を提言する（同18：13–26）。砂漠の果で遭った、彼ミデヤンびとがケニびとで、即ちレカブびとだったと学者はいう。

ただし、私が読む限りで、果たしてユダヤ教を単純に一神教と称してよいものかという疑念をじつは何年もの間抱え続けてきた。おかしなことがいくつかある。

第一に、ヤハヴェ神には「神の子たち」がいる。

「神の子たちは人の娘たちの美しいのを見て、自分の好む者を妻にめとった。……そのころ、またその後にも、地にネピリムがいた。これは神の子たちが人の娘たちのところにはいって、娘たちに産ませたものである。彼らは昔の勇士であり、有名な人々であった」（創世記6：2–4）。M・ウェーバーはこういうところは、「天の神はノアの大洪水でかれら〔巨人たち〕を滅ぼしたのである」（『古代ユダヤ教』I、みすず書房、一九七九年、二四五頁）といい、近代の学者らしくなく、素直に信徒になってしまう。

また、都市神がいる。

「その時、神の使いが夢の中で私に言った。『ヤコブよ。……わたしはベテルの神です。かつてあなたはあそこで柱に油を注いで、私に誓いを立てましたが、いま立ってこの地を出て、あなたの生まれた国に帰りなさい』」（創世記31：11–13）。このベテルという町は、創世記二八章一八節から一九節で、ヤコブが建てた町とある。ベテルはベト（町）、エル（神）、即ち神の町という意味だ。

田川建三氏によれば、ヘブライ語で「神」と訳されるエロヒムも本当は複数形で、神も「我々」（同1：26）と自称しているそうだ（田川建三『新約聖書 訳と註』第六巻「公同書簡／ヘブライ書」ヤコブ書註、一七九頁）。ということは、ここの都市神も多神教時代の名残なのか。

さらにこのベテルという町をたどると、この町はどうも預言者たちと関連の深い町だったようなのである。

ヘブライ人の王国がソロモン時代の後に南北に二つに分かれ、北イスラエル王国の王にソロモンの家来で、ヤハヴェ連合部族のなかのエフライム族出身のヤラベアム一世（前九二二年–前九〇一）が王位に就く。

このとき、シロの人で預言者アヒヤが、道でヤラベアムに遭い、神がソロモンの国を分かち、十部族を汝に与えるであろうと預言するのである（列王紀上11：29–31）。

ところがヤラベアム一世は権力を握るとめちゃくちゃにヤハヴェ神を怒らせはじめる。エジプト人の信仰である金の子牛を鋳てつくり、ベテルに祭壇をつくり、祭ったりし始めた（同一二：28–30）。預言者の町を汚そうとしたらしい。

ここでこの宗教について一言いっておくと、この宗教の構成はじつは単純である。まず「ねたむ神」ヤハヴェがいる。これに対して、「かたくなな民」ヘブライ人がいる。この両者は、祝福と呪いの契約を結ぶ。契約書は契約の箱に入れられた。この箱は景気づけに戦場に持ち出されたり、敵に奪われたり、各都市を転々とした。だから箱に担ぎ竿が付いている。

ねたむ神は、かたくなな民が契約を破り、他の偶像神を崇拝するとねたんで怒りを発し罰する。普段はかたくなな民に契約通りに援助を惜しまない。「神の使い」を送って導き、「救助者」を送って助け、「預言者・女預言者」を送って警告する。口寄せ、夢見、占い師、魔法使いは厳禁である。あくまでも自分が送ったものの言うことを聞けという。

預言者の町ベテル

始めの契約からそうなのだが、民は神の奴隷である。民の土地は神の与えた寄留地にすぎない。だから同族の奴隷は奴隷のようにではなく、寄留者のように扱い、土地の永久所有は認めない。七月十日にラッパを吹いて、それが五十年目ごとのヨベルの年に当たれば、土地は元の持ち主に返し、奴隷は一族のもとに返しなさいとする（レビ記25章）。だがこれは捕囚期の神学的構想であり、実際には行われなかった。

このような宗教のはずなのだが、なぜ先ほどの「神の使い」は、ベテルの都市神を名乗るのだろうか。それでは複数神が居残ってしまうではないか。なぜヤラベアム一世は、わざわざベテルを汚そうとするのだろうか。疑問は尽きない。

このほかにヤラベアムは、モーセと同じレビ族のものが祭司を勤めるという祭司の聖別をも破り、レビびとでない一般人を祭司に任命したりする（列王紀上12：31）。

そうすると、神はますます怒り、ベテルに「神の人」を送り込んでくる（同13：2）。神の人というのは、慣用で預言者のことである。名無き預言者を「神の人」という。

そう、ここまでお分かりいただけたことと思われるのだが、旧約聖書とは預言者だらけなのである。少なくとも、勇者・英雄・王侯貴族らが主人公の本なのではない。預言者とは、神の声を言葉（ロゴス＝単語・単文）で預かり、それを民に伝える人のことである。未来を予言する人は預言者でなく、旧約では「先見者」（サムエル記上9：9、イザヤ書30：10）といい、予言者とは言わない。預言者は、みな好きでなるのではない。急に神の言葉が降って来るので恐れ慄く。嫌で逃げ出しては捕まるものや、殺されるものもいる。これは面白いので、ゆっくり語ることにしよう。

殺人犯モーセ

さて、モーセの出エジプト記にもどる。これを読んでいると、二十一世紀初頭のいま、ヨーロッパに流入しているシリア難民の何割くらいが将来故地に戻るかを考えてしまう。ＥＵが崩壊し、シリアの戦禍が収まればかなり戻るだろう。大日本帝国の崩壊後、在日朝鮮人の約七五％が朝鮮に引揚げ、約四十二万人が残ったという先例もある。

それ以外の状況では、文明国の方が安泰だから帰るものは多くはないと思われる。帰国者は当該地域の宗教や社会規範になじめない逃亡者や犯罪者、当時では逃亡した債務奴隷や破産者の夜逃げ、弾圧されたアテン一神教徒、モーセのような逃亡犯罪者（出エジプト記2：12）などだろうか。モーセは殺人犯だった。海の民ペリシテ人のカナン定着は前十二世紀のことになるから、出エジプトはそれ以前のことにならざるを得ない。たぶん前十四世紀末から十三世紀初頭頃。その頃に、ヘブライ人をエジプトから追い立てる、どのような経済事情があったのかは残念ながら一切わからない。

2 好きで預言者になるのではない
……複数の契約の民とモーセ

モーセという男

モーセの出エジプト記にもどる。

ヘブライ人たちは家族、親族でバラバラとこぼれ落ちるようにエジプトを後にしたと思われる。ガザ周辺にはエジプト軍の基地があるからこれを避け、紅海沿いにシナイ半島を南下してアカバ湾の入り口あたりで向う岸に渡り、ラウズ山（ホレブ山）に至れば、北アラビアのミデヤンびとの地は近い。そこからネゲブと中央山岳地帯に散らばって行ったものか。道はよく分からなかったので、ミデヤンびとにたぶん聞いた（民数記10：31）。

エジプトで数世代を経て、ヘブライ語がうまくしゃべれない者もかなりいたことだろう。預言者モーセが即ちそれで、自身を「くちびるに割礼のない」（出エジプト記6：12）者と称している。古代エジプト人は割礼していたが、ヘブライ人は当時まだ割礼をしていなかった。

クシびとの黒いヌビア人の妾を連れ、エジプト語で話すモーセを、姉の女預言者ミリアムが咎めた。だが、その異教の嫌疑には神が呪いで応じ、ミリアムは癩（ツァーラアト）を送られて、全身雪のように白くなったとある（民数記12章）。ファラオの娘の女奴隷（出エジプト記２：７）の境遇を逃れ、海を渡ったときに大はしゃぎしていた姉だった（同15：20）。残った兄の預言者アロンの方は、モーセのヘブライ語を助け続けた。

モーセが気の毒だったのは、ホレブ山で神を見てしまったことである。この神の名がよく分からなかったので、うちの大学の山田重郎先生（古代オリエント史・アッシリア学）に尋ねたところ、「エフエー・アシェル・エフェー」と言うそうだ。ヘブライ語のｂｅ動詞の未完了形一人称単数のエフェー（私は在る）をthatやwhoにあたるアシェルで繋いだ不可解な表現で、ほとんど翻訳不可能との由、「わたしは、有って有る者」（出エジプト記３：14）などと訳されている。私見では、「（こちら側に）いる所の（向う側に）ある者」というのが、良いように思われる。向う側とは、古代ギリシア人のいうイデアのことである。

契約の民は複数いる

この神さまに召命され、モーセはもう一度エジプトに戻って、みんなを連れてこいと言葉で言われる。こうなると逃げようがないのだが、モーセは必死で逃げようとする。エジプトには戻りたくなかったのだ。「信用されなかったらどうしますか」、「僕は訥弁です」とか言い訳するので、ついに神を怒らせてしまった（出エジプト記４：１、10、14）。これは大変にまずい。殺されてしまうではないか（同４：24）。

後にアッシリアのニネヴェに行けと言葉で言われ、逃げたヨナは海に放り込まれ、巨大魚の腹に閉じ込められ、海辺にペッと吐き出された（ヨナ書１：15–17、２：10）。エレミヤの時代のシマヤの子ウリヤなどはエジプトに逃げたが連れ戻され、殺されて共同墓地に捨てられた（エレミヤ書26：20–23）。預言者というのは好きでなるのではない。たいがい逃げる。神のロゴスに慄くからである。第二に損な職だ。警告しなければならないので、為政者には楯突いていると見なされ、兵を送られたり、獄屋に繋がれたりする。でも逃げ出すと神さまが追ってきて殺されそうになるか、殺されてしまうのである。

モーセの場合は、正妻のミデヤンびとチッポラの機転で救われた。子の陽皮（包皮）を切り、父の足につけて実子とする、ミデヤンびとの「血の花婿」の契約を証《あかし》し、神をなだめたからであった（出エジプト記４：25–26）。これはヘブライ人の契約内容とは異なる、ミデヤンびとと神との契約だ。こういういい女房がいないと、預言者は死ぬのである。ヘブライ人だけが神と契約したわけではない。ミデヤンびとの他に、レカブびとにはモーセに相当する預言者ヨナダブがいて、禁酒・永遠の幕屋生活・禁播種などの契約を交わしていたのが見える（エレミヤ書35章）。

小農民と遊牧畜民の助け合い

イスラエルの山岳地帯で在地の人々に交じり、一度地歩を固めれば、モーセのようにロバでエジプトを往復する者もいたはずだが、砂漠のベドウィン、アマレクびとの襲撃はたしかに恐ろしいものだったようである。この記憶が後にモーセのこの言葉を生む。「あなたはアマレクびとの名を天の下から消し去らなければならない」（申命記25：19）。

当時の人々は山と谷でロバに乗り、ヤギやヒツジを飼いながらテント生活をしていた。この地域にラクダが現れるのはもう一世紀後のことであり、テントを旧約聖書では「幕屋」と訳しているが、ベドウィンの貧しいテントそのものである。彼らには語り部がいて、テントで人々に語っていた。彼ら遊牧畜者のある者はやがて山を下り、谷の農家となり、麦、大きな黄瓜やブドウ、オリーブ、クミン、セリなどを栽培した。

農民は遊牧畜民がブドウ畑でブドウをつまむのも、麦畑で穂をつんでいくのも許していた（申命記23：24–25）。そして遊牧畜民の物語は農民の話と入り混じった。

みなカナンの都市からは離れて住む貧しい者たちだったが、都市の奴隷にされることをひどく恐れていた。人口が増えるにつれてその恐怖はさらに大きくなって行く。

アブラハムがカナン人アビメレク（ペリシテ人と創世記26：1にあるが実はカナン名）に妻を女奴隷に取られそうになった話（同20章）、エジプト女ハガルの追放物語（同21章）、カナン人との婚姻禁止とイサクがアラム女を娶る話（同24章）、「ヤコブの詐欺物語」（エサウをだましたヤコブは、預言者時代にそう言われていた。同27章）、ヤコブの神との組み打ちとヘブライ人が獣の腰すじ肉を食べない因縁話（同32章）。ヨセフの兄弟妬みの話（同37章）などは、まるで古事記の大国主命《おおくにぬしのみこと》にたいする兄弟妬みのようだ。語り部たちがやがて預言者たちの事績を記すようになると、エレミヤの友バルク（エレミヤ書36：4）のようになることだろう。売買証書を書き、保管するのも語り部、即ち記述者たちの仕事であった（同32：12–16）。

エジプトから持ち帰ったもの

帰ってきた男たちは、先進国のエジプトから二つの大きな文明を持ち帰った。一つは武具・農具・工具など器具の製法であり、いま一つは割礼である。

前者はカナン人のいない丘陵地帯への入植を可能にした。森を伐採する斧、敵を突く槍、漆喰ぬりの水ため。鉄器製造は前十一世紀を待たなければならなかったが、中央山地からヨルダン川の両岸の地域を分断する峡谷と周辺地帯へと広がる、ヘブライ人の人口拡大が続いていった。

馬の戦車（英 chariot）は残念ながら山と谷の民には不向きだった。彼ら遊牧畜民と小農民が、戦車をもつ都市のカナン人に大勝するには、戦車が大雨でぬかるみ動けなくなるときを待たなければならなかった（女預言者デボラの歌。士師記５：４）。

エジプトから持ち帰った割礼は意外かもしれないが、衛生環境を飛躍的に高め、女たちを悦ばせて多産を導いた、当時の最新の医術だった。筆者も邪魔くさかったので十六歳の時に近くの掛かりつけの病院で切ってもらったことがある。昔の町医者は内科・外科などの区別もさしてなく、相談すると適当に医学書を見てやってくれたものである。

割礼があまりに良好だったので、創世記に神の呪い（ここでは往々誘いである）としてこう記された。「割礼を受けない男子、すなわち前の皮を切らない者はわたしの契約を破るゆえ、その人は民のうちから断たれるであろう」（創世記17：14）。

人口は増えていくが、当初からイスラエル十二支族などということでは勿論なかった。前十二世紀末のカナン人との戦いでも、ゼブルン族とナフタル族が中心で、ベニヤミン族・マナセ族（その枝族マキル）・イッサカル族・ルベン族・エフライム族などは参加したが、ダン族とアセル族は傍観し、ガド族・シメオン族・ユダ族は姿も見せない（士師記５）。聖別されたレビ族を足しても、強い繋がりのはずのヤハヴェ連合諸部族は八つにしかならない。

ユダ族がヤハヴェ連合諸部族に加わるのは、ずっと後のことらしい。ベニヤミン族のサウル王朝は前十世紀だが、サウル家の武将アブネルが、「ユダの犬」と、ユダ族を軽蔑している（サムエル記下３：８）。彼らは遅れてきたので、ダビデ王朝ができるまで卑しめられた。逆に、その頃にはルベン族・シメオン族・レビ族などはみなどこかに散ってしまい、ユダ族が栄えてダビデの都市王国が建設されたのである。ダビデは貧しい牧羊者だったが、彼の氏族も後には消滅し、イエス・キリストの系図に名前だけが張り付けられた。

散在するヘンな律法

ヤハヴェ信仰の核心は、「人間は神の奴隷であり、人間の奴隷ではない」ということである。彼らがどれほど奴隷にされることを嫌ったかは、前回、祭司法典における「ヨベルの年」でも若干語った（本書一〇頁参照。レビ記25章）。

律法とはいっても実はモーセ五書に分属していて、出エジプト記の契約の書、申命記法典、レビ記・民数記の祭司法典、申命記第27章のいわゆる「性的十戒」（マックス・ウェーバー『古代ユダヤ教』Ｉ、みすず書房、一九七九年、一二九－一三〇頁）などに散在し、後世の書き込みも多々あるので、専門家でない私には何が何やらよく分からない。

そこで庶民の常識で語るほかにないのだが、それでも噴飯物の内容がいくつかある。たとえば、契約の書には、モーセたちは荒れ野にいるはずなのに「民の司（新共同訳では「代表者」、以下は「新」と表記する）をのろってはならない」（出エジプト記22：28、新、同22：27）などと、後世の王政初期の君主への呪詛を禁ずるものが混入していたり、祭司法典には「人が城壁のある町の住宅を売った時は、売ってから満一年の間は、それを買いもどすことができる」（レビ記25：29）などと、都会の住宅売買の規定があったりする。

申命記法典では、もう遠慮会釈なく都市が出てくる。「すべての町々の内に、部族にしたがって、さばきびと（新、裁判人）とつかさびと（新、役人）を、立てなければならない」（申命記16：18）、無作為殺人者のために三つの町をアジール（避難聖域）として指定する話（同４：41‐42、19：7、民数記では六つの「のがれの町」民数記35章）、「新しい家を建てる時は、屋根に欄干を設けなければならない」（申命記22：８）とは、都市の家の屋根から人が落ちないようにするためである。モーセがヨルダンの東側で川を渡っていないのに、すでに町のことを考えていることになる。古代人のこういうルーズさは、ルーズなままに色々考えた方が楽しい。近代合理性があったかのように前近代を解するのは厳禁だ。

ほほ笑ましいのは次の律法、「ふたりの人が互いに争うときに、そのひとりの人の妻が、打つ者の手から夫を救おうとして近づき、手を伸べて、その人の隠し所（新、相手の急所）をつかまえるならば、その女の手を切り落とさなければならない。あわれみをかけてはならない」（申命記25：11‐12）。こういう心強い妻の手は大事にしたいものである。

苦労人たちの律法

それで、四つの律法のうちどれが一番古いかといえば、素人考えでは一番単純な申命記27章のいわゆる「性的十戒」ではないかと思われる。十二か条あるが内容が非常にシンプルで具体的なのだ。たとえば刻んだ像や鋳た像を造って安置する者は呪われるとか、父母を軽んずる者、隣人との土地の境を侵す者、寄留者・孤児・寡婦を虐げる者、獣姦者、父の妻・妻の母とねる者、父の娘または母の娘で自分の姉妹を犯す者、罪のない人の血を流す者は、みんな呪われるという。近親相姦、獣姦の禁止など、日本の延喜式（九二七年）の残簡「大祓詞《おおはらえのりと》」（六月・十二月の最終日に唱える穢れ祓いの祝詞）によく似ている。

でもそれでは、ダビデの子アブサロムが妹のタマルを犯したのは罪だが、アブラハムの妻サラは異母妹だからこれも罪に引っかかってしまうことになるだろう。こういうところを全然考えていないところがじつに雑で古風である。それにここだけ奴隷についての記述がないのも、まだ同族の奴隷について慮らないで済んでいた時代を思わせる。

この十戒は、ヨルダン川を渡った後にゲリジム山に七部族を上らせて民を祝福し、エルバ山に六部族を上らせて呪いを述べさせるという象徴的なものだった。この二つの山の間に後のエフライム領域の町シケムがあり、やがてシケムは人々が法律相談に訪れる場所になった。

律法を一言で言えば、これは「苦労人たちの法」だ、というのが私の見立てである。飢饉のたびに豊かで発達したエジプトへ逃れて行った寄留民たちは、逆立ちしたってエジプト人には敵わなかったのだ。差別されたが、それでもエジプト人たちが優しくしてくれたこともあった。その優しいところを取り入れようとしている（申命記23：7）。みなエジプトで大層苦労した。その艱難辛苦の記憶が滲み出ている律法なのである。

3 油断していると「奴隷」にされる

……奴隷だらけの東西古代社会

シベリア抑留は敗戦奴隷だ

前回、ユダヤ教の律法の面白さについて語ったが、次は律法の優しさについて語ろうと思う。キーワードは、寄留民、寡婦、孤児、奴隷である。律法は彼らに対して本当に優しいのだ。でも、日本人には「奴隷」のことがよく分からないので、ここから話を始めようと思う。

まず、なぜ奴隷が分からないのか。分からないということ自体が、分からないかもしれないから、事例を挙げれば、「シベリア抑留」というのはまぎれもなく敗戦奴隷である。

ロシア人が、敗戦国の人間を「捕囚」として連行し、奴隷として働かせるという、歴史態（繰り返される行動パターン）を二十世紀まで温存していた証拠である。農耕スキタイはロシア人などスラブびとの祖先の中核を占めると考えられる部族だが、ギリシア時代に彼らの言葉スラブが奴隷（slave）を意味するようになった。彼らと奴隷制との因縁は深い。

旧約聖書で敗戦奴隷といえば、まず紀元前八世紀のアッシリアのサルゴン二世による北イスラエル王国の滅亡（首都サマリアの陥落、前七二二年）を挙げなければならないだろう。

時代が急にハナから末に飛んでしまったので、読者は混乱してしまうかもしれない。大雑把だが、エジプト脱出時代（モーセの時代）→英雄時代→ベニヤミン族の王政時代→ユダ族の王政時代→南北分裂王国時代→滅亡捕囚時代（エレミヤの時代）と思っていれば、だいたい旧約の歴史は十分だろうか。「出立」と「没落」の間はこれから徐々に埋めていこうと思う。

さてそこで、最期の滅亡期の北イスラエル王国である。

ホセアの第九年になって、アッスリヤの王はついにサマリヤを取り、イスラエルの人々をアッスリヤに捕えていって、ハラと、ゴザンの川ハボルのほとりと、メデアの町々においた。（列王紀下17：6）

たぶん人数が多すぎたのだろう。メソポタミアは灌漑地が多くて大土地経営に向かない上、奴隷市場が未発達だった。捕囚の前者は途中のシリアのハブール河畔で散らされた。後者はエクバタナ等の町奴隷の可能性もある。ギベオンという町の住民ヒビびとを、ヘブライ人が柴刈りと水汲みの町奴隷とした前例もある（ヨシュア記９：21－23）。

ヘブライ人に代わり、サマリヤにはアッシリア王国の他の人々が徙民《しみん》（強制移住）された。

サマリヤ陥落・エルサレム陥落

かくてアッスリヤの王はバビロン、クタ、アワ、ハマテおよびセパルワイムから人々をつれてきて、これをイスラエルの人々の代りにサマリヤの町々におらせたので、その人々はサマリヤを領有して、その町々に住んだ。（列王紀下17：24）

徙民者たちは彼らの神々に仕えたが、ベテルからやって来た祭司に従い、ヤハヴェにも仕えた（列王紀下17：28–33）。そしてヘブライ人と同化し、ヤハヴェ信仰とモーセ五書の信奉は同じになった。にもかかわらず、エルサレム神殿には服さずじまいだったため、サマリヤびとはヘブライ人から忌避されることになった。イエスの「善きサマリヤびと」の喩え話（ルカ福音書10：25–37）はここから来る。

もう一つの大きな敗戦奴隷は、南ユダ王国の滅亡（首都エルサレムの陥落）だろう。こちらは紀元前六世紀に、カルデヤびとのバビロニアによって捕囚が行われた。預言者第一イザヤはその二百年くらい前に、当時の王にあなたの子孫は連れ去られ、バビロン王の宮殿で宦官にされると預言していた（列王紀下20：18、イザヤ書39：7）。だが、イザヤはエルサレムの陥落までは預言しなかった。その最初の預言者はミカだった（エレミヤ書26：18）。「エルサレムは石塚となる」（ミカ書3：12）。

ミカの百年後、ユダ王エホヤキンの時、ネブカドネザル二世がやって来て王が降伏し、エルサレムは陥落した（第一次バビロン捕囚、前五九七年）。エルサレムの王族、貴族、高官、軍人、職人、鍛冶、祭司は根こそぎバビロンに連行され、貧しい市民だけがとり残された。職人と鍛冶は古代の技術者なので必ず連行され生かされた。十三世紀のモンゴルの征服時代もこの職は特別扱いだ。

エルサレムには、エホヤキン王の弟ゼデキヤが代わりに王として据えられた。祭司の子、エゼキエルは連行され、バビロニアの運河の畔で神の幻を見、預言者となった。

ところがゼデキヤ王がそむいたので、ネブカドネザルは再度エルサレムを囲み、これを陥落させた（第二次バビロン捕囚）。ゼデキヤは逃げたが捕まり、王子らはその眼前で殺され、王は惨殺体の焼きついた目を抉りだされ、バビロニアに連行された。だいたい降伏しなかった王の末路は、屈辱に満ちた宮廷奴隷である。一例を挙げる。「かつて七十人の王たちが手足の親指を切られて、わたしの食卓の下で、くずを拾ったことがあった」（士師記１：７）。

王族や貴族のものは、去勢され宦官にされた。後に宮廷の巫覡頭《ふげきがしら》に出世してから召命された預言者ダニエルも、元は宦官の長の管轄下にあったのだから去勢された者であろう（ダニエル書1、５：11）。第二次捕囚時、エルサレムの城壁は砕かれ、残りの市民もバビロンに連行された。紀元前五八六年のことだった。

東洋にあった拉致奴隷のコロニー

北イスラエル王国はアッシリアによって滅ぼされ、以後ガリラヤ・サマリヤの北地域は異邦人の支配下にはいり、歴史からは暫し消える。それに対してエルサレムを中心とする南地域は、この後ペルシア、エジプト（プトレマイオス朝）、シリアの統治を経てもなお半独立状態で前二世紀後半のユダヤ独立を迎え、ここからマカバイ朝とヘロデ朝が立ち上がる。そして南のエルサレム神殿に対するイエスたち北方人の闘争が始まるのである。

ここで敗戦奴隷とは別に拉致奴隷というものがあることを告げなければならない。

これは旧約聖書では、「さきにスリヤびとが略奪隊を組んで出てきたとき、イスラエルの地からひとりの少女を捕えて行った。彼女はナアマンの妻に仕えたが、その女主人にむかって、『ああ、御主人がサマリヤにいる預言者と共におられたらよかったでしょうに。彼はそのらい病をいやしたことでしょう』と言った」（列王記下5：2―3）と、いうのが典型的だ。癩病を病んだシリアの軍長ナアマンの家に略奪隊に拉致されてきたユダヤ娘がいた。

この娘が病を治してくれると教えている預言者が前九世紀後半のエリシャである。エリシャ自身もシリアの略奪隊に拉致されそうになったが、催眠術で逆に彼らを捕らえて、宮廷に引き出したことがあった（列王紀下6：12―23）。現代風にいう「拉致の工作隊」は、旧約聖書では「略奪隊」といい、ネットの聖書検索で九例出てくる。

拉致には武装した兵らが村や聚落を襲い、大量に人を狩りだして連行するものから、秘かに町に潜行して人をさらうものまで大小様ざまではあるが、基本は労働力を拉致し去り、奴隷や農奴にすることである。視覚映像が浮かばない場合は、メル・ギブソン監督の映画「アポカリプト」を見るとよい。北米大陸のマヤ族の例だが、役に立つ。

拉致奴隷は、東アジアでは頻繁に起こり記録されるので、少し解説しておこう。

まず有名なのは、モンゴルによる高麗人の拉致である。一二三一年から一二五九年まで、三十年近く続いたモンゴルの朝鮮半島攻略により、大量の高麗人が満洲に連れ出された。モンゴル人の征服は、勧告し降伏すれば安堵して人頭税を取るが、降伏しなければ皆殺しというのが普通である。だが、高麗はちがった。

おそらくシナ遠征のため、こちらを先に撃ってから満洲に拠点を築くという、長丁場を見越したものだったのだろう。オゴタイ汗は、高麗人を遼河デルタの遼陽と瀋陽に居住させ、高麗人のコロニーを作ることから始めたのである。後に元寇の際、モンゴル軍の日本侵攻を指揮した副司令官の洪茶《こうさ》丘《きゅう》は、遼陽生まれの高麗人二世だった。

当初連行された高麗人は、屯田兵や農奴、家内奴隷などにされたものと思われるが、約五十年を経て十四世紀に入る頃には、モンゴル人と高麗人のハーフの王イジルブハ（後に高麗史で忠宣王と諡《おくりな》された）が瀋陽王に封ぜられ、満洲の高麗人コロニーの王になるまでに発展した。そして三十九度線以北には遼陽行省が置かれ、以南の高麗国と朝鮮半島政治を二分するようになったのである。これがコリア南北分断の嚆矢である。

この遼陽が次の明の時代には、北方異民族を防ぐ防衛拠点になる。つまりシナ大陸の地政学では、満洲とシナ大陸を結ぶ通路としての山海関が狭すぎて、一度に大量の兵員や輜重、糧食を送ることができない。そこで、満洲の遼陽を拠点としてここに屯田兵や騎馬兵を常時蓄えておき、シナ内陸部との連絡をつけるのである。逆に外敵からすると、遼陽を落とせば、シナ大陸は直隷あたりまで容易に攻略できた。シナ大陸の袋状の子宮は、内陸に要害をもたない、打たれ弱い（vulnerable）地形だったのだ。チャイニーズの方から言えば遼陽で守ればシナ大陸への侵入をかなり防ぐことができるというわけである。

ガザはパレスチナの遼陽だ

ところ変わって、この地政学的な地位をエジプトで担う拠点がガザなのである。エジプトとパレスチナを繋ぐ通路も砂漠が迫っていて卵管のように細い。だから古代エジプト第十八王朝は再びヒクソスのような異邦人に征服されることを嫌い、卵管を出たところのパレスチナのガザに兵員と輜重、糧食を溜めて、ここを本土防衛のための軍事基地としたのだった。

ところが第十九王朝と第二十王朝では、クレタを中心とするエーゲ海の「海の民」（エゼキエル書25：16）が押し寄せ、人口希薄となり、ミュケーネ文化は衰退する。第二十王朝のラムセス三世（前一一八六－前一一五五）は彼らの本土侵入を阻止することには成功したが、パレスチナへの広範な浸透を阻止することはできず、彼らのカナン定着を認め、ガザを本土不可侵の交換条件として明け渡したのだった。これが、次の時代にヘブライ人の仇敵となるペリシテ人たちの起源である。

話がまた大きく逸れてしまったので、拉致奴隷に戻したい。

元が明に替ると、高麗も李朝に替った。明はモンゴルを北方に押しやり、満洲の遼陽を占拠するが、十五世紀にはそのモンゴル人に押されて満洲人が南下を始めた。鴨緑江側に移住したものを明が安堵した。これを建州衛《けんしゅうえい》という。豆満江側に集まったものは建州左衛《けんしゅうさえい》とした。これより満洲族と李朝との確執が始まるのである。

満洲人は遊牧民のモンゴル人とは異なり、進んだ狩猟民だった。銀を掘り、高麗人参を採り、松の実・きのこ・キクラゲ・川真珠を取る一方、農地をもち、拉致してきた明人や朝鮮人を農奴として使役した。広大な満洲の地に張りつくように、砦のごとき屋敷群を築き、ときには移動した。朝鮮の役の時、豆満江を越えて満洲に潜入した加藤清正が、「甲賀者の砦」のようだと記している。

明や李朝の記録には、満洲人に拉致された朝鮮人と明人の記録が多々残されている。たとえば、一四二五年の閭延《りょえん》事件。建州衛の四百騎が突如鴨緑江を渡り、満浦鎮《まんぽちん》上流の平安北道閭延を襲った。民二十六人が農奴に引かれたが、江界節度使・朴楚《ぼくそ》が追撃し取り戻した。一四四二年には、ウリャンハイ部族の満洲人千騎が山海関、東方の屯田村に侵寇し、明人男女一八〇名を掠め去った。明は、山海関から開原まで土塁と柵を立て、満洲人の侵攻を防ぐべく七百余里の「遼東辺墻」の構築を進めた。

いやでも「奴隷」を理解しよう

一四六一年には、毛憐衛《もうれんえい》（「衛」は朝貢した異民族を衛《まもり》とし、封土したと思う擬制の行政区名）のボルハンの親族と称する趙三波《ちょうさんは》が朝鮮、義州対岸の黔同島《けんどうじま》を襲い、男女一三八名、馬三七四、牛一二五頭を奪い去った。李朝は明朝に奪還命令を下してくれと願い出たが、逆に明は李朝を問責した。結局、李朝が会寧付近のボルハン一族を誅殺した報復だった。

このように切りがないので、三例だけで止めることにする。つまり東洋では、チャイナ、コリア、満蒙の襲撃戦は歴史上常態であり、ゆえに拉致奴隷は絶え間がなかったのである。

拉致被害者家族には済まないことだが、チャールズ・R・ジェンキンス氏の『告白』（角川書店、二〇〇五年）を読む限りでは、北朝鮮拉致被害者の境遇は、まさに奴隷暮らし（ノエサリ）である。漁網の修繕に従事させ、自益心を挫かぬよう石女を娶らせ、米人同士を離間させ、恣に暴行し、麻酔なしで文身（入墨）を剥ぎ取り、扶養目的で妻をあてがい、初夜権を行使し、英語のトレーニング台にする。これが奴隷扱いというものである。

日本人には「奴隷」がどうもピンと来ない。理解できない訳も含め、ユダヤ教の律法の「奴隷」の話なども全部次に送ることにする。

4 奴隷にやさしい国、奴隷を知らない国

……奴隷のいなかった分業国家・日本

もう一つ債務奴隷がいる

さて、奴隷が分からない国日本に比して、旧約聖書の世界は奴隷花盛りである。類型化すると、奴隷にはだいたい三種類がある。一は敗戦奴隷、二は拉致奴隷、三は債務奴隷である。前回、前二者については語ったので、そろそろ債務奴隷に入りたいと思う。

債務奴隷の特徴は、他の二つよりも当時の人の「気の毒度」が高いということである。これは、敗戦奴隷や拉致奴隷の異民族と異なり、同族で落ちるものをできるだけ防ぎたいという一般自由人の保護の観点が入るからだと思われる。

バビロニアでは債務奴隷が一貫して発展してきたが、差し押さえとして債務奴隷になると、債務奴隷は速やかに売買され現金化された。妻と子は夫にしたがって債務奴隷となるが、ハンムラビ法典によれば、彼らは三年後には全員自由の身となれた。こうした、いわば年季明けのようなものが設けられているのは、あまりにも奴隷労働が発展しすぎると、一般自由人の賃労働を阻害してしまうからだという意見もある。

他方、M・ウェーバーなどは、奴隷労働については否定的で、その問題点は、「自益心の欠如」にあるというのだ。奴隷の「やる気のなさ」が、いかなる技術上の進歩も、集約化も、質的向上をも阻害してしまうという（M・ウェーバー『古代社会経済史』東洋経済新報社、一九七三年、三五頁）。ゆえに奴隷労働はリスクが大きく、必ず歯止めがかかるという意見である。奴隷解放も、奴隷の自益心（やる気）をめざめさせておかなければならないから起こってくるという。

「どうかな」と、私は思う。債務奴隷は同族の転落者が多いから、「気の毒度」が高いのだといったほうが、単純で良くはないか。要するに、学者の議論などは大体がこのような直観勝負なのである。どれが正鵠を射ているか、ということは、「現実妥当性・有用性・先見性」の問題である。その見解で、現実をより良く説明でき、色々な場合に適応して解釈の役に立ち、将来その事象が再度起こっても、そのようになるという確信が得られる見解がベストなのである。その中でウェーバーばかりを選んできたのは、権威主義の近代日本の学者だけだ。

旧約聖書の律法では、明らかに奴隷に厚い態度が見られる。出エジプト記の二一章にあるものをまとめれば、同族奴隷に六年間の奉仕と七年目の解放として「ゆるしの年」を設け、奴隷が解放を拒む場合の居残り法を記し、自分の奴隷を打って死ねば罰せられ、自分の奴隷を打って目がつぶれたり歯が一本ぬけたら解放せよとし、牛が奴隷を突いて殺した場合には銀払いせよとする。

ユダヤの律法は同族奴隷に優しい

レビ記の二五章では初回に話した「ヨベルの年」を設けて奴隷解放の年とし、申命記の一五章では、第七年目のゆるしの年を負債免除年として設け、外国人は免除から除外する。二三章では、逃亡奴隷を主人に返すな、町におらせろと言う。

こういうのをM・ウェーバーは、大半がパレネーゼ（勧めの説教）だという。エレミヤも奴隷は結局解放されなかったという（エレミヤ書34：11）。だが、そうだったとしても、旧約の律法は同族の奴隷に対し明らかに優しいのである。百歩譲っても、ユダヤの法は同族保護の観点が強いというのは否定できないだろう。

それをウェーバーに言わせると、こうなる。律法は「門閥《ゲシュレヒター》による農民の奴隷化への発展を妨げ、古い一般自由民を維持しようと欲したものである、……しかしもちろんこの見解も確実ではない」（前掲、一六五頁）。ドイツ人はこちら側の関係性を難しく語る〝天才〟である。

その他律法は、寄留者・孤児・寡婦にも優しい。出エジプト記の二二章では、寄留の外国人を苦しめないこと、理由はあなたがたもエジプトで寄留者だったからだといい、同じことを二三章で繰り返す。レビ記一九章では、畑を刈りつくすな、落ち穂を拾うな、寄留者のために残してやれという。

申命記二四章では、寡婦の着物を質にとるな（差し押さえの抑制）、畑で穀物一束置き忘れたら取りに引き返すな、それは寄留者・孤児・寡婦のものだという。二六章では、十分の一税を納める第三年目に、それをレビびとと寄留者・孤児・寡婦に与えて飽きるほど食べさせよといい、二七章では寄留者・孤児・寡婦の裁判を曲げる者は呪われると諭した。どう考えても、エジプトやバビロニアで寄留者として苦労した悲しみが滲み出ている。孤児や寡婦は寄留者としては、もっとも奴隷に転落しやすい立場だったにちがいない。

ルツ記のルツはダビデの四代祖（ひいお婆さん）だが、ユダの地に寄留民として流れてきた。ルツは子孫十代まで主の会衆には加われないモアブ人だった。彼らはヘブライ人がエジプトを出てきたとき、水とパンをくれなかったので呪われたのである（申命記23：3－4）。でもこの律法も、寄留者に関する慣習法が乗り越えてしまう。異邦人だったがヤハヴェに仕えたルツは、世襲地の所有者であった農民ボアズに見いだされ、彼の畑で落ち穂を拾ってヘブライ人の前夫の姑ナオミを養い、やがてボアズと結ばれるのだった。

奴隷も宦官もいなかった日本

前節で、日本人にはどうも奴隷制がピンと来ないという話をした。そこで、本節の眼目はここにある。実に日本は、世界に稀にみる奴隷制度の定着しなかった国なのである。だからどうにも奴隷が分からない。

古代日本でも、チャイナの律令の身分法を受容したときに奴隷制を規定したが、口分田の班給を受けることのできる奴婢的な賤民に過ぎず、八世紀を通じて賤民に戻った。一五〇〇年にわたる内戦ともいうべき戦国時代には、「乱取《らんど》り」（乱妨取り）といい、人を掠取し、国元に護送することも行われた（例えば武田氏の『甲陽軍鑑』を見よ）。でも、関ヶ原の合戦からは人の掠奪自体が禁じられた。人間を狩ってきて、家畜のように扱うという発想がどうにも馴じまなかったようなのである。

だから人間の家畜視もなく、宮刑（去勢刑）もなく、宦官もいない。奴隷制度をなぜ持たないで済んだかというと、古代から分業が発達していたからだろうと思われる。分業が発達していれば、みなが何かしら働いているから奴隷はいらないのである。なぜ分業が発達していたのかと問われると、もう答えられない。神話時代からそうだったと言うほかない。

古事記やその他の古代の残簡を読めば分かるように、日本は神々自身が分業している。アメノコヤネは井戸ほりと飲み水・食器の係、アメノイハトワケは守衛、アメノウズメは鎮魂・鎮撫・語り部、アメノオシヒは戦闘、ヤタノカラスは斥候と案内といったように神々が職をもっている。それが中臣（藤原）・隼人・猿女《さるめ》（稗田）・大伴・鴨（賀茂）の部民になるというのは歴史時代の話である。歴史時代の現実が神話時代に照射されて、分業する神々が生まれたといったほうが良いのかもしれない。だから私は、日本国家の向う側の根拠は「分業」なのだと理解している。

古代のチャイナやコリアから渡来した民もすぐに日本群島の分業体制の中に組み込まれた。古代の土木の部民・秦《はた》氏や文書工芸の部民・東漢《やまとのあや》氏がいた。また中世、朝鮮の役時の陶工たちは、拉致されたが後に釈放され、奴隷にはされず士分まで許される者がいた。神話時代の外来神スクナビコナも奴隷ではなく、分業の友である。

古代エジプトに流れて行ったヘブライ人の多くの者たちは、今のスエズに近いゴセン地区のゲットーに押し込められ（出エジプト記８：22）、さらに転落したものは、漆喰コネや日干しレンガ造り、農奴などの重労働に服していた（出エジプト記１：14）。でも、日本ではそのようなことにはならなかった。

古代日本では、シナからやって来たハタびと（秦人）が姓名の分かるもので千二百名に達するが、寄留民や債務奴隷になることはなく、そのまま大和の部民として分業の民となり、土木を担う職となるのである。

「分業国家」の美点と弱点

そして来た時の信心や渡来前の言葉さえも、みな消え失せてしまう。応神天皇の御世にコリアからやって来たアチびと（阿知人）は記述者の職を得たが、シナ道教の上帝、西王母などを崇拝していた。当時の呪詞「東文忌寸部献横刀時呪《やまとのふみのいみきべのたちをたてまつるときのず》」が残るので分かるのだが、それらの信心も言葉もすべて飛散した。

平安時代の後半に、新羅《しらぎ》の入寇《にゅうこう》や刀伊《とい》の入寇など、コリアによる日本人拉致事件があったが、それらは当然奴隷にするために来たのである。ところが豊臣秀吉の朝鮮の役で、コリアから陶工を連れ出したのは奴隷としてではない。彼らを技術者として厚遇し、士分を与えることがあったのは、日本が「分業国家」であり、奴隷制を欠いていたからにほかならなかった。これを現在の韓国人に説明することはほとんど不可能に近い。

一五九七年、朝鮮の役の際、全羅北道南原で輜重の任に当たっていた姜沆《きょうこう》は、霊光の沖で藤堂高虎の水軍に捕えられ、日本に三年滞在して釈放されたが、その帰国後の記録で次のように述べている。

> 倭の俗では、ことある毎に各種の職工で、必ずある人を表立てて天下一とします。ひとたび天下一の手を経れば、ひどく粗末でも、ひどくつまらない物であっても、必ず金銀でもって重くあがなわれます。天下一の手を経なければ、天の妙たる物でも取り上げません。木を縛り、壁を塗り、

屋根を蓋うなど、つまらない技にもみな天下一があり、甚だしきは、署名、表具、花押にも天下一があって、ひと触り、ひと睨みで、金銀三、四〇錠をその値にあてます。（天理図書館所蔵今西博士蒐集朝鮮本『睡穏看羊録』、現代語文は古田訳）

テレビ東京系列の「開運！ なんでも鑑定団」のようだが、分業のそれぞれに雄があることに驚き、半ばあきれているのであろう。

少し前テレビ朝日系列で、二〇一四年四月一三日から二〇一九年九月七日まで「世界が驚いたニッポン！ スゴ～イデスネ!! 視察団」というのをやっていた。別に水を差すつもりはないのだが、私はあれを見るたびに、分業国家の持つある種のクレイジーさを感じたものだった。そこまでやる必要があるのか、という李朝人士・姜沆に似た感慨である。

たしかに分業が進めば、他業種を信頼し、仕事を分担して、納期という約束を守って暮らしていくということになるから、日本人の協同性は高まる。そこから日本人の「統合性」とか「共通性」を強調する論が出てくるのだろうが、どうも違うような気がする。

高度な分業がひ弱な統合性を覆い隠す

分業のおかげで共同体は自然に縦割りで強くなるが、多業種を横断してマネジメントする人材の輩出を嫌うから、日本人の統合性はむしろひ弱なのだと自戒すべきではないのだろうか。

日本国家の最大の弱点は、分業が進み過ぎて分業組織間の連携が困難になり、ついには互いに無関心となって全体像と将来像を見失い、過去の成功例の「規格」に固着して失敗することだと思われる。戦時中の陸軍と海軍がこの良い例で、彼らは予算を取りあうことに血道を上げ、軍を分業するお互いには無関心だった。真珠湾攻撃の時には、ちゃんとした近代戦の航空機で突入したはずなのに、分業が進むにつれて退行を起こし、最期はバルチック艦隊を迎え撃った日本海海戦のように、アメリカ軍を日本近海におびき寄せ、艦隊決戦をやろうとしていたのであった。

では、どうしたら退行しないようにし、高度な分業体制を保ちながら統合性を高めていくことができるのか。これは日本国家のためにも真面目に考えていかなければならない課題だと思う。

さて、ここまでで、その著書を参考にした人々の名を挙げておこう。M・ウェーバー、M・シュテルン、S・サフライ、A・ヘッシェル、田川建三、岡田英弘、園田一亀。その他、通説は常識的であれば従った。あと、口語訳聖書・新共同訳聖書以外の引用箇所には、著者名・刊行年、必要なときには読者が調べやすいように頁数も入れておいた。

それ以外は方法として、(1)類型化(先般の奴隷の三種類で試みた方法)、(2)帰納法(実証主義。先に東西の拉致のところで試みた方法)、(3)推論(先般チッポラの救助のところで試みた方法)、(4)理力(直観と超越、それに伴う逆算。ユダヤ教の大テーゼを先取して試みた方法)を用いた。詳しくは、『ヨーロッパ思想を読み解く』(ちくま新書、二〇一四年)に記しておいた。あまり勉強すると面白くないものになってしまうので、できるだけ体得と常識で書いている。

昔の地域研究者は、「地域研究者は自分の研究する地域を愛していなければならない」などと、よく言っていた。だが、要するに、「愛している地域をやれ」ということだから、「好きな野菜を食え」

というのと変わらない。「ベジタリアンは、自分の食う野菜を愛さなければならない」なんて、わざわざ言う必要があるのだろうか。近代には、こういう同義反復の閉ざされた系を愛でる、自己満足の学者が随分いた。

「愛していなければいけない」のならば、私が旧約聖書を記録として読み解く資格はないだろう。そういった意味では、「愛している地域をやれ」という、通俗学者たちの教え諭しは、極めて排他的なものなのである。そしてそれは危険なものですらある。コリアを愛してしまい、共にダークサイド（先見の失敗局面）に墜ちていく北朝鮮研究者は幸いなことにまだいないが、韓国と共に墜ちていく韓国研究者の方は残念ながらすでに存在するのである。

5 逃げると殺されるが、神を試しても大丈夫

……女預言者デボラと預言者ギデオン

知の限界を知る

どうも最近、日本人の「常識」が弱くなっている気がする。たとえば、本章で登場した、モーセの嫁のミデヤンびとチッポラや妾のクシびとらと、モーセは何語で話したのか。常識的に考えて、古代エジプト語であったろう。当時のこの地域で最も豊かで力のある国の言葉はエジプト語だった。

では、その古代エジプトの歴史がなぜこれほど分からないのか。こういう常識はどこにも書かれていない。それは古代エジプト人が歴史に関心をもたなかったからである。歴史書は、遥か下ったプトレマイオス朝時代にギリシア語で書かれたものが一冊しかない。それもその後散逸した。そこでエジプトの歴史を復元するには、石に刻まれた碑文とか、パピルスに書かれた手紙の断片などに頼るほかないのである。

だからよく分からない。王朝というのは、紀元前四十世紀あたりから連綿とある。でも歴史書がないので、各王朝の特徴が不鮮明なのだ。それで仕方なく、第十八王朝とかナンバーを打って数えるくらいで我慢する。

なぜ歴史に関心をもたなかったのか。それは古代エジプト人が「因果関係」に気づかなかったからだ。どの民族でもそうだが、因果関係に気づいた時から、史官や歴史家が記録を書き始める。古代インド人などは、イスラムに征服されて「因果関係」をマネするところから歴史が始まる。気づくか気づかないかは、「偶然」だと、岡田英弘氏は言う。だが私は、「政治」ではないかと思う。政治とは「相手を動かす工夫」のことであるから、この動機が強いときには記録内の因果関係が神話化してしまうのではないだろうか。

神話とは、「因果関係の政治的擬制」だと思われる。たとえば旧約聖書では、創世記やモーセのエジプト脱出とユダヤ民族の起源の部分、ヨナ書のファンタジー的要素などが挙げられる。ヨブ記には、異民族の改宗の政治的意図さえ読み取れる。

ナイル川が血に染まったり、巨大魚に呑み込まれたり、川に蜜と凝乳が流れたり、古代人や中世人ならば近代合理性を知らないからこんな因果で説得されてしまうのだろう。『日本書紀』の神代篇などは、このような擬制のオンパレードだ。

では今の時点でどのように有用性のある事柄を採取すればよいのか。神話の方は擬制をそぎ落として、動機と骨格（生活、生業の骨子）だけを見ればよいと思われる。実際、記録にシンクロしても、神話にはその部分にしかシンクロできない。前にやって見せたが、日本の神々の分業という骨格だけを視るのである。そして、その動機は他族に対する優越の政治的な表現であろう。祭司職のミカドが女神の後裔であり、諸部族は分業関係で優越的に統率される、ということである。

だが、このような方法も、政治学者としての私の能力の及ぶ範囲で、かなりの無理がある。神話に関しては、どうも私の知も理も微力であるが、本書ではあえてそれをやってみることにした。神話も政治的に見ると、視えるものが少しはあるという実験のようなものだと解して頂ければ幸いである。

さてともかく、古代エジプト人が因果の歴史に関心をもたなくて本当に良かったと、私は学生たちによく言う。なぜならば、紀元前四十世紀からの歴史が残っていたとしたら、大学受験で世界史を選択する学生は僅少になることだろう。その暗記の労力たるやピラミッドの石を積むような有様になる。だから、「君たち良かったね」と学生に言い、「神さまありがとう」と呟くのである。

いろいろな都市がある

古代エジプト人とは異なり、古代ヘブライ人は歴史に関心があった。そして特に、人の言説を書き記すことには関心があった。だから旧約聖書のような良い記録が残ったのである。もちろん人の言説は今も昔もウソだらけだから、その間を資料選択しつつ縫うようにして進むしかないのだが、それは歴史学者の運命である。

さて、時代をかなり飛んでしまったのでもとに戻して、エジプト脱出時代の次の時代、「英雄時代」へと話をつないでいこう。

人口過剰となったヘブライ人はアルノン川とヤボク川の間の肥沃な地帯へと進出していった。前十三世紀前半、この地帯の北部にアモリ人が、南部にモアブ人が占拠していたが、アモリ人のシホン王により全地帯が統一された。ここにヘブライ人の進出が始まり、戦闘を経て、それがヘブライ人の手に移った。北部を得たのがガド族、南部を得たのがルベン族だった。

シホンはヘシボンの町に住んでいて、ヤハズの野で戦って負けるのだが、ヘシボンがどれくらいの規模だったかが分からない。だいたい都市というものには、三種類がある。古代シナの県とか鎮のように城壁をもったもの、古代エジプトやアメリカの西部劇に出てくるような城壁のないただの町、ヌルハチの満洲族や日本の戦国時代の小城のように木柵や板や土塁で砦になっている町、三種類である。

ヨーロッパなど一番目の城壁型が普通なので、それを基準にウェーバーは古代エジプトのことを「都市形成の欠如」といっている。ナイル河の両岸に細長い居住地が続く巨大な広がりだったからである（『古代社会経済史』M・ウェーバー『古代社会経済史』東洋経済新報社、一九七三年、一一七頁）。でも欠如と言ったら、日本など古代から城壁などないから同罪の「都市無し」になってしまうであろう。

外敵がいるから城壁が築かれるのだ、というのも常識に合わない。西部開拓時代のアメリカなど周りじゅうアパッチだらけなのに城壁なぞない。どのみち戦闘は町はずれの野で始まるから、物見櫓と偵察隊のパトロールがあれば十分だし、町まで敵が迫れば、迎え撃つか逃げ出すか、すればよいのである。それに城壁は敵を防ぐには十分とは言えない。カエサル（シーザー）などは、「防壁を切り崩す。これはむずかしくない。というのも大挙して石や槍を投げると誰も防壁の上にじっとしていられなくなるからである」（『ガリア戦記』Ⅱ-6）といっている。

つまり、城壁のない都市も古代から普通にあったのであり、それが今では世界中で一番多い型になった。ある町が、城壁型か、広がり型か、砦型だったのか、これはもう考古学者に頑張ってもらう以外には分からない。旧約聖書ではレビ族の預言者モーセの跡を、エフライム族の預言者ヨシュアが継ぎ、ヨシュアがヨルダン川を渡って侵攻し、エリコを陥落させ、アイの攻略には失敗することになっている。

だが考古学の調査では、エリコの有名な城壁は、紀元前二千年紀前半のもので、ヨシュアがラッパを吹かせて崩した（ヨシュア記６：20）ものではないことが分かった。アイもヘブライ人の侵攻に先立って、一千年以上も廃墟だった。

たぶん両方とも、丘の廃墟の上に新しく町ができていたのであろう。前十三世紀末には、エジプトのカナン偵察のために書記がおくられていた場所だが、周囲のカナン人の諸都市の不和により、保安状況は甚だよろしくなかった模様である。

エフライム族やベニヤミン族らは、そこからギベオンへと向かった。ここは北方アナトリア系のヒビびとの町だったが、彼らは遠いところからきて、まだ間がなかった（同９：６、９）。ここも新しい町だ。降伏してきたので安堵し、使役した（同９：21–23）とある。

そしてさらにカナンの南部に向かうというのだが、そこはエジプト軍のいるガザに近すぎる。エリコとギベオンに拠点を置き、カナン人の飛び地を避けながら斑状に殖民していったといったところだろうか。ベニヤミン族が、エルサレムで先住民のエブスびとと共存していた（同15：63、士師記１：21）というのが、一番もっともらしい話である。

勝ってゆるむと前の宗教が出る

殖民してくるものには商人になったものもいるであろうし、都市の大市に物売りにやってくるだけの農民もいたことだろう。その後約六百年以上もたってからのエルサレム市場風景で恐縮だが、こんな風だった。

そのころわたしはユダのうちで安息日に酒ぶねを踏む者、麦束を持ってきて、ろばに負わす者、またぶどう酒、ぶどう、いちじくおよびさまざまな荷を安息日にエルサレムに運び入れる者を見た……そこに住んでいたツロの人々もまた魚およびさまざまの品物を持ってきて、安息日にユダの人々に売り、エルサレムで商売した。（ネヘミヤ記13：15―16）

というのが当時の市日の雑踏で、バビロン捕囚期以降にこの市日が、労働禁止の安息日として聖別されるのである。ツロ（ティルス）というのはフェニキアだから、ずいぶん北からもエルサレムの市場に来ていたわけだ。魚はレバノン杉の木屑にでもくるんだのだろうか。

ともかくも、「見よ、わたしはアモリびと、カナンびと、ヘテびと、ペリジびと、ヒビびと、エブスびとを、あなたの前から追い払うであろう」（出エジプト記34：11）というのがイスラエルの理想であるが、現実は殖民による雑居状態がそうとう長く続いたらしい。

でも、ユダヤ教がなぜ広まり、信仰する部族が増えていったのかといえば、それは戦争に勝ち続けたからである。前の宗教はなかなか捨てきれないが、ヤハヴェ連合諸部族に入れば、分捕り品も捕獲奴隷も耕地も多くなり、自身たちの貧しさは随分と緩和される。それが一番の魅力なのだ。これはもう草創期には、ヤハヴェもアラーもキリストも大宗教はみな然りである。

ヤハヴェ連合諸部族の戦いは一進一退で、敗ける時は前に信じていた小宗教が下地から噴き出してきて、ヤハヴェが怒りを発して見放す時ということに聖書ではなっている。

英雄時代の第一は「救助者の時代」であり、神によって救助者が起こされる。オテニエル（士師記3：9）、左利きのエホデ（同3：15）、シャムガル（同3：31）らで、彼らの武勇でヘブライ人たちが勝つと直ぐに気がゆるんで、また昔の信仰に戻ってしまう。それはバアルとアシタロテ（同2：13）、アシラ（同3：7）などで、アシラとバアルはカナン人の神で、アシタロテは元々はフェニキアのシドン人の女神であった（列王紀上11：5）。

英雄時代の第二は「英雄・預言者の時代」で、預言者と英雄が対になったり、一体化したりする。女預言者デボラ（士師記4：4－5）は、ベテルに住んでいたが、ラマまで歩き出でて、棕櫚の木の下でさばきびと（裁判人）をしていた。彼女がナフタリ族の英雄バラクを呼び寄せる。二人の共助により、ヘブライ人はようやくカナン人の都市同盟軍の戦車に勝った。雨季でキション川があふれ、彼らの戦車を無効にしたからだった（同5：21）。だが、戦争に参加したのは七部族にすぎない。ここまでで、前十二世紀末を迎える。それで勝つとまた、ヘブライ人たちは「主の前に悪をおこない」、以前の宗教が噴き出してくるので、神に見放され、とうとうミデヤン人に敗けることになった。

疑り深い預言者、ギデオン

このミデヤン人（新、ミディアン）はアマレクびとと対になってよく出てくる（同6：3）。ミデヤン人は、前十二世紀にラクダが家畜化され隊商に利用されたことで発展の機会を得、さらにヘブライ人の侵攻でカナンの諸都市が衰退し、前十二世紀後半にはガザのエジプトの支配がゆるんだために、勢力を拡大してきたのだった。

ミデヤン人の大群は、収穫の時期にカナン中部、マナセ族の住む耕作地帯にイナゴのように襲いかかった。生命と収穫物を守るためにヘブライ人たちは、山の岩屋とほら穴にブドウや麦穂を隠し、要害に身を潜めた（士師記６：２）。時にマナセ族のギデオンという男が、ブドウを踏みしぼる酒ぶねの置かれたほら穴に隠れて、小麦を脱穀していた（同６：11－14）。すると、まず神の使いが来て神の来臨を告げ、神が振り向いてギデオンに「ミデヤンびとの手からイスラエルを救い出しなさい」と、言葉で告げた。これでギデオンが預言者として召命されたことが分かる（同６：14）。英雄と預言者が一体化する時代だった。

でも、ギデオンにも以前からの信仰がある。それは彼が「エルバアル」と呼ばれていた（同６：32）ことで知れる。カナン人の父子神が、エルとバアルである。ギデオンはモーセやヨナのように逃げ出そうとはしなかったが、たいそう疑り深く、ヤハヴェの力を試そうとするのである。どうも、逃げるのはアウトだが、試すのはオーケーのようだ。何しろ、昔は神さまと相撲を取ってしまう者までいたくらいである。彼らの祖、ヤコブのことだ（創世記32：24）。

ギデオンは、夜のうちに羊一頭分の毛をほら穴の脱穀場に置いておくから、それだけを露で霑《うるお》し、地面は干からびさせて下さいと神に求める。早朝に起きて羊毛を絞ると鉢に水が満ちた。イスラエルが羊毛で、ミデヤン・アマレク連合軍が地面というわけである。露のうるおしは神の恩恵であろう。これで満足すると思いきや、ギデオンは「わたしをお怒りにならないように願います。……どうぞもう一度だけ羊の毛をもってためさせてください」（士師記６：39）と、臆面もない。今度は逆に地面の方を均霑《きんてん》に浴せしめ、羊毛を干からびさせよというのである。翌朝、地面が結露していたので漸くギデオンはヤハヴェを信じた。「ああ、どちらでも勝たせる力があるのだな。ならば信じてみよう」ということだろうか。こういう疑り深い預言者はギデオンくらいである。

ミデヤン・アマレク連合軍はエズレル渓谷に陣を張った。迎え撃つギデオン軍には、彼の部族のマナセと、他にナフタリ族、アセル族が加わった。なんか弱そうな部族たちである。アセル族などはキション川の戦いで傍観していた者たちだった。「アセルは浜べに座し、その波止場（新、舟着き場）のかたわらにとどまっていた」（同5：17）。

やっぱり弱くて敗けそうだったのでエフライム族に援軍を求め、ミデヤン人の二人の王を殺してもらい、エフライム族になじられた（同7：24–25、8：1）。ギデオンは他の二人の王を追撃して殺し、途中で食糧補給をことわったペヌエルの町を滅ぼした（同8：17）。そしてベツレヘムに近いオフラの町に拠点をおき、勢力を張ると、たちまち気がゆるんで偶像崇拝を始めるのだった。大宗教の下では、こんな風に二重信仰生活が普通であった。

6 旧約の神はなぜ偶像の神をねたむのか
……………偶像テラピムとダン族の起源

ギデオンのエポデ

前回、前十二世紀末、預言者で英雄のギデオンが、ミデヤン・アマレク連合軍に勝つとすぐに気がゆるんで、ヤハヴェ以前の信仰が噴き出してくるところまで語った。

ギデオンという名は、一般の人にはなじみがないが、キリスト教徒たちは比較的よく知っている。日本にもこれを冠した協会、福祉施設などがある。クリスチャンにとって、本来の正典は新約聖書だが、これは慈愛系なので、旧約聖書も経典として重んじないと、キリスト教の由来も分からなくなるし、第一説教に荘厳さがわかない。旧約は荘厳系として今日でも大活用されるので、彼らはギデオンをよく知っているのである。女預言者デボラなどはかえって知らない。うちの細君はクリスチャンだが、「誰それ？　デボラ・カー？」と、昔の米女優のことかと思っていた。

さてギデオンに戻れば、彼の以前の信仰の対象はカナン人と同じエル、バアルで、バアルとは暴風と豊穣の神だといわれる。ところがヘンなのは、ギデオンが、彼の拠点、オフラの町に据えたのは、バアルの偶像ではなく、エポデだったと聖書に書かれている。

こうしてギデオンが求めて得た金の耳輪の重さは一千七百金シケルであった。ほかに月形の飾りと耳飾りと、ミデアン（注、口語訳は「ミデヤン」と「ミデアン」を混用する）の王たちの着た紫の衣およびらくだの首に掛けた首飾りなどもあった。ギデオンはそれをもって一つのエポデを作り、それを自分の町オフラに置いた。イスラエルは皆それを慕って姦淫をおこなった。それはギデオンとその家にとって、わなとなった。（同8：26―27）。

ここでの「姦淫」とは、偶像崇拝のことである。

M・ウェーバーは、前掲の『古代ユダヤ教』のなかで、十戒についての記述を散在させているが統合すると、(1)「倫理的十戒」（出エジプト記20章、申命記5章）、(2)「祭儀的十戒」（出エジプト記34章）、(3)「性的十戒」（申命記27章）の三つに類型化できる。もとよりモーセ五書の「律法」から、十並んでいるものを抜きとってきたにすぎないが、その内容にはかなりの異同がある。三つに共通するのが、(1)に「偶像製造・崇拝を禁ず」、(2)に「鋳物の偶像製造を禁ず」(3)に「彫像・鋳像を造り安置する者は呪われる」と記された、「偶像崇拝」である。

次に、エポデ（新、エフォド）とは何か。モーセが聖別されたレビ族のために定めた祭司用の上掛けだった。そんな服飾品を偶像にするというのは一体どういうことなのか。

それは金糸、青糸、紫糸、緋糸、亜麻の撚糸《よりいと》で織られた（出エジプト記28：16）上掛けで、青地の上服の上に着ける（同28：31）。エポデに肩ひもを二筋垂らし（同28：25）、その先に金の環を吊るす

(同28：27)。同じ撚糸で作り、縞瑪瑙をはめた(同25：7)胸当てにも両端に金の環を付けてエポデの金の環と青ひもで結びつける(同28：28)。帯も同じ撚糸で作り、締める(同28：8)。裁きの時には胸当てにウリムとトンミムを入れる(同28：30)。これは罪がどちらにあるかを知る際に用いる籤のようなものだ(本書一〇四頁参照。サムエル記上14：41)。

聖別されたレビ族の終わり

なぜこのような服が偶像視されるのかといえば、常識的に考えて、それは古代エジプトの祭司服あるいは同国の何らかの儀式の装飾を始めの頃使っていたからだと思われる。エジプトから逃げ帰ってきたヘブライ人たちは貧しく哀しい人々であり、そのような人々にモーセのいうような豪奢な祭司服など作れたわけがない。十中八九エジプトから持ち帰ったものであり、それは異教の権威の気を紛々と放っていたことだろう。だから聖別されたレビ族の祭司以外には羽織らせないことを神と契約していた(レビ記8：7、12)。ギデオンはこれを分捕り品の金や布、宝石だけで作ったのだから実は大した権力だったのだ。だがそれは契約(十戒)としては、偶像崇拝の破戒であり、罪に当たった。

ふつう古代の大国と小国のあいだには、絶壁、断崖ほどの絶望的な文化的力量の差がある。コリアなどは、チャイナから買ったりもらったりするのでなければ、衣を縫う針一本作れなかった(鄭東愈『晝永編』一、ソウル大学校古典叢書、一八〇五年、五九頁)。北方民族に至っては、略奪するのでなければ、鎌一振り作れないのである。東洋ではこれが十九世紀まで続いていた。いかばかり貧しかったか、想像がつくだろう。

当然、はるか後世になっても、貧しいヘブライ人たちには金糸、青糸、紫糸、緋糸、亜麻の撚糸で織り、金環と縞瑪瑙をつけた豪華なエポデなど簡単には作れるはずがなかった。そこで彼らは亜麻布のエポデで代用することを続けたのである。「サムエルはまだ幼く、身に亜麻布のエポデを着けて、主の前に仕えていた」（サムエル記上2：18）。

このサムエルはシロの町の祭司エリに仕えていた。サムエルはエフライム族だから本当ならばエポデをつけてはならないのだ。エリはこの禁忌を破っていた。だがこのためにエリが呪われた形跡はない。彼は息子たちの罪で呪われるのだった。息子たちは、主のための獣の脂肪を焼いて食べ、会見の幕屋の入り口に勤める神の女たちと寝た。それが罪だった。エポデの禁忌の気はすでに飛散していた。それどころか神は祭司エリのもとに一人の神の人（無名の預言者）をおくり、エリ家の罪を告げて呪いをかけるとともに、次のようにいう。

わたしは自分のために、ひとりの忠実な祭司を起す。……その人はわたしが油そそいだ者の前につねに歩むであろう。（サムエル記上2：35）。

この忠実な祭司がエフライム族のサムエルであり、油そそがれた者がサウルとダビデである。つまり祭司はレビ族である必要がないと神が言っている。ゆえにエポデは誰が着てもよくなったのである。権威の気をまとう必要がある者はもはや平然とエポデを身に帯びた。「そしてダビデは力をきわめて、主の箱の前で踊った。その時ダビデは亜麻布のエポデをつけていた」（サムエル記下6：14）。サムエルは前十一世紀半ばの人、ダビデは前十世紀前半の人である。恐らくこの百年間あるいはそれ以前から、レビ族は部族としては散っていたのであろう。だから神はこの契約を変更した。

テラピムの誘惑

でも、エポデを偶像視する気は、少なくとも前八世紀頃までは残存していたと思われる。「イスラエルの子らは多くの日の間、王なく、君なく、犠牲なく、柱なく、エポデおよびテラピムもなく過ごす」（ホセア書３：４）。ホセアは前八世紀に活躍した預言者である。彼は、イスラエルの理想の日々とは、「王や君主がおらず、人の犠牲の燔祭もなく、丘に偶像を祭る石柱を建てることもなく（レビ記26：１）、豪奢なエポデも、偶像のテラピムもない」ことだと表現し、テラピムをエポデと並列して敵視している。では、テラピムとはいったい何か。

偶像テラピムにまつわる話は、まず創世記の「ヤコブの詐欺物語」から始まる。ヤコブに騙されて怒りを発した兄エサウを避け、父イサクの嫁取りの勧めにしたがい、ヤコブは母方の祖父・アラム人ラバンのもとに赴いた。アラム人は今のシリアにいた民族で、アラム人とヘブライ人の間で同族意識があったものか、旧約では「さすらいの一アラムびと」（申命記26：５）が、ヘブライ人の祖先ということになっている。

ヤコブはラバンの二人の娘を娶ったが、ラバンは二十年間ヤコブを去らせなかった。婿を婚家にとどめて使役するということは、古代では往々にしてあることである。コリアの李朝では、これをテリル・サウィ（率婿）といっていた。一種の「奉仕婚」である。業を煮やしたヤコブは無断で妻子を連れて逃げる。ときに妻のラケルが、「父の所有のテラピムを盗み出した」(創世記31：19)。追いついて来たラバンは、ヤコブに詰問する。「なぜあなたは私の神を盗んだのですか」(同31：30)と。

これはラバン家にあった家の守護神テラピムの霊力が、ヤコブの逃げ道を妨害しないようにラケルが心配して盗んだのである。ラバンはヤコブのテントをくまなく探したが、ラケルが鞍の下に隠し、その上に座っていたのでみつからなかった(同31：34)。つまりテラピムは鞍の下に入るほどの小さな土偶のようなものであったことが分かる。木像や鋳物の像以外の偶像(前掲、「性的十戒」の彫物、鋳物の偶像禁止)とすれば、それは常識的に考えて土製のものであろう。

テラピムの話の第二は、ヤハヴェ連合諸部族中のダン族の起源にまつわる因縁話である。これはけっこう妖しい。西からはアモリ人、東からはヘブライ人諸部族にはさまれたダン族は定着地がきまらず、ギベオン近くのゾラ(新、ツォルア)にテントを張り、嗣業の土地を探していた。斥候兵五名が出され、エフライムの山に分け入ると山中に家があり、若者がいたので声をかけるとレビびとだという。この若者がじつに妖しい。だいたい「日本むかしばなし」でも、山中の異人はみんな妖しい。

彼は、「ユダの氏族のもので、ユダのベツレヘムからきた一人の若者があった。彼はレビびとであって、そこに寄留していたのである」(士師記17：7)という。このベツレヘムは後のイエス生誕地(マタイ書2章、ルカ書2章)で、エルサレム高地にあった。しかしレビびとならばレビ族であり、ユダの氏族ではありえない。常識的に考えられることは、レビ族が氏族としては散っていく過程にあり、この頃からは誰がレビびとかよく分からなくなってきたということである(本書六六頁参照)。

ダン族の祭祀は日本の神社みたいだ

で、この家にまた妖しい人が住んでいた。ミカという。ミカの母は銀二百枚で職人に刻んだ像と鋳た像、つまり木と鋳物で偶像を作らせて家に安置し、ミカは神の宮を設け、エポデとテラピムを造り、息子の一人を立てて祭司としていた（同17：4－5）。山中の私設神宮と私設祭司である。ここに先ほどの若者がたずねて来たのでこれも祭司とした。

五人の斥候兵はその後、北の町ライシまで上り、ここが良い土地だったので嗣業地にしようとゾラに戻り、六百人のつわものを連れて再びエフライムの山中に進み、ミカの家に逗留した。そして彼らは、ミカに言う。

「……われわれと一緒にきて、われわれのために父とも祭司ともなりなさい。ひとりの家の祭司であるのと、イスラエルの一部族、一氏族の祭司であるのと、どちらがよいですか」。

祭司は喜んで、エポデとテラピムと刻んだ像とを取り、民のなかに加わった。（同18：19－20）。

妖しさはミカのみならず、ダン族におよぶ。偶像を全部抱えて、ミカにダン族の祭司となれと勧めているのである。もちろん、こんなのはヤハヴェとの契約の破戒だ。

ところが近所の人々を連れてミカが彼らに加わろうとすると、俄かに恫喝され、ミカは気が引けて行けなくなり家に戻った。ダン族の人々は、ミカを残し、あの若者を祭司とし、ミカの作った偶像を持ち去った。ダン族はライシに赴き、「つるぎをもって彼らを撃ち、火をつけてその町を焼いた」（同

18：27）。そして町を占拠し、ライシをダンと改名する。

先の妖しい若者はどうなったか分からないが、「そしてダンの人々は刻んだ像を自分たちのために安置し、モーセの孫すなわちゲルショムの子ヨナタンとその子孫がダンびとの部族の祭司となって、国が捕囚となる日にまで及んだ。神の家がシロにあったあいだ、常に彼らはミカが造ったその刻んだ像を飾って置いた」（同18：30–31）。神社には主神と陪神がいる、日本みたいな風景だ。

ダン族は、モーセの子・ゲルショム（寄留者《ゲール》という意味）の氏族から祭司を連れてきてヤハヴェ信仰をまもると共に、ミカの偶像テラピムにも仕える信仰二重生活をおおっぴらに送っていたと読むほかない。そして前十一世紀前半、三つの祭司門閥が並存していたことが分かる。

一つはベテルの町で契約の箱を守るアロンの孫、ピネハス一族（同20：27–28）、この系譜は預言者かつ祭司だ。つぎはヤーヴェ祭のシロの町の祭司、エリ一族（サムエル記上1：3）、ファラオの家内奴隷だった家系だ（同2：27）。第三がこのダンの町のモーセの孫、祭司ヨナタン一族だった。部族としてのレビびとは散ったが、この三拠点を確保したのであろう。

ときは下って紀元前五八六年、エルサレムが陥落したとき、祭司の子・エゼキエルは連行され、バビロニアの運河の畔で神の幻を見、預言者となった。彼は生涯を捕囚の地で過ごし、異郷の大国でテラピムの原型をおそらく飽きるほど見たのである。

バビロンの王は道の分れ目、二つの道のはじめに立って占いをし、矢をふり、テラピムに問い、肝を見る。（エゼキエル書21：21）

バビロンの王は道の分かれ目で占いをする。分かれ道は人がどちらに行くか迷う場所なので、迷った時にそこを使うのである。これはシナ古代でも似たことがあり、道という漢字のシンニョウの上に「首」をもって占う人が見える。バビロンの王は、矢を振り、テラピムに問いかけてその応えの声を聞き、誰かの肝を掌に載せてその色形を見て占ったのであろう。

テラピムは、エポデがエジプトの異教の権威の気を放っていたように、バビロニアで異教の神の声を発していた。それは恐らく、われわれ日本人がいま、世界史の教科書の写真でよく見る、あのメソポタミアの土偶の小型であろう。これでメソポタミアの人々が、豊穣の女神の土偶に問いかけ、その応えを聞いていたことが知れる。

7 神は預言者に必ず「言葉」で告げる
……士師の時代とエフライム族の隆盛

さて、話を旧約の英雄時代に戻そう。第一期は「救助者の時代」、神によって救助者が起こされる。第二期は「英雄・預言者の時代」で、預言者と英雄が対になったり、一体化する。女預言者デボラや勇者ギデオンらの時代だ。第三期は「小英雄の時代」になる。

ヤハヴェ信徒となったギレアデびと

イッサカル族のトラ、ギレアデのヤイル（以上二名、士師記10章）、ギレアデのエフタ（同11章）、ゼブルン族のイブザン、ゼブルン族のエロン、エフライム族のアブドン（以上三名、同12章）と続くが、このなかで神の霊が臨んだのはエフタだけである。他はさばきびと（裁判人）レベルの人だ。

エフタはギレアデという土地の人の息子だが、遊女の子だったので兄弟たちから差別されて追い出され、トブの地でやくざ者たちと盗賊をしていた。ときは前十一世紀前半、東ヨルダンにおけるモアブ人の凋落の結果、勢力を増したアンモン人が襲来した。現在のヨルダンの首都アンマンは、このアンモンに由来する。そこでエフタは腕っ節の強いところをギレアデ領の長老たちに買われて大将になった。

当時、ヤベシ・ギレアデの町にはヤハヴェ連合諸部族のエフライム族が居住していた。エフライム族は、ギレアデの人々のことを、「ギレアデびとよ、あなたがたはエフライムとマナセのうちにいるエフライムの落人だ」（同12：4）といい、完全にバカにしていた。

エフタは大将になるに当たり、長老たちに条件を出した。「もしあなたがたが、わたしをつれて帰って、アンモンの人々と戦わせるとき、主が彼らをわたしにわたされるならば、わたしはあなたがたのかしらとなりましょう」（同11：9）。つまり、エフタはヤハヴェ信仰の共同体に入るのでなければ、大将にはならないと言ったのである。

ギレアデの長老たちはエフタに言った、「主はあなたとわたしたちの間の証人です。わたしたちは必ずあなたの言われるとおりにしましょう」。（同11：10）

長老たちは、ヤハヴェ信徒となることを承諾した。エフタは彼らと同様にエフライム族を嫌っていたが、ヤハヴェ連合の他部族の援助がなければ対アンモン人戦には勝てないことをよく知っていたのである。

エフタはアンモン人の王に使者を送り、神の名において交戦を宣言した。すると神の霊がエフタに臨んだ（同11：29）ので、彼はマナセ族の領域を迂回して、マナセ族やベニヤミン族にギレアデがヤハヴェ信仰を受け入れたことを告げ、援軍を頼んでから、ギレアデ領のミヅパに陣を張った。

エフタは預言者ではない

預言者にふつうヤハヴェは言葉《ロゴス》で臨み命じるのである（映像や音楽の場合も必ず言語化される）。言葉の前後に神の使いを送り、気づかせてから臨む場合もある。モーセの場合には、「イスラエルの人々をエジプトから導き出させよう」（出エジプト記3：10）といい、ギデオンには「ミデアンびとの手からイスラエルを救い出しなさい」（士師記6：14）と、言葉でいう。ところがエフタの場合には、神の霊のみだった（同11：29）。ゆえにエフタは預言者ではない。

霊のみが下ったり、預言者から間接的に神の言葉を告げられたりすると、当事者は不安になり、後のサウル王のように自分で燔祭（神への獣肉丸焼き祭、神は香ばしい煙を嗅ぐ）をささげてしまったり（サムエル記上13：8−9）、エフタのように誓願してしまったりする。エフタは、人を燔祭にささげることを誓願してしまう。

「……わたしがアンモンの人々に勝って帰るときに、わたしの家の戸口から出てきて、わたしを迎えるものはだれでも主のものとし、その者を燔祭としてささげましょう」。（士師記11：31）

ヤハヴェは人を燔祭にとらない（申命記18：10。M・ウェーバーは大昔にはとっていたという）。アブラハムの時も、子のイサクを燔祭にささげることができるか試すだけで、あぶないところで神の使いが下りてきて、ちゃんと止めるのである（創世記22：12）。ヤハヴェの好きな燔祭は、牛・羊・鳩であり、人ではない。

他教の神々は人間の燔祭が好きだったらしい。モアブの神ケモシはモアブの王の長子を燔祭として城壁上で受けた（列王紀下3：27）。アッシリアによりサマリヤの地に徙民されたセパルワイムびとはその子を火に焼いて、セパルワイムの神（＝アッシリアの神）アデランメレクおよびアナンメレクにささげた（同17：31）。ヘブライ人の破戒者もこれをまねた。南ユダ王国のアハズ王は自分の子を火に焼いてささげ物とし（同16：3）、同王国のマナセ王は、バアルとアシラを祭り、その子を火に焼いてささげ物とし、占いをし、魔術を行い（同21：6）、女預言者ホルダの呪いを受けた（本書三三三頁参照）。

民衆はベンヒンノムの谷に高き所（祈祷所）を築き、牛身神モレクにも（同23：10、エレミヤ書32：35）、バアルにも息子娘を焼いてささげ物とし（エレミヤ書19：5）、預言者エゼキエルはエルサレムを姦婦に喩え、子を殺し、火の中を通らせて偶像にささげたと怒るのだった（エゼキエル書16：21）。人の丸焼きというのは、どうにも不吉な匂いだ。

エフタは祭司に会ったこともなく、ギレアデのエフライム族とも付き合ったこともない。それまでの風習にしたがって人間の燔祭を約し、対アンモン人戦の勝利を誓願してしまったのだろう。

このようなエフタだったが、戦争はうまかった。彼はアンモン人の西部国境防衛線を急襲し、「アロエルからミンニテの附近まで、二十の町を撃ち敗り、アベル・ケラミムに至るまで、非常に多くの人を殺した。こうしてアンモンの人々はイスラエルの人々の前に攻め伏せられた」（士師記11：33）。この二十の町とは二十個の砦型の町のことだ。ラバトとアンモン間を西南の線で切り分ける、方形や円形の砦が連なっていた。

哀れ、エフタの娘

アンモン人を攻め伏せたエフタは意気揚々とミヅパ・ギレアデに帰宅した。ところが、「自分の家に来ると、彼の娘が鼓をもち、舞い踊って彼を出迎えた」（同11：34）のだった。愛する娘を生贄にしなければならない。一人っ子だった。

エフタは彼女を見ると、衣を裂いて言った、「ああ、娘よ、あなたは全くわたしを打ちのめした。わたしを悩ますものとなった。わたしが主に誓ったのだから改めることはできないのだ」。（同11：35）

誓願する場合には犠牲と供え物が必要であり、果たせないと罪を得る。「あなたが口で言った事は守って行わなければならない。あなたが口で約束した事は、あなたの神、主にあなたが自発的に誓願したのだからである」（申命記23：23。新、同23：24）。

エフタの娘はすっかり覚悟を決め、最期の願いを父にする。「どうぞ、この事をわたしにさせてください。すなわち二か月の間わたしをゆるし、友だちと一緒に行って、山々をゆきめぐり、わたしの処女であることを嘆かせてください」（士師記11：37）。

するとエフタは、『行きなさい』と言って、彼女を二か月の間、出してやった。彼女は友だちと一緒に行って、山の上で自分の処女であることを嘆いたが、二か月の後、父のもとに帰ってきたので、父は誓った誓願のとおりに彼女におこなった。彼女はついに男を知らなかった。これによって年々イスラエルの娘たちは行って、年に四日ほどギレアデびとエフタの娘のために嘆くことがイスラエルのならわしとなった」（同11：37－40）。

わたしは社会科学者なので、この記述は以下のように読むしかない。山中には、後述するレビびとのような山賊（同19章）がうようよいた。エフタはトブの地の盗賊だったので、悪名は広く知られており、知った山賊に娘は預けられた。いっしょの友だちというのは、既に処女を失い山賊に妾として出され、エフタの娘の身辺に仕えたのであろう。二か月後に戻って来た娘は誓願どおり父に焼かれたが、ヤハヴェは人の燔祭をとらないのだから、他の神に捧げられたものだ。それでもエフタの誓願は果たされたので、ヤハヴェが彼に罪を下すことはなかった。

だが、エフタの娘は結婚という幸せなく、愚かな父の誓願の犠牲になったがゆえに、イスラエルの娘たちは憐れんで毎年ギレアデまで泣きながら行進した。もともとギレアデでは毎年、豊穣の女神の祭があり、二か月の物忌みを経た女が燔祭に供されていたが、エフタの娘の死によりイスラエルの新たな伝統が創りだされた。そしてギレアデの従来の祭は埋め殺された。たぶんこの祭りの女神はカナン人の神アシラだろう。もとい、アンモン人に勝ったエフタには次の試練が待ちかまえていた。

エフライム族はけっこうワルである

ついで、エフタがアンモン人と戦った余波として、ヤハヴェ連合諸部族との間に部族間闘争が勃発してしまう。エフライム族がアンモン人との戦いに呼ばれなかったと難癖をつけてきたのだった。

エフライムの人々は集まってザポンに行き、エフタに言った、「なぜあなたは進んで行ってアンモンの人々と戦いながら、われわれを招いて一緒に行かせませんでしたか。われわれはあなたの家に火をつけてあなたを一緒に焼いてしまいます」。（同12：1）

これは、ギデオンの時の「イチャモン」（下劣な言いがかり）と同じである。

イチャモンは古代人の外交兵器であり、古代李朝（約五百年間）の永かった韓国などでは今でも残存する。旭日旗を「軍国主義の象徴」だと言いがかりをつけ、東京五輪への持ち込みを排撃、二〇一九年九月には韓国国会で非難決議をした。「根拠のないことであげつらってはならない」という「近代合理性」を欠いた行動を国家がとること自体が問題なのだ。

前にも、「エフライムの人々はギデオンに向かい『あなたが、ミデアンびとと戦うために行かれたとき、われわれを呼ばれなかったが、どうしてそういうことをされたのですか」と言って激しく彼を責めた」（同8：1）のだった。でも、ギデオンの場合は最後に援軍を頼んだので、それを感謝すれば問題はなかった（同8：2）。強者のイチャモンとでもいうべきか。

エフタの場合には、別である。内心に問題があった。エフライム族の本来の目的は、ヤベシ・ギレアデにあるエフライム族居住区の支配にあった。ギレアデびとと仲が悪かったということもあり、エフライム族に援軍を頼めば、進駐される危険もあった。そこでエフタは言い返した。

エフタは彼らに言った、「かつてわたしとわたしの民がアンモンの人々と大いに争ったとき、あ

なたがたを呼んだが、あなたがたはわたしを彼らの手から救ってくれませんでした」。(同12：2)

これは初出なので、こういうことがあったということである。だから、エフタとギレアデの人々は、マナセ族やベニヤミン族に援軍を頼んだのだと思われる。

そこでエフライム族は難癖を口実にして、ギレアデ領に攻めこんできた。だが、ヨルダン川を渡り、ガド族領に入ってからミヅパへと北上しようとしたところ、途中ギレアデ軍に大敗を喫してしまったのだった。ヨルダン川西岸の故郷にひそかに帰ろうとするエフライム族をギレアデ側では見逃さなかった。

ヨルダン川の渡し場で、「ギレアデの人々は『あなたはエフライムびとですか』と問い、その人がもし『そうではありません』と言うならば、またその人に『では「シボレテ」と言ってごらんなさい』と言い、その人がそれを正しく発音することができないで『セボレテ』と言うときは、その人を捕えて、ヨルダンの渡し場で殺した。その時エフライムびとの倒れたものは四万二千人であった」(同12：5–6)という。たぶんエフライム族は、S音の口蓋化が苦手で「シ」と言えなかったのだろう。「シ」といえず「ス」という、シナ南部と台湾人のようである。

だが、残念ながら部族間闘争はこれではおさまらなかった。エフライム族がギベアの妾の事件をめぐって全部族を使嗾しベニヤミン族を破滅に追い込んだからである。

ベニヤミン族破滅のひどい話

エフライム山地の奥にレビびとが住んでいた。彼は山奥で妾を蓄えるほどだったので、山賊であろう（同19章）。レビの部族は散って、このような者まで出る時代だった。彼がベニヤミンびとのギベアの町に逗留したとき、町人たちが取り囲み、家から出ろと要求してきた。つまり周辺では名うてのお尋ね者だったということである。

レビびとが身代わりに美人の妾を差し出すと、彼らは朝まで犯しつづけた。レビびと某は朝になって妾をロバに乗せ山奥に帰ると、彼女を十二切れにバラバラにし、十二支族に送りつけた（同19：29）。宅配便などない時代だ、配達には使者を雇わなければならない（サムエル記上1：7）。恐らく、エフライム族がその役を担ったのだろう。ギベアでレビびとを助けようとした老人もエフライム族だった。

事件は東洋の凌遅刑（バラバラ刑、清朝では麻酔の阿片を吸わせて生きたまま斬り、李朝では死んでからバラバラにして全土に遺棄する）を思わせる凄惨なものだが、全部族のイスラエル会衆は怒ってしまい、使者を遣わすが、ベニヤミン族はかえってギベアの町に集まり、全会衆と戦おうとしたのだった（同20：14）。当時、種々の部族間衝突の主な扇動者はエフライム族だった。マナセ族のギベオン、遅れてヤハヴェ信徒となったギレアデびとのエフタらが軍事的な威信を高めるたびに何かと介入してきたのも彼らだった。

ここで天才・岡田英弘氏のもっと凄い読みを紹介しておこう。ヤハヴェは「もともとサウルの出身部族であるベニヤミン部族の神でもあったらしい」（『岡田英弘著作集』I、「歴史とは何か」藤原書店、二〇一三年、七九頁）と、いうのがそれである。岡田氏がこういうのも、以上のベニヤミン族壊滅の物語に後世の虚構の匂いを嗅いでいるからである。たしかに山賊の復讐話などで全族壊滅するだろうか、いかにもウソくさいと私も思う。それよりも、当時の多神教世界に孤立した一神教部族への敵意と攻撃と解した方が理が通っている。理の通し方は、以下の如し。

それ（＝ヤハヴェ）はもともとサウルの出身部族であるベニヤミン部族の神でもあったらしい。それをサウルがみんなに押しつけた。ベニヤミンというのはいちばん南の端にいた部族で、北のほうの十部族にとっては、ほとんど何の関係もない。ベニヤミンと、ユダというもう一つの部族はたいへん親密な関係にあり、ヤハヴェはその両方の神であったわけだが、サウルの王政はペリシテ人（海岸の海洋民族）との戦争に敗れて、ダビデが代わって王になる。ダビデもユダ族の出身だが、また十二部族の統一を回復して、ヤハヴェを十二部族共通の神にした。

胸のすくような直観で、本当を言うと、私はこちらの因果ストーリの方が感動する。博士論文だったならば、たぶんこちらを通すだろう。この直観による理の通し方は、じつは本居宣長に似ている（古田『「神の本」はかく語りき』ちくま文庫、二〇一三年、一〇九–一一九頁）。「日本的直観」とでもいうべきだろうか。

だが、と、天才でない私、古田は呟くのである。ここまでやると、べつの『旧約聖書』ができてしまう。天才とは、こういう人たちなのだというところで止めておいた方が良くはないか。先見者の私は、天才より先の結果の善悪を視るので、ずっと穏健なのである。

8　部族争いの最中に海から強敵がやって来た
……ペリシテ人の襲来と部族鳩合

ユダヤ教の神について

ユダヤ教の神についてこれまでで分かったことを箇条書きしておこう。

一、神が契約した民は複数いる。（例、ミデヤンびと、レカブびと）

一、神は奴隷・寄留者・寡婦・孤児など、貧乏人に優しい。（例、寡婦・孤児・寄留者庇護は申命記二三、二四、二六章に集中してあらわれ、性的十戒五項に記される。奴隷庇護は出エジプト記二一章に集中してあらわれ、三つの十戒中の庇護はない。その他、レビ記一九章の寄留者「落穂拾い」庇護と女奴隷への「初夜権不行使」は異色）

一、神は富んだ国や土地の神々をねたむ。（例、エジプトの神々、メソポタミアの神々、フェニキアの神々、カナンの都市の神々）

一、神はいくさ神である。（例、預言者や裁判人を使い、戦いに導いて勝敗を教える）

一、神は子宝神である。（例、アブラハムの妻サライ、サムソンの母）

一、神は、神の使（神に操られし者）・神の人（無名の預言者）で人に覚知させる。（例、モーセ、ギデオン、エフタ、エリ、サムエル、サムソンの母、サウル）
一、神に、使用言語上の「言葉」で告げられた者が預言者である。（例、モーセ、ギデオン、サムエル）。後述するが、黙示的預言（メロディ・視覚映像）の場合も言語化される。（本書二二二頁参照）
一、神は召命後に逃げ出す預言者を殺そうとする。（例、モーセ、ヨナ、エレミヤ時代のウリヤ）
一、神は自分を試そうとする預言者を許す。（例、ヤコブ、ギデオン）。普通の人は許されない（申命記〔前七世紀ヨシヤ王代編纂〕6：16）
一、神は人肉の燔祭を受けない。（例、アブラハムの息子、エフタの娘を受けたのは他神）
一、神は自分を祭っていれば、他の神を合祀しても呪わない。（例、預言者の町ベテルの都市神、ダン族のミカ家由来の偶像神）。偶像だけを祭ると呪う。（例、ギデオンのエポデ）。偶像は人形《ひとがた》とは限らず、一般的にいう形代《かたしろ》のことである。
一、神は、状況に応じ契約変更したり、二重契約したりする。（例、サムエル、エリ）

以上から、ヤハヴェは人格神であり、貧乏人の神・いくさ神・子宝神で、背信は許さないが、情状酌量や常識は知っている、ということが分かる。即ち、苛酷なだけの神ではない。

会衆ははじめて会議をもった

さて、前回のイスラエル全会衆vsベニヤミン族の戦いの話から続ける。社会科学的に考えると、これは画期的なことだと言える。なぜかと言えば、イスラエルの全会衆がはじめて集まることができたということだ。といっても、十二支族というのはあやしい。レビ族は散ったし、ルベン族、シメオン族などは散り始めていたことだろう。代わって台頭してきたのがエフライム族である。

ところが、この画期的なイスラエル会衆会議開催地がイスラエル領ではなく、ミヅパなのである（士師記20：１）。そこはミヅパ・ギレアデともいうように、勇者エフタの故郷のギレアデの町だ。エフタの自宅もミヅパにあった。ヘブライ人でない、ギレアデびとの地がなぜ選ばれたのか、その後、ミヅパに集まったヤハヴェ連合諸部族の長老たちが、預言者の町ベテルへと上ってきて、ベニヤミン族と戦うべきかをピネハスに問うた。

ピネハスはモーセの弟、アロンの子のエレアザルの子で、祭司かつ預言者だった。当時、契約の箱はベテルにあり、ピネハスがそれに仕えていた（同20：27–28）。ピネハスは神の言葉を告げた。「のぼれ。わたしはあす彼らをあなたがたの手にわたすであろう」（同20：28）、と。

イスラエル会衆は勢いづき次々に追撃してベニヤミン族を殺し、最後には六百人が荒野の方、リンモン岩までのがれて四か月隠れた（同20：47）。やり過ぎを後悔した会衆はベテルに上り、神の前で激しく泣き、これではヤハヴェ連合十二支族が一つ欠けてしまうと反省して、残ったベニヤミンびとに嫁を取らせ、部族を復活させようとした（同21：３、７）。

その嫁をどこから連れて来るかで相談し、今回戦闘に参加しなかった者を確かめると、あのベニヤミンの友、エフライムの敵、ヤベシ・ギレアデの人々だった（同21：8）。そこで勇士一万二千人がヤベシへ行軍し、全男性・男と寝た女・子供らを剣にかけ、処女四百人を得て、リンモン岩に隠れていたベニヤミン人びとに与えた（同21：12–13）。

つまりギレアデびとは、今回の戦いで二つに割れたのである。ミヅパとヤベシの二つの町で、会衆側とベニヤミン側に分かれた。戦闘に積極的だったミヅパが会衆会議開催地となり、ヤベシは討伐対象となってしまったというわけである。これでヤベシ居住区のエフライム族は、ヤベシの町を取った。エフライム族全体としては、これでヨルダン川の渡し場での仇を討った。

北南大路を中軸に町が連なる

だが、それでも女が足りなかった。会衆は今回の戦闘に当たり、ミヅパで「『ベニヤミンに妻を与える者はのろわれる』と言って誓ったから」（同21：18）、自分たちからは供給できない。そこで彼らは、ヤハヴェ祭りが行われるシロの町にねらいをつけた。「シロはベテルの北にあって、ベテルからシケムにのぼる大路の東」（同21：19）にある。地政学的に見ると、この位置はこうである。

エフライム領→シケム（裁判人の町）→シロ（「神の家」の所在地・ヤハヴェ祭の町）→ベテル（預言者の町）→ベニヤミン領

これが大路でほぼ一直線に連なっていたのだ。それにベニヤミン族が全壊したいま、これらのほとんどがエフライム領である。

そして彼らはベニヤミンの人々に命じて言った、「あなたがたは行って、ぶどう畑に待ち伏せして、うかがいなさい。もしシロの娘たちが踊りを踊りに出てきたならば、ぶどう畑から出て、シロの娘たちのうちから、めいめい自分の妻をとって、ベニヤミンの地に連れて行きなさい」。（同21：20‐21）。

ひどい話である。これではボコ・ハラム（ナイジェリアのイスラム教テロ組織。二〇一四年、女子生徒拉致事件を起こした）のような拉致婚だ。その言い訳がまたひどい。「お前たちはベニヤミン族に嫁をやっただろう。それは誓約違反だ」という脅しである（同21：22）。おそらく、ベニヤミン族との間に深い姻戚関係にあったのは、ヤベシとシロだったのだろう。

この戦いが行われたのは、エフタの時代とサウル王の時代の間に挟まれた数十年間のことだ。この部族間闘争の間に神の契約の箱はいつの間にかシロの祭司家エリ一族に移っていた（サムエル記上4：3）。ベテルのピネハス一族はどうしてこれを許したのだろうか、と人文学者は問う。社会科学者は、「神の箱は権力者に従う」と、簡単に言う。

レビ族でない祭司が一番強い

神がピネハスに与えた契約の言葉は、「わたしは平和の契約を彼に授ける。これは彼とその後の子孫に永遠の祭司職の契約となるであろう」(民数記25：12–13)といった、本来絶対的なものだった。妖しいのは、アロンの孫ピネハスが、このときモーセに会っていることだ(同25：11)。その間、約百五十年で三代というのはどう考えても無理だ。百歩譲って、ピネハスというのは、古代エジプト語の由緒ある祭司の家名だったと見るほかない。

ところが神は神の人(無名の預言者)をシロのエリのもとに送り、「わたしはその先祖の家に自らを現した。そしてイスラエルのすべての部族のうちからそれを選び出して、わたしの祭司とし、わたしの祭壇に上って、香をたかせ、わたしの前でエポデを着けさせ、また、イスラエルの人々の火祭をことごとくあなたの先祖の家に与えた」(サムエル記上2：28)と、二重契約を回顧させるのである。そしてこのエリ一族はレビ族ではない。エジプトでファラオの家内奴隷だった家系だ(同2：27)。

祭司が即ちレビ族だった時代には、脂肪は神のもので食べてはならない。「脂肪はみな主に帰すべきものである。あなたがたは脂肪と血とをいっさい食べてはならない」(レビ記3：16–17)とある。また、「レビびとには土地の分け前を与えず、ただ、その住むべき町々および、家畜と持ち物とを置くための放牧地を与えたばかりであった」(ヨシュア記14：4)とあるので、家畜の生肉は少なくとも手に入れられたはずである。

ところがエリの時代になると、燔祭には大釜で犠牲の肉を煮て、脂肪は焼いて後でみんなで食べていた。その肉を祭司家の奴隷が三つ又の肉刺しで全部持って行ってしまうと非難している(サムエル記上2：13－14）。また祭司家は煮た肉を嫌い、エリの息子たちは生肉を要求した（同2：15）。何という傲慢だろうか、というわけである。

当時、三つの町の祭司家ではエリ族が一番強く、神の家（会見の幕屋）はシロにあり（士師記18：31、サムエル記上2：22）、エフライム族がそれを支援していた。ゆえに、エフライムびとのサムエルを祭司見習いとして神に仕えさせていた（同2：11）。とすれば、預言者の町ベテルの祭司家ピネハス一族から契約の箱を奪ったのは、対ベニヤミン戦を主導したエフライム族だったということになるだろう。つまり彼らは領地を拡大し、エフライム領最大の町であるシロに契約の箱を移したと見ることができる。散ってしまったレビ族に替り、自分たちの祭司をヤハヴェ信仰の中核に据えたのである。シロの女は、会衆との交換条件かもしれない。

ペリシテ人vsナジルびと

ペリシテ人は、クレタ島民を中心とするエーゲ海の「海の民」である。第一波は、十三世紀末エジプトの西部デルタへと滲み込んだ。前十二世紀前半、より強力な侵略の波が次々と押し寄せた。

第二十王朝のラムセス三世は海洋民族のエジプト侵入を阻止すべく戦ったが、彼らの広範な浸透を防ぐことができず、カナンの定住を認め、それ以後彼らをパレスチナに対するカウンターパートとして利用した。南はエジプト軍の基地のあったガザを明け渡し、南部沿岸平野と北のエズレル、ベテシャンの渓谷にペリシテ人が住みついていった。十一世紀前半には、その勢力は侮りがたいものとなり、カナンの地に広がるヘブライ人たちの仇敵となった。

ペリシテ人たちはヘブライ人とは異なり、ひげをもたない。色は白く、背が高い。青銅の兜をかぶり、鎖かたびらと脛あてをつけ、まっすぐな剣には刃を研ぎすましていた。剣や槍の穂先には当時先進の鉄がかぶせられていた。ミケーネ文化の壺絵などに出てくる、あの前期ギリシア文明風の勇姿である。田舎者の土地に武装した都会人が降り立ったような感があったろう。

この強力な敵に対し、神はヘブライ人のために特別な人を用意した。それが「ナジルびと」である。このナジルびとについて、士師記と後の民数記の記述者は次のように定義している。

ナジルびとは、生まれたときから神にささげられている（士師記13：5）。ナジルびとである間は、ぶどうの木からできるものは、種も皮も食べてはならない（民数記6：4）。ナジルびとは誓願を立ててから、聖別した日数が満ちるまで頭にかみそりを当ててはならない。髪は伸ばしたままにしておく（同6：5）。死体に近づいてはならない（同6：6）。もし死の穢れに触れれば、頭をそり、一歳の雄の子羊を燔祭に捧げて、もう一度やり直す（同6：12）。

終わりの日にはヤハヴェとの会見の幕屋に来て燔祭をささげ、そのとき漸く髪の毛を切り、かみそりで剃って、それを燔祭の肉を焼く際にいっしょに焼く（同6：18）。祭司はナジルびとが頭を剃ったのちに、雄羊の肩の煮物と種なしのパンや菓子をナジルびとに手渡して、彼の体をゆらゆらと揺する。これを揺祭という（同6：19–20）。この後にナジルびとはぶどう酒を飲むことができる。（同6：20）。などという七面倒くさいものだったが、要は髪の毛を伸ばしたままにし、ぶどう酒を飲まなければ力はその間衰えないということである。

ときに、ゾラのダン族にマノアという人がいた。その妻はうまずめだったが、神の使いが来て、ナジルびとを生むことを告げた。ゾラというからには、ダン族がまだ嗣業の土地を得る前の話だ。マノアの妻は神の使いを預言者だとカン違いして、夫に言った。

「神の人がわたしのところにきました。その顔かたちは神の使の顔かたちのようで、たいそう恐ろしゅうございました。わたしはその人が、どこからきたのか尋ねませんでしたが、その人もわたしに名を告げませんでした。しかしその人はわたしに『あなたは身ごもって男の子を産むでしょう。それであなたはぶどう酒または濃い酒を飲んではなりません。またすべて汚れたものを食べてはなりません。その子は生れた時から死ぬ日まで神にささげられたナジルびとです』と申しました」。（士師記13：6–7）

容貌魁偉の神の使いの伝えるところでは、ナジルびとが生まれるまで母親もぶどう酒を口にしてはならないらしい。そしてマノアの妻が産む子がサムソンなのだが、死ぬまでナジルびとだということで、この場合、誓願明けの期間もない。ナジルびとが髪を切ったり剃ったりしないというのは、ヘブライ人が髪に霊力が宿ると信じていたからである。ぶどう酒が禁忌なのは、酔って暴れると手が付けられなくなるからだろう。救助者や英雄では戦いきれない強力な敵ペリシテ人がやってきた。そしてペリシテは「パレスチナ」の地名の語源になった。

[コラム1] 聖書から古代エジプトの都に着地してみよう

古代エジプト人と古代ヘブライ人の国力の差はとてつもないもので、後者は盛時のソロモン時代でも常備軍の騎兵が一万二千しかいない。他方前者は、シシャク一世のパレスチナ遠征の派遣軍だけで騎兵六万もいる。国内の常備軍はその数倍あっただろう。チャリオット（馬の戦車）はイスラエルがたったの千四百輌、エジプトはその数十倍だろう、簡単にひねりつぶせる数だ。

文化の力も格段で、祭司の瑪瑙の胸当てはヘブライ人では貧しい亜麻布のエポデになってしまった。建築技術ともなれば、ピラミッドやオベリスクを建ててしまうほどエジプト人は凄い。だがそのような者たちが、「なぜ気味のわるい死者崇拝ばかりしているのか」と、ヘブライ人はきっと首を傾げたことだろう。

古代エジプトの町でミイラの仕事場は発見されていないので、たぶん家々でミイラ技術者を呼んで造り出していた。戸口からは死臭と処理剤のナトロンの匂いが溢れでて、町中が「死者の都」のような有様だったろう。蝿もよくたかる。一番たかるのは臓物を取り出した壺だ。「ぶんぶんと羽音のする国」（イザヤ書18：1）と言われた。エジプト人は頭上に布製の円錐を留めていた。たぶん何らかの溶液をしみこませ、虫よけにするのだろう。

古代エジプト人は一族のミイラを何体も部屋に置き、油の灯の揺れる中で死者に問いかけ、明日、明後日、未来の占いをする。それを運び込んだヘブライ人の家内奴隷は、帰ってからヒソプを浸した水を体に振りかけ、ガラガラとうがいをした。

ハム語族とセム語族では言葉がよく通じない。主人は奴隷を馬鹿にしてひどい扱いをする。重労働に服すものはゴセン地区のゲットーに押しこめられ差別された。自由なヘブライ人であってもエジプト人の食卓に呼ばれることはない。同じセム語族のバビロンに曳かれた時とは大違いだ。言葉が通じたから。

だが精神的な文化はヘブライ人のほうがずっと高い。なにしろ預言者の言葉をオストラカ（陶片）に書き留めるだけの教養人がたくさんいたのだ。あれだけ長い韻文を書くのはやってみると分かるが、並の文化力ではできない。きっと幕屋時代にも延々と何日も暗誦できる語り部がいたのだろう。

他方エジプトは、ミイラ占いばかりしているので物事の因果にまだ気づかない。だから歴史書が一冊もなかった。石の碑文やパピルスの断簡が残るのみだ。あとは祈祷書。頭は線形時間が茫洋としていて、体内時間はゆったりと流れていた。

ナイルのもたらす黒土は肥沃でオシリス神の顔は黒く描かれ、河からはいくらでも魚が取れた。悠々とした清流だが、住血吸虫がいる。両岸には延々と居住区が広がっていた。城壁はない。虻がぶんぶんと飛んでいた。高い精神文明ではなかったが、食が豊かで、建築技術が発達し、王さまや神官に頼りきっている人たち。やって来たヘブライ人は数年で慣れてしまい、頭と髭をそり、イシス女神の信者になった。

第2章　独立国家と王権

9 人間は非常識、神は常識的
……サムソンの戦いと祭司サムエルの召命

ナジルびとサムソンと谷の女

サムソンというと、ご老人がたは、セシル・B・デミル監督による一九四九年のアメリカ映画『サムソンとデリラ』を思い出されるかもしれない。このサムソンが前節で述べた「ナジルびと」であり、その情人がデリラだった。

映画では、サムソンをヴィクター・マチュア、デリラをヘディ・ラマールが演じていた。サムソンは短髪の美男になっていたが、ナジルびとは頭に剃刀を当ててはならないので、本当は髪の毛が腰くらいまで伸びていたことだろう。調べたところ、髪は腰あたりまでで自然に抜け落ちるらしいが、稀に足元を越えて伸び続ける人がいるらしい。

日本でいうと、『古事記』の根の堅州国の主になったスサノヲが、室屋の屋根の裏に渡してある垂木に、髪を結いつけられるほど長かったというのがある。髪に霊力が宿るというのは古代の日本にもあったようだ。

この習俗は聖書のあちこちに残照をとどめており、前十二世紀末のキション川の戦いの「デボラの歌」（新、士師記5：2）、冒頭にも、「イスラエルにおいて民が髪を伸ばし／進んで身をささげるとき／主をほめたたえよ」と、口語訳にはないが、新共同訳にはある。

逆に額から剃りあげる古代モンゴル族の開剃弁髪や、満洲族の下げ髪の周りを剃りあげる弁髪、日本の月代《さかやき》などは、兜をかぶり戦闘する際の支障を取り除いたものだ。外征や内戦の長かった民族の残照であり、激戦では前髪の汗がしたたって前が見えなくなるので、汗が溜まらぬよう剃りあげるのである。

サムソンは腰までの長髪で、ヒゲの方は神との契約がないので恐らく切っていたことだろう。ヘブライ人でヒゲがないのはおかしいから、ヒゲありで長髪というと、インド仙人みたいな姿を浮かべれば当たると思われる。その髪を七房に編んで垂らしていた（同16：13）。そして神の霊（直観）が彼に下ると、サムソンは獅子を引き裂き、畑に放火し、家々を破壊し、手当たり次第にペリシテ人を殺し、野蛮な戦争狂となるのであった。

と、ここまで書いているうちに、ますます出雲びとスサノヲに似てくる。田の畔を壊し、大嘗《おおにえ》の御殿に糞をまき散らし、斑馬《まだらうま》の皮を尻から剥いで聖なる機織り小屋の屋根に穴をあけて堕《おと》し入れ、根の堅州国では垂木ごと髪をひいて室屋を倒壊させてしまう。

こういうのをＭ・ウェーバーは「戦争エクスタシス」（『古代ユダヤ教』Ｉ、一五七頁）と呼び、北欧の猪武者《いのししむしゃ》などを例に引いている。「このエクスタシスによってかれらは、狂犬病的血の渇望に酔いつつ、敵の真只中におどりこみ、なかば意識を失った状態で、手あたり次第のものを惨殺する」（同一五八頁）と、ウェーバーはいう。

紀元前十一世紀前半の四十年、ヘブライ人はペリシテ人との戦いに敗れ、次々と土地を奪われていった。ダン族がゾラを捨てて北方のライシ（ダンと改名）に移り住んだのもこれがプッシュ要因だろう。サムソンの両親はダン族でゾラ出身（士師記13：2）、サムソンは長じて二十年間ゾラのさばきびと（裁判人）をしていた（同16：31）。

ペリシテ都市同盟

ヘブライ人がペリシテ人に敗れていく過程は詳しく書かれていないのでよく分からないが、サムソンが嫁取りに行ったテムナや、三十人を殺して晴れ着を奪ったアシケロンの町、ロバのあごの骨で千人をなぐり殺したというレヒなどは、すべてペリシテ人の支配下にあった。サムソンは次にガザに向かい、遊女屋に入るが、ガザはエジプト人がペリシテ人に譲り渡した町だった。

いわゆるペリシテ五市とは、海岸地域のガザ、アシケロン、アシドドと、そこから東へ内陸部に入ったところのガテ、エクロンをいう。彼らは都市国家同盟をなし、五市には五人のギリシア風の僭主がいた（ヨシュア記13：3、士師記3：3）。サムソンの時代には、まだガザとアシケロンの二市が主で、ペリシテ人はそこから東方へと進出していったのであろう。

サムソンはガザの遊女の次にソレクの谷の女、デリラに会う。貧しい谷の女だから、獣を殺してその肉を持って来てくれたりするので、サムソンを受け入れたものか。そうでなければ、中高年だし、髪の重みでたぶん猪首、髪は臭かったはずだ。女はペリシテ人に銀で買収されると、たちまちサムソンを裏切ってしまう。

問い詰めて髪に霊力があることを聞き出すと、デリラはサムソンに膝枕させて眠らせ、ペリシテ人に七房の髪を剃り落させた。ナジル・パワーを失ったサムソンは捕えられ、両眼をえぐられ、ガザに引かれ、青銅の足枷をはめられて獄屋で臼をひく奴隷にされてしまった（士師記16：21）。そこでペリシテの僭主たちは、魚人神ダゴンに犠牲をささげ、祝いをしようと集まった。つまり、ペリシテ都市同盟の中央聖所は、かつてエジプトの基地だったガザの神殿にあったのである。

慰み者に引き出されたサムソンは神殿の柱の間に立たされたので、神に呼ばわって言った。「ああ、神よ、どうぞもう一度、わたしを強くして、わたしの二つの目の一つのためにでもペリシテびとにあだを報いさせてください」（同16：28）、と、そう唱えてサムソンが左右の柱を抱え寄せて折ると神殿は倒壊し、僭主や満場の男女、屋根の上の三千人が巻き込まれて死んだ、とある。ヤハヴェは特別な人の呪いを時々叶える。預言者エリシャを「ハゲ、ハゲ」と罵った子らを彼が呪うと、林から雌熊が飛び出してきて引き裂いた（列王紀下2：23–24）という例もある。サムソンの時代が終わると、ダン族は北のライシへと移住した。

祭司職は古代エジプト流

旧約聖書で、次に出てくるナジルびとが、預言者サムエルである。両親はエフライム族で、不妊に苦しんだ母ハンナはシロの神殿で神に誓願した。「万軍の主よ、まことに、はしための悩みをかえりみ、わたしを覚え、はしためを忘れずに、はしために男の子を賜わりますなら、わたしはその子を一生のあいだ主にささげ、かみそりをその頭にあてません」（サムエル記上1：11）、「わが主よ。わたしは不幸な女です。ぶどう酒も濃い酒も飲んだのではありません」(同1：15)。と、禁剃髪と禁酒を誓うと、神はハンナを顧みられた。ゆえに、その子サムエルは、ナジルびととしてこの世に生まれた。

ついで両親は子が乳離れすると三歳の雄牛を神殿にささげた。だが、旧約にはナジルびとになった時の燔祭の律法はない。死の穢れに遭ってパワーが失せた時、「一歳の雄の子羊を燔祭にささげ」(民数記6：12)、パワーを取り戻すという燔祭はある。ここでは祭司エリ家が牛肉を欲したものか、「彼らはその牛を殺し、子供をエリのもとへ連れて行った」(サムエル記上1：24-25)。そしてサムエルは、シロの祭司エリに祭司見習いとして預けられたとあるから、牛肉は束脩《そくしゅう》(弟子入りの礼物)であろう。

このエリは、エジプトでファラオの家内奴隷だった家系(同2：27)である。エリに二人の息子があるのだが、なぜか二人ともエジプト名なのだ。ホフニとピネハスといった(同1：3)。神の家の女が寝てしまうほどだから、二人とも相当な美丈夫だったろう(同2：22)。このピネハスはベテルの町の祭司家ピネハスとは別人なので、混乱を避けるため「第二ピネハス」と呼んでおこう。

これよりわかることは、ヘブライ人の祭司職が、古代エジプト文明に相当浸潤されていたということである。古代エジプト人は歴史に関心がなかったので、彼らの祭司職については全く分からないが、祭服をエジプトから受容したことは、エポデに関する所で述べた。ピネハスという祭司名もエジプト語であり、これは喩えて言えば、日本神道の神主の子が、キリスト教風に「ルーク」(＝ルカ)とか、「マシュー」(＝マタイ)と呼ばれるような驚くべき文化的浸潤度なのだ。

嫌だったミイラ信仰

もっと言ってしまうと、モーセの名もエジプト語であり、彼の系譜もじつはあやしい。出エジプト記でモーセの子とされるゲルショム（２：22）は、「歴代志上」ではレビの子になっている（６：11、16）。モーセの父アムラムの妻ヨケベデは、アムラムの父の妹であり（出エジプト記６：20）、つまり叔母だが、「レビの娘である。彼女はエジプトでレビに生れた者である」（民数記26：59）とある。M・ウェーバーは、これを「モーセを絶対にレビ族であると折り紙をつけるためである（レビ族の部族系譜がもつれていることは、民数記二十六章の五十七節と五十八節とを比較してみればとくにはっきりわかる）」（前掲書、二〇三頁、注（五））と、冷酷に述べている。

ここまで辿れば、

「レビ族はモーセたちが加わる前からヘブライ人の神託の一族で、ウリムとトンミムで占っていた」→「モーセたちが来て、ヘブライ人の祭祀はエジプト流の祭儀と祭服をもった」→「エジプト名のモーセはレビ族の系譜に組み込まれた」→「レビ族が部族として散ると、他の者が替り、祭司名に権威主義的に古代エジプト語が残った」

と、見ることができるだろう。つまり、聖書に出てこない古代エジプト文明は、ヘブライ人が消し去ろうとするほど、下から滲み出してくるのである。

それ以上に忌避したい古代エジプト文明は、ミイラ信仰を始めとする死者崇拝だった。これは祖先崇拝とは異なる。古代エジプト人はミイラに問いかけて占っていたのである「死人に問うことをする者があってはならない」（申命記18：11）と、ヘブライ人は忌んでいる。

彼らには相当に嫌だったらしく、死者禁忌は民数記の祭司法典、十九章にまとまって見られる。「すべて死人の死体に触れて、身を清めない者は主の幕屋を汚す者で、その人はイスラエルから断たれなければならない」、「身の清い者がひとりヒソプを取って、その水に浸し、これをその天幕と、すべての器と、そこにいた人々と、骨、あるいは殺された者、あるいは死んだ者、あるいは墓などに触れた者とにふりかけなければならない」（民数記19：13、18）。エジプトでの死者やミイラの運搬は、奴隷がやっていたはずだから、死者の穢れはヘブライ人にとって切実だったろう。たぶん帰郷後、この清めのヒソプ（エジプトのハーブ）は何かの代用品でまかなわれたものか。

結局、「穢れ」に関わらないものであれば、レビ族のアロン家でない者の祭司（シロのエリ家とサムエル）も、エジプト流祭祀（エポデ使用や祭司のエジプト名）も、メソポタミア風の偶像（ミカ家由来のダン族の偶像）も、ヤハヴェはこれを許したということである。

穢れを嫌い常識を好む神

許さなかったのは、エリ家の第二ピネハスたちが、燔祭の捧げ物の肉を独占し、「主の供え物を軽んじた」（サムエル記上2：17）ことであり、「また会見の幕屋の入口で勤めていた女たちと寝たこと」（同2：22）だった。この女たちについては、出エジプト記三八章八節に出てくる。つまり簡単に言うと、「人々の食い物を強欲に食らい、聖所を穢したものは家じゅう呪われる」ということだ。問題なのは、「主の会見の幕屋の女たちと寝てはいけない」とは、律法や契約のどこにも書かれていないことである。これは聖所に関する常識に発するものと思われる。そこで呪いが下る。

「見よ、日が来るであろう。その日、わたしはあなたの力と、あなたの父の家の力を断ち、あなたの家に年老いた者をなくするであろう」（同2：31）。エリの子、ホフニと第二ピネハスについては、「すなわちそのふたりは共に同じ日に死ぬであろう」（同2：34）。「しかしあなたの一族のひとりを、わたしの祭壇から断たないであろう」（同2：33）。これはイカボデのことである（同14：3）。その系譜の人々は、「『どうぞ、わたしを祭司の職の一つに任じ、一口のパンでも食べることができるようにしてください』と言うであろう」（同2：36）と、神の人（無名の預言者）がエリにそう告げると共に、祭司見習いサムエルにも召命が下った。「告げよ」と。

「主はきて立ち、前のように、『サムエルよ、サムエルよ』と呼ばれたので、サムエルは言った、『しもべは聞きます。お話しください』」（同3：10）。モーセのように眼前に立っての「言葉」であるから、サムエルはナジルびとの身でありつつ、強力なる預言者となったのである。後の北イスラエル王国、前九世紀に活躍したエリヤも強力な預言者だったが、四十日かけて至ったホレブ山でも神は彼の眼前をよぎっただけだった。（列王紀上19：11）。

その時、主はサムエルに言われた、「見よ、わたしはイスラエルのうちに一つの事をする。それを聞く者はみな、耳が二つとも鳴るであろう。……わたしはエリの家に誓う。エリの家の悪は、犠牲や供え物をもってしても、永久にあがなわれないであろう」。（サムエル記上3：11、14）。

わたしは慄いて、わたしの耳が二つとも鳴るようである。

10　民は求め、神は嘆き、預言者は油をそそぐ
……サウル王国の誕生

奪い去られた聖櫃

前十一世紀前半、ペリシテ人は内陸部へ続々と侵入し、その支配がヘブライ人たちに重くのしかかってきた。ダン族でナジルびとのサムソンの物語は、彼の抵抗すら好ましくないと思うユダ族の心情を綴っている。「そこでユダの人々三千人がエタムの岩の裂け目に下って行って、サムソンに言った、『ペリシテびとはわれわれの支配者であることをあなたは知らないのですか』」（士師記15：11）。ユダ族はペリシテ人の奴隷になっていた。

ヘブライ人とペリシテ人との闘争の決定的瞬間は、前十一世紀中葉、アペクの戦いで訪れた。ペリシテ人はエフライム山地の西の入り口、アペク（現ロシュ・ハアイン）まで押してきた。丘陵地帯の心臓部に前進するためである。エフライム族を中心とするヤハヴェ連合諸部族はヤルコン川源流、エベネゼル（現ミグダル・ツェデク）のほとりに布陣し、敵を阻止しようとしたが、完全に打ちのめされてしまった。

イスラエルの長老たちは鳩首し、景気づけにシロから神の契約の箱を戦場に運び入れることを決め

た。シロからはエリ家のホフニと第二ピネハスがついて来た。

主の契約の箱が陣営についた時、イスラエルびとはみな大声で叫んだので、地は鳴り響いた。（サムエル記上4：5）

そのおめきがあまりに気色悪かったので、ペリシテびとはぞっとして言った、「神々が陣営にきたのだ」。（同4：7）

それでもイスラエルは敗れ、三万の歩兵が斃れ、「また神の箱は奪われ、エリのふたりの子、ホフニとピネハスは殺された」（同4：11）。ベニヤミンびとが戦場からシロに敗戦を伝え、祭司エリに息子たちの死を告げ、「彼が神の箱のことを言ったとき、エリはその座から、あおむけに門のかたわらに落ち、首を折って死んだ」（同4：18）。預言どおりだった。

シロ滅亡の忌まわしい記憶

ペリシテ人によって奪われた契約の箱は、アシドドの魚人神ダゴン神殿、ガテ、エクロンと、ペリシテの三都市の間を転々としたが、不吉だったのでベテシメシのヨシュアの畑に捨てられた。それを「キリアテ・ヤリムの人々は、きて、主の箱を携え上り、丘の上のアビナダブの家に持ってきて、その子エレアザルを聖別して、主の箱を守らせた」（同7：1）。そこはエルサレム西方の町だった。

「その箱は久しくキリアテ・ヤリムにとどまって、二十年を経た」（同７：２）。つまり、後にダビデによって見いだされるまで（サムエル記下６章）、神の箱は長い間、私人の家のなかで半ば忘れ去られたのである。

アペクで戦勝したペリシテ人はシロに上りこの町を破壊した。祭司エリ一族のイカボデは逃げた。この記述は聖書にないが、考古学上の発掘によって確認されている。だいたい非常に大きな敗北は嫌悪されて書かれない場合がある。たとえば、満洲族に敗れ十七カ条の屈辱的な盟約を結ばされた李氏朝鮮の正史には、その盟約（『清太宗実録』崇徳二年正月戊辰条。人質、貢物、通婚、兵の徴発などの約定）の記述がない。

シロの破壊の忌まわしい記憶は、まず「詩篇」に残された。ここは新共同訳の方が分かりやすいのでこちらを挙げる。

シロの聖所、人によって張られた幕屋を捨て
御力の箱がとりこになるにまかせ
栄光の輝きを敵の手に渡された。（新、詩編78：61）。

後はエレミヤ書に見られる。前七世紀のエレミヤは、シロの記憶を呼び覚まし（エレミヤ書７：12－14）、百年前のミカに続き、エルサレムと神殿の破壊を預言する。

わたしはこの宮をシロのようにし、またこの町を地の万国にのろわれるものとする。(同26：6)。
「なぜあなたは主の名によって預言し、この宮はシロのようになり、この町は荒されて住む人もなくなるであろうと言ったのか」と、民はみな主の宮に集まってエレミヤを取り囲んだ。(同26：9)

そして、すんでの所で殺されそうになった。

エレミヤがシロにこだわるので、ウェーバーは、エリ家の子孫の田舎祭司ではないかと、推測している(前掲、『古代ユダヤ教』Ⅱ、みすず書房、一九八〇年、四三二頁)。そういえば、エリ家のアビヤタルの領地はアナトテで、エレミヤの家はそこの祭司の一つだった(列王紀上2：26、エレミヤ書1：1)。

預言者は灌油し王は異言する

預言者サムエルはナジルびとで剃髪は禁じられていたから、頭髪はサムソン同様に腰のあたりまで伸びていたことだろう。M・ウェーバーはナジルびとを「戦争エクスターティカー」(前掲書Ⅰ、一五八頁)だといい、陶酔や狂躁のうちに人を惨殺する者と定義していた。サムソンは確かにそうだが、サムエルには無理がある。ミヅパからの追撃でも、彼は神の救いを求めるだけだった(サムエル記上7：5–14)。

そして、「サムエルは一生の間イスラエルをさばいた。年ごとにサムエルはベテルとギルガル、およびミヅパを巡って、その所々でイスラエルをさばき、ラマに帰った。そこに彼の家があったからである」（同7：15–17）。ベテルは預言者の町、ギルガルは後にサウルが王都とした町、ミヅパはイスラエル会衆会議の町、ラマはベテルに近く、女預言者デボラも往復していた。サムエルは預言者でナジルびとだが、戦争エクスタシーとは無縁の人生だった。

ときにペリシテ人の攻勢は熾烈を極め、イスラエルの長老たちはヘブライ人を束ねる王を欲していた。ユダヤ教では、王制は本来望ましいことではない。人間は神の奴隷であり、同じ人間である王の奴隷ではないからである。だから人々が王を求めたとき、神は「彼らの上にわたしが王であることを認めないのである」（同8：7）と、サムエルに嘆いて見せた。

でも、民が求めるのならばと、王を立てることを許した。ゆえにサムエルは民の前で神の言葉を告げると共に、王はあなた方の息子を兵隊にし、あなた方の畑の最良のものを役人と家来に与え、「あなたがたは、その奴隷となるであろう」（同8：17）と、釘を刺したのだった。

ベニヤミン族にキシという裕福な人がいて、その息子サウルは若く麗しく、誰よりも背が高かった。彼らがツフの町に来たとき、サムエルはサウルに、イスラエルの望ましきものはすべてサウルのものになると神の言葉を告げた。

サウルは応えた。「わたしはイスラエルのうちの最も小さい部族のベニヤミンびとであって、わたしの一族はまたベニヤミンのどの一族よりも卑しいものではありませんか。どうしてあなたは、そのようなことをわたしに言われるのですか」（同9：21）と、訝った。ベニヤミン族は一度壊滅し、ヤベシ・ギレアデとシロの女を娶って再興されたが、その痛手はまだ癒えてはいなかった。サウルはそのマテリという小氏族だった（同10：21）。

サムエルは油を若者サウルに注ぎ口づけし、預言を告げる。サウルは帰路、タボルの樫の木でベテルに神を拝みに上る二人にパンをもらい、自分の生誕地のギベアに向かう。「そこはペリシテびとの守備兵のいる所である」（同10：5）とあるように、ベニヤミン族の町ギベアはペリシテ人に占領されていた。前十一世紀後半のギベアの城壁も彼らが建てたものだ。

その町に入るとき、一群の預言者たちに出会う。「その時、主の霊があなたの上にもはげしく下って、あなたは彼らと一緒に預言し、変って新しい人となるでしょう」（同10：6）とサムエルは告げた。そしてサウルはギベアでその言葉のように、預言者群に触発されて神の霊がはげしく降り「預言」するのだが、他の預言者から神の言葉を間接的に伝えられ、このようなエクスタシーのなかでわめくのは、本来は後世の「異言」であって預言ではない。

「異言を語る者は、人にむかって語るのではなく、神にむかって語るのである。それはだれにもわからない。彼はただ、霊によって奥義を語っているだけである」（『新約聖書』コリント人への第一の手紙14：2）というのがそれである。旧約の時代にはその区別がつかなかったのだろう。

ナジル・パワーで牛を裂く王

七世紀からのイスラム教徒は「使徒」と「預言者」の区別を厳密には置かないようだが、預言については正確で、「その民の言葉によってのほかに遣わしたことはない」（『日亜対訳クルアーン〔付〕訳解と正統十読誦注解』作品社、二〇一五年、第四章「イブラーヒム」14・3）と、述べている。異言の方はエクスタシーのただなかで、「舌を用いてさまざまな種類の、言語以外の音声を発すること」（田川建三『新約聖書 訳と注』第三巻、「パウロ書簡その一」作品社、二〇一〇年、三四八頁）である。

M・ウェーバーは、ナジルびとを戦争エクスタシーで定義したまでは良いが、ナジルびとの預言者サムエルもエクスタシーで解釈し、サウルまでエクスタシーの預言者にしてしまうのだが、この一緒くたには無理がある。ウェーバーにとっては、預言者も「魔術的なエクスターティカー」（前掲書I、一六〇頁）であり、「インドの乞食僧と同様」（一六一頁）とか、「全身痙攣の状態で譫言《うわごと》をつくりだす」（一六二頁）とか、言う。

果てはキション川の勝利を導いた女預言者デボラのことを、「エクスタシスによって勝利をもたらす魔術をおこなう」（同頁）とか、偏見一歩手前まで行ってしまう。「占いをする者、卜者、易者、魔法使、呪文を唱える者、口寄せ、かんなぎ、死人に問うことをする者があってはならない」（申命記18：10–11）と、ちゃんと申命記法典にあるのにウェーバーが的を外したのは何故だろうか。

サムエルはその後、イスラエル会衆会議の地、ミヅパ・ギレアデに人々を集め、神託のくじを引き、サウルを主に選ばれしものとして宣言した。「民はみな『王万歳』と叫んだ」（サムエル記上10：24）。その後、アンモン人がエフタの時のようにヤベシ・ギレアデを攻め囲んだ。サウルはこれを聞くと、神の霊が激しく彼の上に臨んだので、彼の怒りははなはだしく燃えた。彼は一くびきの牛をとり、それを切り裂き、使者の手によってイスラエルの全領土に送って言わせた、「だれであってもサウルとサムエルとに従って出ない者は、その牛がこのようにされるであろう」。民は主を恐れて、ひとりのように出てきた。サウルはベゼクでそれを数えたが、イスラエルの人々は三十万、ユダの人々は三万であった。そして人々は、きた使者たちに言った、「ヤベシ・ギレアデの人にこう言いなさい、『あす、日の暑くなるころ、あなたがたは救を得るであろう』と」。（同11：6−9）

ヤベシ・ギレアデびとは、かつてのベニヤミン族の婚戚、共に連合諸部族に滅ぼされた仲だった。牛を引き裂いたのは、ナジルびとのパワーがサムエルからサウルに移った証しだ。イスラエル三十万人、ユダ三万と南北に従軍人口を分けたのはこれが初めてだった。王を迎え、諸部族の敷居は低くなったのである。

ゲルマン民族M・ウェーバー

明くる日、サウルは民を三つの部隊に分け、あかつきに敵の陣営に攻め入り、日の暑くなるころまで、アンモンびとを殺した。生き残った者はちりぢりになって、ふたり一緒にいるものはなかった。（同11：11）

戦勝したサウルは自信をつけ、民を率いてギルガルに都した。すぐ南のゲバとミクマシにはペリシテ人守備隊の駐屯地があった。

最後にM・ウェーバーが預言者についてなぜ誤ったのかを考えてみたい。それはゲルマン民族のシャーマンの概念に、始めから陶酔や狂躁のバイアスがかかっているからだと思われる。ニーチェの左の文は、古代ギリシア人のディオニュソス祭の恍惚境を超越的に語ったものだが、ゲルマン民族のそれと混交してしまい、自らを語るにとどまった、一例である。

> すなわち、存在の日常的制限や限界を破壊するディオニュソス的状態の恍惚境は、それが継続している間は、一種の昏睡的要素を含んでおり、そのなかへ過去における一切の個人的体験が浸されるのである。かくして忘却というこの空隙によって、日常的現実が再び意識に上るやいなや、その自覚は嘔吐を伴うのである。禁欲的な意志否定な気分はあのディオニュソス的な状態から生じたものである。（『ニーチェ全集』第二巻、「悲劇の誕生」ほか、理想社、一九七三年、五八頁）

つまり陶酔と狂躁のエクスタシーであり、シュトゥルム・ウント・ドラングのロマンである。ゲーテの陶酔的恋愛小説やヒトラーの狂躁的演説などはその典型であろう。彼らドイツ人は、禁欲でもって忘我状態に至るのを秘かに好しとしている。ナジルびとが「おそらくがんらいは性交もしなかった」（前掲書I、一五八頁）という、ウェーバーの偏見はここから来るのだろう。サムソンがガザの遊女屋に入り浸り、谷の女を抱いていたことを忘れてしまったかのようである。

11 「全能の神」は後悔する神だった
……預言者サムエルとサウル王

しくじったエフタとサウル王

前十一世紀後半、サウルが三十歳でギルガルで王位についたとき、預言者サムエルはすでに年老いて髪は白くなっていた。サウルは若く麗しく抜きんでて背が高かった。そしてこの二人で対アンモン人戦と対ペリシテ人戦を闘った。アンモン人とのヤベシ・ギレアデでの戦いでは戦勝したが、直後サムエルは次のようにサウル王に預言を伝えた。

「あなたはわたしに先立ってギルガルに下らなければならない。わたしはあなたのもとに下っていって、燔祭を供え、酬恩祭をささげるでしょう。わたしがあなたのもとに行って、あなたのしなければならない事をあなたに示すまで、七日のあいだ待たなければならない」。（サムエル記上10：8）

ギルガルの南方、ゲバとミクマシには、ペリシテの守備隊が駐屯していた。サウル王は軍を二手に分け、息子のヨナタンにゲバを敗《やぶ》らせ、自分はミクマシに陣を張った（同13：2‐3）。

　さてサウル王は、サムエルが告げたように七日間待ったが、サムエルがなかなか来なかったため、民は彼から離れて散って行った。そこで王は、「ペリシテびとが今にも、ギルガルに下ってきて、わたしを襲うかも知れないのに、わたしはまだ主の恵みを求めることをしていないと思い」（同13：2）、燔祭をささげてしまった。ギレアデびとのエフタと同じ「誓願の早とちり」である。だが、これでサウル王が預言者でないことが明白になった。

　預言者は神から直接「言葉」（ロゴス＝単語、単文）で命じられるので行動に迷いがないが、他方、預言者でないものは、神の霊（直観）が来るか、預言者の言葉を間接的に聞くだけなので迷いが生じ、往々誓願してしまうのである。

　サムエルが来て驚き、王に言った。「あなたは愚かなことをした。あなたは、あなたの神、主の命じられた命令を守らなかった。もし守ったならば、主は今あなたの王国を長くイスラエルの上に確保されたであろう。しかし今は、あなたの王国は続かないであろう。主は自分の心にかなう人を求めて、その人に民の君となることを命じられた。あなたが主の命じられた事を守らなかったからである」（同13：13‐14）、と。

偽預言者・エリ家のアヒヤ

「サムエル記上」は、後にサウルと敵対することになる、ダビデを賞讃するために編纂されたのでサウルを悪く言うのだ、というのが通説なので、一応これに従うことにする（A・マラマット／H・

タドモール『ユダヤ民族史』1、古代篇1、六興出版、一九七八年、一五九頁)。我々には、彼が預言者でなかったことが分かれば十分なので先へ進もう。

ゲバ・ミクマシの戦いは、これから永く続くペリシテ人との闘争の始まりとなった。サムエルが軍を率いていた時に、ペリシテ五都市中のエクロンとガテの間の町々を取り返した(サムエル記上7:14)。これは後にここのユダ族が栄える基盤となったが、まだ多くの地でヘブライ人は奴隷(士師記15:11)、農奴(サムエル記上13:20–21)、ペリシテの兵(同14:21)にされていた。

ミクマシの戦いで先陣を切ったのは、サウル王の子ヨナタンだった。彼は手勢を率いて岩を攀じ登り、ペリシテ守備隊の先頭の前に躍りいで、一くびきの牛の耕す畑のほんの半分の広さの所で、二十人を討ち果たした。ペリシテ兵は恐れ慄き、地は振るい動いた(同14:14–15)。

神の家があったシロが陥落したとき、遁走した祭司エリ家のイカボデ(「栄光無し」の意)の兄弟の子がアヒヤである。彼はギベアのサウル王のかたわらにエポデを着けて仕えていた。アヒヤは偽預言者で、誤った先見を神の言葉と偽って告げたのであろう、ペリシテ総崩れの報を受けた王は怒ってアヒヤのエポデを脱がせ(同14:18–19)、民と共に戦いに出た。ペリシテの兵となっていたヘブライ人も翻ってサウル・ヨナタン軍につくようになった。こうして戦いはベテルの東ベテアベンに移った(同14:23)。

しかしその日イスラエルの人々は苦しんだ。これはサウルが民に誓わせて「夕方まで、わたしが敵にあだを返すまで、食物を食べる者は、のろわれる」と言ったからである。それゆえ民のうち

には、ひとりも食物を口にしたものはなかった。（同14：24）

これも偽預言者の言をサウル王が受け入れたものだろう。息子のヨナタンが偽の預言を真っ先に見破り、森で蜂蜜をなめた。疲れがとれ、「目がはっきりした」（同14：27）。

物のわからない人

イスラエル軍はペリシテ軍を追撃し、アヤロンに至った。アヤロンからユダ族のいるエクロン近くまでを繋げば、ギルガル・ミクマシ・アヤロン・エクロンと、カナンの地を横断して、北と南のペリシテ人を分断できる。北のペリシテ軍はベテシャンを占拠していた。

ところがアヤロンで、「民は、ひじょうに疲れたので、ぶんどり物に、はせかかって、羊、牛、子牛を取って、それを地の上に殺し、血のままでそれを食べた」（同14：31-32）のだった。ユダヤ教では脂肪と血を一切食べてはならない（レビ記3：17）。それをしてしまったのだが、M・ウェーバーは「戦勝ののちにおこなわれる生の肉と血の食事」だといい、またしても戦争エクスタシーのせいにしている（前掲書I、一五八頁）。実のところ民は偽預言者のせいで飢えていたのだ。

すぐに命じて牛をほふらせ民に食べさせたのはサウル王の優しさだが、いかんせん、彼は物の分からない人だった。そういう人が、今の日本にもあちこちにいるではないか。

既に夕暮れになっていた。王が何をしたかと言えば、夜のうちにペリシテ軍を追撃しようとしていたのだが、とにかく「神に尋ねましょう」という、偽預言者アヒヤの言を入れて尋ねさせたのである。

そして、「神はその日は答えられなかった」(サムエル記上14：36–37)。当たり前である。偽預言者なのだから。それをサウル王はこの日の罪のせいだと勘違いし、民の長たちを集め、ヨナタンの蜜なめ、民の血肉食い、あるいは自分の罪なのか、と占いを始めたのである。「あなたがたは何をも血のままで食べてはならない。また占いをしてはならない」(レビ記19：26)と、ユダヤ教では定めているではないか。預言者や祭司や裁判人が民を納得させるためにする籤引きならば神は許す(サムエル記上10：20–21)が、普通の人の占いは許さない。でも、ここでエポデのところで出てきたウリムとトンミムの罪占い法が分かるので、好奇心で見ておこう。

まずサウルとヨナタンをウリム側とし、民をトンミム側として、民の誰かに引かせる。ウリムが出たので、民は罪をまぬがれた。同様にして今度は、サウルとヨナタンをウリム側、トンミム側どちらかに配し、誰かに引かせる。すると、ヨナタン側のが出た(同14：41–42)。つまり、引いて出た方に罪があるとするのである。たぶん大昔、モーセらが来る前のレビ族はこのような神託の氏族だったのだろう。

サウルがしつこいのは、ヨナタンが当たったので、「神がわたしをいくえにも罰してくださるように。ヨナタンよ、あなたは必ず死ななければならない」(同14：44)と、息子を呪おうとしたのである。あきれた民たちはサウルに言う。「イスラエルのうちにこの大いなる勝利をもたらしたヨナタンが死ななければならないのですか。決してそうではありません。主は生きておられます。ヨナタンの髪の毛一すじも地に落としてはなりません。彼は神と共にきょう働いたのです」(同14：45)。「こうして民はヨナタンを救ったので彼は死を免れた」(同上)とあるので、神は民の常識はもっともだと思い、偽の預言のせいで起こった民の血肉食いも許したのである。

後悔する全能の神

勝利を導いた人を罰しようとする者たちを、我々は二〇一六年の東京都知事選で、小池百合子氏が勝利した後に見たことがある。自民党都連は自分たちが仕掛けた縛りを破ったからといって、小池氏を支持した七人の自民党区議たちを除名処分にしたのだった。要するに、サウルの件で、そういう物のわからない人々が時代を越えて存在していることがよく知れる。

そんなサウルだったが、戦争はうまく、モアブ人・アンモン人・エドム人・フェニキアの北方、ハマテ（現ハマー）のゾバの諸王やペリシテ人の侵略を退け、ヘブライ人を拉致奴隷にしようとしたアマレク人から同胞を奪い返した（同14：47―48）。

そして対アマレク人戦が始まった。アマレク人とは因縁があった。

アマレクびとがあなたにしたことを記憶しなければならない。すなわち彼らは道であなたに出会い、あなたがうみ疲れている時、うしろについてきていたすべての弱っている者を攻め撃った。このように彼らは神を恐れなかった。（申命記25：17―18）

すなわちモーセの時代、ベドウィンのアマレクびとに何度も襲撃された恐怖から発した呪いである。サムエルは次のように神の命令をサウル王に告げた。

「万軍の主は、こう仰せられる、『わたしは、アマレクがイスラエルにした事、すなわちイスラエルがエジプトから上ってきた時、その途中で敵対したことについて彼らを罰するであろう。今、行ってアマレクを撃ち、そのすべての持ち物を滅ぼしつくせ。彼らをゆるすな。男も女も、幼な子も乳飲み子も、牛も羊も、らくだも、ろばも皆、殺せ』」。（サムエル記上15：2−3）

サウル王は民に呼びかけ、南ユダのテライムで歩兵二十万を集めた。うちユダ族はたった一万だった。サウルの軍はアマレクの町に迫り、同居のケニびとを退去させた。ここのケニびとは、別のヤハヴェ信徒のレカブびとのことかもしれない（ウェーバー前掲書I、七二頁）。契約の同胞を救うような感覚だろうか。

そしてサウル王はアガグを王とするアマレク人を撃った。「しかしサウルと民はアガグをゆるし、また羊と牛の最も良いもの、肥えたものならびに小羊と、すべての良いものを残し、それらを滅ぼし尽すことを好まず、ただ値うちのない、つまらない物を滅ぼし尽した」（同15：9）。こんなにも神に背いて、ただで済むと思う方がおかしい。

神の言葉が、預言者サムエルに臨んだ。「わたしはサウルを王としたことを悔いる。彼がそむいて、わたしに従わず、わたしの言葉を行わなかったからである」（同15：11）。「全能の神」（創世記17：1。ヘブライ語では、エル・シャッダイという語源不明の語）は、ついに失敗と後悔を言葉にした。

ヤハヴェはこちら側の人格神

サウル王がギルガルにもどると、サムエルは下って来て王を激しく叱責した。神が殺し尽くせと命じたのに、ぶんどり物に目がくらみ、なぜ生かしたのか。怒ったので、サムエルの言葉は詩になった。

「そむくことは占いの罪に等しく、強情は偶像礼拝の罪に等しいからである。あなたが主のことばを捨てたので、主もまたあなたを捨てて、王の位から退けられた」。（同15：23）

これは異な発言である。「背信＝占いの罪」「強情＝偶像礼拝の罪」とは、聖書の契約・律法、いずこにも書かれていない。本来は民の強情さに怒る神を編纂時に戒律で後付したのだろう。サムエルが去ろうと身を翻すと、サウルが衣のすそを掴んだので裂けた。そこで預言者サムエルは冷酷に言い放つ。

「主はきょう、あなたからイスラエルの王国を裂き、もっと良いあなたの隣人に与えられた。またイスラエルの栄光は偽ることもなく、悔いることもない。彼は人ではないから悔いることはない」。（同15：28–29）

この最後の部分も下手な故意の編集である。前文と平仄が合わないのみならず、神は前段で間違いなくサウルに対して後悔している。このことから我々には次のことが分かった。まとまった聖書の編纂は前五、四世紀のことである。その時に元々あった記録文に直接手を入れることを恐れた編集者が、苦心して辻褄合わせをしたのである。つまり後悔する人格神ヤハヴェが全能の神（エル・シャッダイ）になるのは、編纂以後だということである。贅言すれば、語源不明のエル・シャッダイの原義は、「後顧なき火の山の神」ということになるだろう。転義が、「全能の神（パントクラトール、七十人訳）」である。

ギルガル山の呪いの後、サムエルは、死の危機が去ってホッとした思いのアマレク王アガグを引き出させ、これを無慈悲にも寸断して殺した。

そしてサムエルはラマに行き、サウルは故郷のギベアに上って、その家に帰った。サムエルは死ぬ日まで、二度とサウルを見なかった。しかしサムエルはサウルのために悲しんだ。また主はサウルをイスラエルの王としたことを悔いられた。（同15：34–35）

まるで再確認するように神が後悔したことを記している。民数記のユーフラテス河畔ペトルの預言者バラムの託宣にも、「神は人のように偽ることはなく、また人の子のように悔いることもない」（民数記23：19。本書一八七頁参照）とあるが、ヤハヴェは人格神なのだから、こちら側で後悔しなければ高慢になってしまうだけだろう。

12　王は祭司を殺し、ユダ族は卑しめられた

……………サウルとダビデの確執

ユダヤ教は聖典に先んじた

読者はもうお気づきのことと思うのだが、創世記・出エジプト記・レビ記・民数記・申命記などの戒律を含む書と、ヨシュア記以下の行状記と言行録の間に明らかな乖離がある。偶像崇拝は破戒のはずなのにダン族がしていたり、ヤハヴェが契約や律法ではなく、聖所を穢したということでエリ家に呪いを下したり、預言者サムエルがサウル王の強情を偶像礼拝と同じだと断じて神の怒りを告げたり、旧約聖書には変なところがままある。

それは聖典が纏めて編纂されたのが、前五・四世紀のことで、それ以前に八百年間くらい書き溜められてきた行状記や言行録を、ようやく固まってきた戒律の枠で編集したからである。偶像合祀や穢れ忌避や強情を悪と見る価値観の方が先行していた。つまり聖典に先んじてユダヤ教の蓄積があったという。

でも昔はこれが現実だったのだが、後で戒律ではこうなったのだと言い切ることもできない。性的十戒（申命記27章）などは、太古から常識や非常識や悪徳と共に連綿としてあった可能性も否定でき

ないからである。そこで本書では、戒律ではこうだが、当時はこんなことが行われていたという言い方を選んだ。人文の文献学のようなことは専門外の私にはできないので、社会科学の読み物にしたのである。それに編纂者たちは、行状記や言行録を部分的に削除することには禁欲的な所があり、記録の保存状態はわりと良いように思われた。

そこでそのまま、これで最後まで通そうと思っていたのだが、いくらなんでもひどすぎる編集箇所があるので、それはやっぱり言わなければならないと思われた。一番目はサムエル記上の一六章一四節から章末までで、サウルが琴のうまいダビデを王宮で雇い、狂気を鎮める話。この挿入のため、一七章五六節で、ダビデを知っているはずのサウル王が「あの若者はだれの子か」と軍長に尋ねるシーンと合わなくなってしまった。二番目は、一八章の八節から一一節までで、王宮で琴を弾いているダビデを狂気のサウル王が槍で刺し殺そうとし、ダビデが二度かわす話。常識で考えればすぐに分かることだが、貧しく無知な羊飼いに琴が弾けるだろうか。琴とは一応、繊細な暇人の楽器である。節くれ立った力強い指には、角笛を握らせたいものである。

「神から来る悪霊」なんか無い！

三番目は一九章の八節から章末まで。再び狂気のサウルがダビデを刺し殺そうとし、妻のミカルが窓からダビデを逃がす話。ダビデはラマの預言者サムエルに馳せて事を告げた。サウル王はダビデを捕えるべく三度使者を派すが、一群の預言者に囲まれて、異言して帰ってくる。今度はサウル王が行くと、神の霊が臨んで異言し、服を脱いでサムエルに会ってまた異言し、裸で一日一夜倒れ伏したというエピソード。三つとも、宮中のサウルの狂気が、「神から来る悪霊」のせいだという無理をした結果である。三番目のは、「神の霊」が下って、エクスタシーのなかで王が異言する一〇章一〇節から一三節の焼き直しだが、最後の部分が少し「巫病《ふびょう》」らしく描かれている。裸で一日一夜魘《うな》されていたというのは、文化人類学のシャーマニズム研究でよくいう、降神巫の通過儀礼としての「巫病」であろう。

一五章一一節で「わたしはサウルを王としたことを悔いる」と、全能であるはずの神が後悔してしまうのは、前節で述べた。それが不都合なので、同章二九節で、「彼は人ではないから悔いることはない」と書き加えた編纂者たちが、今度はだめ押しのように先の三か所を挿入し、全部始めから神がサウルを悪霊で操っていたのだから、神は元来後悔などさらないものだと言いたいのだろう。このような説は、すでに人文系の学者の誰かしらが言っているだろうから、私が敢えて言うのも愚かかもしれない。

大体旧約聖書では、「神から来る悪霊」という表現はここだけで、類似の一か所は「神はアビメレクとシケムの人々の間に悪霊をおくられたので、シケムの人々はアビメレクを欺くようになった」(士師記9：23)が、あるのみである。アビメレクは、ギデオンの妾(新共同訳では女奴隷)の子で、他子を惨殺したので報いとなった(士師記9：24)。新共同訳の方では「険悪な空気」と訳しているのも尤もで、こういうのを「呪い」というのである。「神から来る悪霊」は存在しない。他にモーセの歌に「悪霊」があるが、これは偶像神のことである(申命記32：17)。ということで、前記三か所をはずし、常識で話を続けたいと思う。

ダビデvsペリシテ人ゴリアテ

さてサウルは、彼の生誕地ギベアに権力の基盤を据え、当時のイスラエル部族を統合することに成功した。先に王都と定めたギルガルには城壁がなかったから、前十一世紀後半にペリシテ人がギベアに築いた城壁は大いに役に立った。サウル王は、ギルガルの王宮とギベアの城塞都市を往復していた。王は百人長、千人長（サムエル記上22：7）によって構成される常備軍を備えたが、従軍の糧食は各一族による自弁だったので、ダビデは兄たちに、麦こがしとパン十個を届けた（同17：17）。出征後は現地調達（掠奪）である。

神はサウルの物の分からなさを悔やんでいたので、新たな王の灌油をサムエルに命じ、ベツレヘムのエッサイのもとに彼を遣わした。彼は、ギベアのベニヤミン族、サウルの父のキシのようには裕福ではなかった。貧乏で子沢山の牧羊者で、家には七人の子供がいた。ダビデはその末っ子であった。サムエルは、「血色のよい、目のきれいな、姿の美しい」彼に、油をそそいだ（サムエル記上16：12）。要するに、古代イスラエルの王位の型は、初期、神命よる「預言カリスマ」であったが、それだとサウルに見るように、人格的に当たり外れが大きいということである。彼らは政治的には、士師たちと同様の「軍事カリスマ」であった。

ペリシテ人が、再び攻めてきた。彼らはガテの北東、ソコとアゼカ間のエペス・ダミムに陣取り、サウル軍はエラの谷に戦列をしいた。ときに、ペリシテの陣から、ガテのゴリアテという戦闘者が名乗りをあげてきた。その背の高さは、二八六㎝。プロレスのジャイアント馬場が二〇九㎝、韓国の崔《チェ》洪萬《ホンマン》が二一八㎝くらいだから彼らより大きい。青銅製の兜と鱗綴じの鎧に、脛あてが加わるのがミケーネ文化らしさだ。手槍の青銅の穂には当時先進の鉄が被せられていた。

　ダビデは投石器が得意で、獅子や熊も追い払ったことがあると売り込み、身軽な羊飼いの姿で、「手を袋に入れて、その中から一つの石を取り、石投げで投げて、ペリシテびとの額を撃ったので、石はその額に突き入り、うつむきに地に倒れた」（同17：49）。驚いたペリシテ軍は総崩れになり、追撃されてガテとエクロンの門まで逃げた、とある（同17：52）。これが、軍事カリスマの証しであり、民の情状的帰依を得た。

　ダビデはそのままサウル王の家来となり、サウルの息子のヨナタンに大いに気に入られた。ダビデは手柄を立てつづけて兵の長となり、ペリシテ人を殺した帰途、イスラエルの町々の女たちは手鼓と三絃琴で舞い踊って迎えた。「サウルは千を撃ち殺し、ダビデは万を撃ち殺した」（同18：7）と、歌った。

卑しめられたユダ族

王はやがてダビデを妬むようになり、彼をペリシテ人の手で殺させようと図り、娘のミカルを与える代わりに、割礼なき民ペリシテ人百名を討ち取れと、ダビデを戦いへと駆り立てた。ダビデは成し遂げ、ミカルを妻とした。

　サウルはますますダビデを憎むようになり、子のヨナタンと家来たちに秘かにダビデを殺すように命じたが、ヨナタンはダビデ好きだったので、何度も父をいさめた。サウル軍の将たちは、毎月の一日から三日間、王と食事を共にする共同会食の習慣を持っていた（同20：18–19）。だが、ダビデは疎まれて、食事に出られない。ユダ族に対する将たちの侮蔑もあった。武将アブネルは、後にユダ族のことを「ユダの犬」(サムエル記下3：8)とまで言っている。ダビデは野に逃げた。

ユダ族は遅れてヤハヴェ連合諸部族に属したらしい。前十二世紀末のカナン都市連合軍とのキションン川の戦いでは、姿も見せない。長く卑しめられた痕跡は、旧約の処々に見られ、特殊な言い方で彼らは「ユダの氏族」と呼ばれていた。また弱小部族を吸収し、混合部族となっていた形跡がある。兄弟族であるシメオン(士師記1：3、17)などはあるいはユダに同化され、散ったレビ族にも「ユダの氏族」に入った者たちがいたようだ。六節、ダン族のミカ家由来の偶像の所で出てきた山中の妖しい若者も「ユダの氏族のもの」で、「彼はレビびと」(同17：7)だった。さらに彼らは一時ペリシテ人の奴隷だったこともあった(同15：11)。後に彼らはダビデ王朝の元でようやく勢力を拡大したのだった(ウェーバー前掲書I、一三七―一三八頁)。サウルは憎しみに駆られ、「わたしはユダの氏族をあまねく尋ねて彼を捜しだします」(サムエル記上23：23)と、逃げ隠れたダビデの後を追った。

ダビデはヨナタンに別れを告げると、ギベアの南西、エルサレム北東の町、ノブに向かった。ここではエリ家の第二ピネハスの子アヒトブの子、アヒメレクが祭司職を継いでいた。亜麻布のエポデを着けた者が八十五名もいる「祭司の町」(同22：18―19)だった。恐らくこの頃から、祭司と預言者は分化し、前者はノブに、後者はベテルへと集住が始まったのであろう。

アヒメレクはダビデの来訪を恐れたが、他意のないことが分かると、聖別した冷えたパンとエポデの裏に布に包んであったペリシテ人ゴリアテの剣をダビデに渡した。ダビデはここから、ペリシテのガテの王アキシのところに逃げた(同21：9―10)が、恐れられたので佯狂《ようきょう》して難をのがれ、アドラムの洞穴へと去った。「彼の兄弟たちと父の家の者は皆、これを聞き、その所に下って彼のもとにきた。また、しえたげられている人々、負債のある人々、心に不満のある人々も皆、彼のもとに集まってきて、彼はその長となった。おおよそ四百人の人々が彼と共にあった」（同22：1－2）。英雄エフタの所で出てきたような山賊・盗賊予備軍であろう。

ノブの祭司を殺戮するサウル

そこからダビデはモアブに行き、王に父母を託した。ダビデのひいお婆さんがモアブ人のルツである（ルツ記4：21－22）。恐らくこの縁で、モアブの王に託したのだろう。ダビデがアドラムの要害にとどまっていると、預言者ガドがやって来て、ここを去りユダの地に赴くべく神の言葉を告げた（サムエル記上22：5）。我々は後にダビデの宮廷で彼を見ることになる（歴代志下29：25）。

ときにサウル直近の馬廻衆の頭、エドムびとのドエグが、ノブの幕屋に留め置かれていた（サムエル記上21：7）。神の箱なしだが、会見の幕屋は滅亡したシロから移されていたのだ。エドムびとは、ヤコブの兄エサウの子孫で、ヘブライ人とは兄弟民族だった（創世記36：8、申命記23：7）。彼はダビデと祭司の一部始終を垣間見たので、ギベアのサウルに馳せて密告した。「そこで王は人をつかわして、アヒトブの子祭司アヒメレクとその父の家のすべての者、すなわちノブの祭司たちを召したので、みな王の所にきた」（サムエル記上22：11）。ノブの祭司八十五人を全員ギベアに呼び寄せたというのである。

そしてサウルは何故自分に敵対し、ダビデにパンと剣を与えたのかと、アヒメレクをなじった。祭司は以前のように彼を忠義者だと勘違いしたと言い訳したが、王は聞き入れない。「アヒメレクよ、あなたは必ず殺されなければならない。あなたの父の全家も同じである」（同22：16）。そして王は近衛兵に命じる。「主の祭司たちを殺しなさい。彼らもダビデと協力していて、ダビデの逃げたのを知りながら、それをわたしに告げなかったからです」（同22：17）。

シロ滅亡以降、イカボデ以来、エリ家の祭司の名は古代エジプト語でなくヘブライ語に変わった。祭司家の権威は失墜したが、曲がりなりにも「主の祭司」である。近衛兵たちがひるむと、王は異邦人ドエグに殺戮を命じた。ドエグは身を翻して祭司たちを撃ち殺した。さらに派されて、「つるぎをもって祭司の町ノブを撃ち、つるぎをもって男、女、幼な子、乳飲み子、牛、ろば、羊を殺した」（同22：19）。アヒメレクの子、アビヤタルは脱走し、ダビデの元に走った（同22：20）。

後にアビヤタルは契約の箱の竿を祭司ザドクと担ぎ（サムエル記下15：29）、ダビデに仕えたが、その死後、先見に失敗した。ヘブロンで生まれたダビデの第四子ハギテの子アドニヤと、エルサレムで生まれたバテシバの子ソロモンとの跡目争いで、前者についたのだった（列王紀上１：７）。結果、ソロモンに自己の領地アナトテへと追放され、「シロでエリの家について言われた主の言葉が成就した」（同２：27。呪いは、サムエル記上２：35–36、３：14）。だがアナトテはエルサレムの北東、ノブとならぶ町だから大した追放ではなく、流竄《るざん》とまでは言えないだろう。

13 預言者王ダビデは最強である

……サウルの最期とダビデのエルサレム攻略

ユダヤ教の祭司について

ここまでで、ユダヤ教の祭司について分かったことを箇条書きにしておこう。

一、祭司がレビ族でアロンの家系から出ることはイスラエルの理想だったが、現実は違った。神の怒りを即効で鎮めようと各部族や富裕者は私設の祭司を置き、レビ族も散って行った。

一、前十一世紀前半、三つの祭司門閥が並存した。一つはベテルのアロンの孫、ピネハス一族で、預言者かつ祭司。イスラエル全体の会見の幕屋も神の箱もここにあり、ユダヤ教の祭司の理想に最も近かったが、その後の消息は不明。

一、二番目はシロの祭司エリ一族、ファラオの家内奴隷の家系だったが、「エジプトのファラオの――」というだけで権威だった。エフライム族の私設祭司だが、部族の発展と共に強くなり、会見の幕屋も神の箱もこちらに移された。ペリシテ人によるシロの滅亡とともに流浪し、ソロモン時代にはエルサレムから追放されてアナトテの田舎祭司になった。

一、三番目がダン族の私設祭司、モーセの孫、祭司ヨナタン一族で、ヤハヴェと偶像を合祀し、シロの滅亡にも耐えて捕囚まで続いた。

一、祭司が預言者でもあるべきだという時代は、ベテルのピネハス（レビ族・アロン家系）、シロのサムエル（エフライム族・召命系）を最期に、前十一世紀後半に終わった。サウル王は偽預言者のエリ家の祭司に悩まされ、預言者サムエルに見放され、前一〇一〇年頃、ペリシテとのエズレルの戦いでギルガル山に没した。

一、前十世紀前半、祭司と預言者は分化し、元々預言者の町だったベテルには、ますます預言者と偽預言者が集まった。祭司の方はノブに集まっていたがサウル王に滅ぼされ、預言者となったダビデの行く先々に集まり、ヘブロン、ダビデの町、エルサレムと彼らは南の王権に随伴し増加する。自称レビびとの「祭司」も集まった。

祭司に代わり預言するダビデ

ヤハヴェ連合諸部族から、海の民ペリシテ人の外圧を受け、サウルの王国が立ち上がってくるサムエル記の記述は、社会科学的にも意義深い。

サウル王は百人長・千人長からなる常備軍を備え、長には畑やブドウ畑を給している（サムエル記上22：7）。これらの賜圃（恩貸地）はペリシテ人やギベオンびとの町々から奪い取った土地を分配したものである。サウル王はギベオンびとから大いに憎しみを買った（サムエル記下21：1−5）。

他方、ダビデに従うものは最初の四百人が六百人に増えた（サムエル記上23：13）。その中核は三勇士・三十人衆とよばれる兵団だった。軍長はゼルヤの子ヨアブ、彼は古い土着の裕福な氏族の出身で、ダビデも懲罰できず（サムエル記下3：39）、死の床でソロモンに殺害するよう勧めている（列王紀上2：5－6）。ヨアブの兄弟アビシャイは三十人衆の長だった（サムエル記下23：18、歴代志上11：20）。

主として牧羊者からなる南方の諸部族は、かつてアマレク人から彼らを守ってくれたサウル王に忠実だった。サウル軍に追撃され、ダビデ軍はどんどんと南東へ逃げ去ったが、エラの谷の東のケイラでは、ペリシテ人の作薙《さくなぎ》（穀物の掠奪）から住民を守ったにもかかわらず、神は住民がダビデをサウル側に引き渡すことを告げた（サムエル記上23：1－2、12－13）。

ここケイラでは、エリ家の最後の祭司アビヤタルがエポデをもってダビデ軍に合流するが、彼はもはや預言しない。ダビデが預言するたびにエポデを持って来るだけである（同23：9）。伯父のアヒヤはサウル王の祭司にして偽預言者だった。父のアヒメレクは祭司の町ノブと共にサウル王に滅ぼされた。アビヤタルはただの祭司職で、預言者はダビデその人となり、神は直接彼に命じるようになった（同23：2、4、12）。モアブの王に父母を預けるあたりまでは、預言者ガドに間接的に告げられていた（同22：5）のだから、ダビデはその間に召命されたのだろう。

ダビデ軍はさらに南東に逃げるが、ジフの人々、さらに南東、マオンのカレブびとの豪族など、彼らはダビデをサウルに売り渡そうとし、あるいは忌避した（同23章、25章）。拠点を得られずに移動するダビデは、ついには宿敵であるはずのペリシテ人、ガテの王アシキの子分になり、ユダへ向かう南西の入り口、ラキシ近くのチクラゲの町を与えられ、ようやく落ち着いた（同27：6）。彼の仕事はアキシの領地をアマレク人から防衛することだった。

さて、その間預言者サムエルは死に、イスラエルの人々は悲しみ、彼を家のあるラマに葬った（同25：1）。ところが、サウルはペリシテの大軍がエズレル渓谷の北シュネムに陣を張ると大いに恐れおののき、ウリムによる神託にも、偽預言者アヒヤの求めにも神が応えないことを知ると、サムエルの亡霊を呼び覚まそうとする（同28：4−7）。

サウルは渓谷の南、ギルボア山に陣取るや、夜半身をやつし、敵の真っ只中のシュネムを迂回し、北のエンドルに身を寄せる口寄せ女のあばら屋を訪れた（同28：8）。女は王と知ると大そう恐れたが、拝み倒してサムエルの霊を呼んでもらった。不安に駆られサウルは、またしても踏み外してしまった。「口寄せ、または占い師のもとにおもむいてはならない。彼らに問うて汚されてはならない」（レビ記19：31）という、祭司法典の「巫覡《ふげき》」の禁である。

サウル王の最期と聖書の「あの世」

呼び出されたサムエルは口寄せ女の口を借り怒りながら語った。「なぜ、わたしを呼び起して、わたしを煩わすのか」（サムエル記上28：15）、「主は王国を、あなたの手から裂きはなして、あなたの隣人であるダビデに与えられた」（同28：17）、「主はまたイスラエルをも、あなたと共に、ペリシテびとの手に渡されるであろう。あすは、あなたもあなたの子らもわたしと一緒になるであろう。また主はイスラエルの軍勢をもペリシテびとの手に渡される」（同28：19）。

ということは、ヘブライ人にも「あの世」みたいな所があり、明日は皆死んでそこで一緒の霊になるというのである。聞かされたサウルは失神したが、起きると腹がへって口寄せ女の手料理を食べて帰還してしまう（同28：25）。腰に荒布をまとい、頭に灰をかぶって悔悛するという時代ではなかった。

翌日戦いが始まり、両軍はエズレルでぶつかったが、イスラエル兵はじりじりと後退しながら数を減らし、残党はギルガル山上まで逃れたが、そこでペリシテ軍に囲まれてしまった。ヨナタンを始めとするサウルの息子三人も殺され、射手の矢が王に激しく降り注ぎ体を貫いた（同31：１―４）。最早これまでとサウルが自刃すると、周辺のヘブライ人たちは次々に町を捨てて逃げだし、ベテシャンのペリシテ人は領地を拡大した（同31：７）。

あくる日、ペリシテ人は剥ぎ取りの最中にサウルと息子たちの遺骸を見つけると、首を刎ね、鎧を剥いでアシタロテの神殿におき、首をダゴンの神殿に吊るし、体をベテシャンの城壁に釘付けにした。夜になってベテシャンの城壁の首なし遺体を取りおろし、これを焼いて葬ったのは、あのベニヤミン族の友、ヤベシ・ギレアデの住民たちだった。墓はヤベシの檉柳《タマリスク》の樹の下につくられた（同31：８―13、歴代志上10：１―12）。

敗戦の結果、サウルの王国は二つに分裂してしまう。ヨルダン川の西の町の多くはペリシテ人に占領され、ヨルダン川東と山岳地帯はサウルの子イシボセテと、真の実力者である武将のアブネルの根拠地となり、ギレアデとベニヤミン族とのよしみでマハナイムに拠点が置かれた（サムエル記下２：８―９）。南ではダビデがユダの土地で勢力を拡大していく。

この後、ダビデは主に問うて言った、「わたしはユダの一つの町に上るべきでしょうか」。主は彼に言われた、「上りなさい」。ダビデは言った、「どこへ上るべきでしょうか」。主は言われた、「ヘブロンへ」。（サムエル記下2：1）

ダビデはまた自分と共にいた人々を、皆その家族と共に連れて上った。そして彼らはヘブロンの町々に住んだ。（同2：3）

時にユダの人々がきて、その所でダビデに油を注ぎ、ユダの家の王とした。（同2：4）

エルサレム攻略と給水

ヘブロンは、エラの谷とユダの荒野の中間点、エルサレムから南に約三十キロ、アブラハム以下三代の族長とその妻が埋葬されたヘブライ人の故地である。ダビデは非常にうまいところに根拠地を置き、預言者でなくユダ族の灌油でユダの家の王に推戴された。自身が預言者だったからである。ユダ族は混合部族なので、かつては「ユダの氏族」と卑しめられたが、今ようやく「ユダの家」（同2：4）と胸を張って言えるようになった。

これに比べ、北のサウル王朝は、いかにも山地の落人の町である。武将アブネルはダビデに内通して、サウルの娘で妻のミカルを引き渡すことで契約を結び、ヨアブに代わってダビデ軍の司令官になろうとしたが、ヨアブの弟アサヘルをギベオン池（巨大な給水槽があった）をめぐる戦いで刺し殺した（同2：23）ことから、ヨアブの血の復讐を受け斃れる（同3：27）。王のイシボセテは即位二年で同族の部下に暗殺され、サウル王朝は潰えた（同４：７）。ダビデはイスラエルの長老たちとヘブロンの地方神殿で神の前に契約を結び、前一〇〇四年、油をそそがれてイスラエルの王となった（同５：３）。

ダビデは早速エルサレム攻略に乗り出した。エルサレムでは、古くはエブスびととベニヤミン族が共生していた（ヨシュア記15：63、士師記１：21）。エブスびとは排外性の強い民族で、他民族が逗留を避けるような人々である。レビの山賊ですら、「われわれは道を転じて、イスラエルの人々の町でない外国人の町に、はいってはならない。ギベアまで行こう」（士師記19：12）と、忌避するほどだった。（岡田英弘氏の直観を理で通せば、ここがヤハヴェ一神教の総本山だったものか。本書六六－六七頁参照）。

エルサレムは、エブスびとが何百年も守ってきた要害だったので、その自信は並ではない。彼らはダビデに、「あなたはけっして、ここに攻め入ることはできない。かえって、めしいや足なえでも、あなたを追い払うであろう」（サムエル記下５：６）と、警告した。

参考になるのは次の一節だろうか。

　エルサレムにある羊の門のそばに、ヘブル語でベテスダと呼ばれる池があった。そこには五つの廊があった。その廊の中には、病人、盲人、足なえ、やせ衰えた者などが、大ぜいからだを横たえていた。（ヨハネ福音書５：２－３）

エブスびとのいう「めしいや足なえ」は、人工池のそばにいるのが普通だったのだ。エブスびとが池と地下水路を誇示していることに気づいたダビデは、給水の地下道から兵を攀じ登らせ、宮に踊り出てエブスびとを散々に撃った。

「だれでもエブスびとを撃とうとする人は、水をくみ上げる縦穴を上って行って、ダビデが心に憎んでいる足なえやめしいを撃て」（サムエル記下５：８）と、ダビデが兵を鼓舞したのはこのためである。だが、エブスびとを滅ぼしはしなかった。給水の技術を買っていたからであろう。

その点でもう一つ優れた町が先の池のあるギベオンである。ここのヒビびとは民族としては溶解してしまうが、帯水層をさぐる技術に優れており（ヨシュア記９：21）、ギベオンびととなった前十一世紀後半にも巨大な給水槽をもっていた（サムエル記下２：13）。だからダビデは、ギベオンびとのサウル王家に対する復讐に応じ、サウルの子七人を差し出したのである（サムエル記下21：1―9）。この頃三年の飢饉があったというのは干ばつゆえであり、ギベオンびとの池は重要なものとなっていた。会見の幕屋もここにあり、ギベオンびととの祭司ザドクが常燔祭をして仕えていた（歴代志上16：39―40）。

ダビデは今日のエルサレム旧市の南門、シオンの丘の要害を取り、南方丘陵上にダビデの町を築いた。そして、「先見者である預言者ガデ」の勧めで、エブスびとから北の台地の一部を買い取った（サムエル記下24：18―25）。ダビデはシオンの要害に元々あったミロという城壁を補修・増築し、エブスびとを包摂し、ゆっくりと溶解していったのである。

ここの「ガデ」で出てくる「先見者」は、英語では seer（女性形は seeress）、シーアという。将来の先見に富んだ人で、日本で慣習的に「予言者」というのは、聖書では「先見者」のことである。M・

ウェーバーの『古代ユダヤ教』の翻訳者、内田芳明（一九二三―二〇一四）は完全に昔風で、「預言者」のことを「予言者」と訳している。

まぎらわしいので、本書では、「予言者」を使わないことにする。「神に言葉で命じられる者」(prophet）を「預言者」とし、「未来を先見する人」(seer）を「先見者」と呼ぶ。先見者で預言者だというガデは強力で、自らも預言者であるダビデの膝下にいたのだから、もっと活躍しても良さそうなものだが、ここと歴代志上二十一章の同じ内容のシーンにしか出てこない。

14 新しい「レビびと」の登場
……ダビデ王国と宮中の祭司・預言者・官僚

ダビデの国造り

ダビデのペリシテ人に対する戦いは、エルサレムに都してから本格的なものとなった。ペリシテ軍はエルサレムの直ぐ南のレパイムの谷まで押してきたので、これをゲバ（サウル王代にペリシテの守備隊がいたゲバ・ミクマシ）へ追いやり、山岳地帯からふもとの丘陵の端まで追いつめて、アヤロンの谷ゲゼルまでの戦線を確保した（サムエル記下5：25）。

大まかに言うと、北はエルサレムからヨッパ（現テルアビブ）の線上である。他方、南はヘブロンからガテ近くまでの戦線を確保した（同21：15–22）。ガテはペリシテ五都市の一つである。この戦いは相当に厳しかったらしく、ペリシテの謎の巨人部隊との戦いとして神話風に描かれた。恐らくは勝てなかったものと思われ、「因果関係の政治的擬制」で処理されている。ダビデは後にガテの北、メグテ・アンマを取って（同8：1）、ようやくガテに対峙することができたのだろう。

ダビデはこうして中部山岳地帯をおさえると、エルサレム・ヘブロンの二都市を中心に、その周辺の北はギルガル（サウルの旧王都）、ギベア（ベニヤミン族の故地）、ギベオン（巨大給水槽と会見の幕屋の所在地）、ベテル（預言者の町）を安堵し、南はゾラ（ダン族の故地）、ケイラ（ペリシテから守った豊かな耕作地）、ラキシ（かつてのダビデの拠点、チクラゲ付近）などの主要都市を次々と支配下に置いていったことだろう。次のダビデの仕事は、エルサレムの王都に会見の幕屋を移し、神の契約の箱をそこに奉じて、とにかく神殿らしきものを構え、そこかしこから集まってくる祭司たちを食わせることであった。

神の家と神の箱の行方

神の家、すなわち会見の幕屋について分かったことをここで纏めておこう。それは、ベテル→シロ→ノブ→ギベオン→ダビデの町（シオン）と移動したわけだが、祭司が集まった一時しのぎのノブを除き、だいたいその時々に一番力のある町におかれていたと言える。一方、会見の幕屋内に安置されるべき契約の箱の方は、神が移動される時に乗るヴィークルであり、竿がついていて駕籠かきされると神はさっと乗り移るのである。そして戦闘の際は景気づけに戦場に運ばれた。ヘブライ人たちはこの神が来ると気色のわるい歓声を上げ、敵をぞっとさせる（本書九二頁参照）。地におかれると、ツワモノたちが裸体で武者踊りをして神を喜ばせた。想像するだに不気味で滑稽だが、秘儀とはそのようなものである。

神の箱がどのような経路で動いたかと言えば、ベテルの幕屋→シロの幕屋→アペクの戦場（ペリシテ人に奪われる）→アシドド→ガテ→エクロン（ペリシテの都市を転々）→ベテシメシのヨシュアの畑（打ち捨てられる）→キリアテ・ヤリムのアビナダブの家（二十年間忘れ去られる）というように移った。

キリアテ・ヤリム、ケピラ、ギベオンは、数キロで連なった元来はヒビびとの連携都市である（ヨシュア記9：17）から、ギベオンの祭司たち、特に後のザドクは箱がどこにあるかをよく知っていたことだろう。

報告を受けたダビデは精鋭三万人を選び、神の箱をかき上ろうと、バアレ・ユダに集まった。それはキリアテ・ヤリムの別名（同18：14）で、バアル神のユダという意味である。ヒビびとの元の信仰はバアル神だったのだろう。箱は竿が失われていたので、家から運び出して荷車に載せ、「ダビデとイスラエルの全家は琴と立琴と手鼓と鈴とシンバルとをもって歌をうたい、力をきわめて、主の前に踊った」（サムエル記下6：5）。

途中、アミナダブの息子が箱に手をかけ呪われて急死したので、ダビデは大いに恐れた。エルサレムのダビデの町に直接入ることができず、箱はガテ出身の異邦人オベデ・エドムの家に運び込まれた。この家で箱は三か月もったので大丈夫だとされ、ダビデの町に移された。オベデ・エドムはこの功績で、後に神殿の門衛となった（歴代志上16：38）。

箱がダビデの町に入るとき、「ダビデは力をきわめて、主の箱の前で踊った。その時ダビデは亜麻布のエポデをつけていた」（サムエル記下6：14）。これが戦場の武者踊りである。丸裸にエポデ姿でダビデは狂喜乱舞した。

預言者に本来エポデは不要だが、ダビデは祭司兼預言者しか見たことがないので、神のお告げを聞くときには亜麻布のエポデを祭司に持って来させ必ず身に着けていた（サムエル記上23：9）。無知な羊飼い出身だったので、エポデの権威も纏いたかったのだろう。この純朴さが大いに受け、「こうしてダビデとイスラエルの全家とは、喜びの叫びと角笛の音をもって、神の箱をかき上った」（サムエル記下6：15）。

王国は行政機関をもった

だがサウルの娘で、出戻り妻のミカル（同3：15－16）は面白くない。夫の裸踊りなど「いやらしい」。ところが、家来の妻・娘たちには大もてだったので大層嫉妬した。そこで、「今日のイスラエル王は御立派でした。家臣のはしためたちの前で裸になられたのですから。空っぽの男が恥ずかしげもなく裸になるように」（新、同6：20）と、精一杯の嫌味を言ったのだった。

ダビデはミカルに言った、「あなたの父よりも、またその全家よりも、むしろわたしを選んで、主の民イスラエルの君とせられた主の前に踊ったのだ。わたしはまた主の前に踊るであろう。わたしはこれよりももっと軽んじられるようにしよう。そしてあなたの目には卑しめられるであろう。しかしわたしは、あなたがさきに言った、はしためたちに誉を得るであろう」。こうしてサウルの娘ミカルは死ぬ日まで子供がなかった。（同6：21－23）

このような何気ない呪いにヤハヴェはわりと応えるのである。

こうして古代の神権国家の体裁を整えると、ダビデはペリシテ人の勢力をガザを始めとするペリシテ五都市に押し込めたので、これよりペリシテ人は、ヤラベアム軍のペリシテ領ギベトン包囲（列王紀上15：27。ギベトンはエクロンの近く）まで約百年間聖書から姿を消す。ダビデはペリシテ人を圧倒し、その兵の一部を傭兵として自軍に組み入れた（サムエル記下15：18–19）。

　ヘブライ人のカナン進出前夜、パレスチナの運命を決していた大帝国は、衰退の時代を迎えていた。紀元前四十世紀からの偉大なるエジプトは衰勢期に入り、じきにシリア人支配の第二十二王朝を迎える。ヒッタイト帝国の滅亡からは既に二百年以上が経っていた。そしてアッシリアは未だ強力な勢力としては登場していなかった。ペリシテ人を破った後、イスラエルの主要な敵となったのは、アラムとゾバ・ハマテ（現ハマー）の諸王に率いられたシリアのアラム諸国連合であった。

　これら戦いはバシャンの戦いでほぼ決し、ダビデの勢力はダマスカスからハマーへと、ユーフラテス川流域にまで及んだ。新ヒッタイト王国のハマテ王トイはダビデの覇権を認め貢物を送った（同8：9–11）。ダビデの勢力は北西ではフェニキアのツロ（ティロス）、シドンに及び、ツロに油と穀物を供給し、代わりに香柏（レバノン杉）、鋼、宮廷のための贅沢品を受け取った。またダビデは、南はエドム、アマレクの外征に乗り出し、エドムびとを塩の谷で撃破し、エドムの全地に守備隊をおき制圧した（同8：13–14）。

　この新たに繁栄した王国を支えるため、ダビデの王国は行政組織を整えることとなった。軍司令官はヨアブ、ヨシャパテは記録官《マズキール》、ギベオンの祭司だったザドクとエリ家のアビヤタルは祭司、ダビデの子らも祭司、セラヤは書記官《ソーフェール》だった。そして軍にはペリシテ人の傭兵部隊があり、ベナヤが監督官となった。彼らはケレテびと（＝クレタ人）、ペレテびと（＝ペリシテ人）と呼ばれた（同8：16–18）。この頃から傭兵が聖書に度々登場するようになる（同10：6）。ベナヤはソロモン王代に軍司令官となった（列王紀上4：4）。

宮中の預言者

記録官は恐らく王の業績を記録し、命じられた時に勅令を出すのが職であり、口語訳は「史官」、新共同訳は「補佐官」と訳している。口語訳の史官というのは訳が違うだろう。「史官」というのは命ぜられることなく王朝の日々を書き留め、後で編纂する時に命じられ、時の権力に沿うのである。書記官は近隣諸国の王たちとの外交と書簡の交流が職であり、配下に外交儀礼通暁の外国人と通訳者を抱えていたことだろう。ソロモン王代には、マズキールとソーフェールの上に統括の宮内卿がおかれ（同4：6）、南ユダ王国の第十三代ヒゼキヤ（前七一五–前六八七）の世にアッシリア王セナケリブが侵略してきた時には、三者一組で代表団となり、アッシリア王の使者に対している（列王紀下18：18）。これらの職は捕囚まで続いた。

他に宮廷専属の職としては、預言者ナタンと先見者にして預言者のガドやガデらがいた。ナタンはソロモンの神殿について預言し（サムエル記下7：12–13）、ガドはサウルに追われていた頃のダビデにユダ行きを告げた（サムエル記上22：5）。ガデはエルサレム攻略後のエブスびとの扱いを先見した（サムエル記下24：18–25）。

後にソロモン王代にナタンの子アザリヤは代官の長（新共同訳は知事の監督）となり、子ザブデは祭司で、王の友（列王紀上4：5）となったので、家族丸抱えで他の職同様に王室からの支給があったものと推論される。だが、預言者はあくまでも王権を掣肘しなければならない。「人は神の奴隷であり、人の奴隷ではない」というテーゼの守護者だからである。したがって職名表のなかには決して入らない。預言者たちはベテルや隣町のラマに住むのが普通だが、ダビデの時代には一部がエルサレム城内に居住区を持っていたことだろう。

史官ではなく、王の言行を彼らが記録した。「ダビデ王の始終の行為は、先見者サムエルの書、預言者ナタンの書および先見者ガドの書にしるされている」(歴代志上29：29)。だが、自身で記録していたわけではない。預言者にも口述筆記の奴隷がいるし、友もいる。彼らは後の預言者の時代には、預言者の「しもべ」「ともがら」として多出するようになる。その最後の姿が、エレミヤの記述者の友、バルクである(エレミヤ書36：4)。

新しい「レビびと」たち

エルサレムには、自称レビびとの「祭司」が各地から食を求めて集まって来た。しかし専属の祭司として召し抱えられたのは、ギベオンで会見の幕屋に仕えていたザドクの一団とエリ家のアビヤタルの一団のみであり、元来彼らは旧レビ族の子孫ではない。ザドクをエリ家のアヒトブに結び付け(サムエル記下8：17、歴代志上9：11)、エリ家をアロン家に結び付け、さらにザドクをエリ家に結び付ける(歴代志上6：3–15、エズラ記7：12)系図は、信じたい気持ちを萎えさせるほど混乱している。

新しいレビびとには、古の祭儀を伝える本物もいただろう。本物だが無知な者や、浮浪者に身を落した者や偽のレビも当然混じる。彼らは能力に応じ、富裕者の私設祭司や教師になったり、あるいは歌手や楽人などになったりした。古代イスラエルは日本のような分業国家ではないから、歌手や楽人は宮廷奴隷である。それでも食えたほうが良い。「王はまたレビびとを主の宮に置き、ダビデおよび王の先見者ガドと預言者ナタンの命令に従って、これにシンバル、立琴および琴をとらせた。これは主がその預言者によって命じられたところである（歴代志下29：25）とあるのがそれである。

教師になったものは、古い籤神託を始め、神に対する背反を、罪祭《ハッタート》、愆祭《アージャーム》、断食その他の方法であがない、災禍を取り除くための儀礼についての知識を洗練させ、蓄えて行った。これがトーラー（教え）である（ウェーバー前掲書Ⅰ、二八六頁）。新「レビ」の教師たちはやがてラビと呼ばれ、顧客から価を得るようになった。預言者たちも顧客を取り、祭司たちも顧客や私設の神殿から糧を得ていた。

そのかしらたちは、まいないをとってさばき、
その祭司たちは価をとって教え、
その預言者たちは金をとって占う。
しかもなお彼らは主に寄り頼んで、
「主はわれわれの中におられるではないか、
だから災はわれわれに臨むことがない」と言う。（ミカ書3：11）

このように、前八世紀の預言者ミカが、「だからエルサレムは滅ぶのだ」と唾棄したような有様にはなったのだが、人は食べていかなければならないのだから酷というものだ、と社会科学者は思う。

15 宮廷預言者は遠まわしに神の怒りを告げた

……バテシバ事件と預言者ナタン

「祭司王」など許さん！

古代ユダヤ教の祭司の正統性は、レビ族のアロン家と神との契約によるものだが、民族・部族・氏族・家などは継承が途絶えたり、大集団に包摂されれば時間の中で自然に溶けるものであり、ゆえに正統性も揺らぐのである。他方、預言者の正統性の方は、神の直接の「言葉」によるものだから、契約ではなく命令である。ゆえに揺らぐことも溶けることもないのだが、神が誰を召命するのか、誰がフォースを秘めた人物なのか、いつ力を奪われるのか、事後判断によるしかない。だから預言者も偽預言者も仲良く聚住する。祭司も偽祭司と表向き仲良くするが、すぐに技量差が出て、住み分けを始めるのである。

前十世紀前半、祭司の正統性は祭司家の変遷の過程で、ほぼ溶けてしまった。ダビデの側近の祭司は、共に旧レビ族でないザドク集団とアビヤタル集団だった。ダビデの子らも、教師のラビから教育を受けるので、職の分類としては「祭司」である。王はどうかといえば、祭司職を任免するのだから、「祭司王」となった。正統ユダヤ教徒としては、とんでもない神との契約違反だが、こちら側の構造で変遷した結果、こうなってしまったのだった。

祭司王となったダビデは、宮廷奴隷の詩人によって高貴に謳いあげられた。

主は誓いを立てて、み心を変えられることはない

「あなたはメルキゼデクの位にしたがってとこしえに祭司である」。(詩篇110：4)

これは、「いと高き神の祭司である」メルキゼデクが、始祖アブラム（アブラハム）を讃えた「創世記」（14：18-20）の故事にダビデを重ね焼きしているのである。こんな個人崇拝（=偶像崇拝）をしていたので、ユダでない北方の諸部族間に不満が広がっていった。サムエル記下では、「イスラエルの人々」あるいはその中核、「イスラエルの長老」と称される北方諸部族、エフライム族・マナセ族・イッサカル族・ナフタリ族などの会衆と長老たちが、王の高慢にイラ立ちを募らせていった。

人妻バテシバとの出会い

旧約聖書で「ヘテびと」というのは、紀元前一一九〇年頃に滅びたヒッタイト帝国の末裔のことである。それから彼らはカナンの地に散り、二百年後にダビデの軍団のなかにヘテびと（新、ヘト人）ウリヤという兵士が存在した。嫁をバテシバという。

ある日の夕暮れに、ダビデは午睡から起きて、王宮の屋上を散歩していた。彼は屋上から、一人

の女が水を浴びているのを目に留めた。女は大層美しかった。ダビデは人をやって女のことを尋ねさせた。それはエリアムの娘バト・シェバで、ヘト人ウリヤの妻だということであった。ダビデは使いの者をやって彼女を召し入れ、彼女が彼のもとに来ると、床を共にした。彼女は汚れから身を清めたところであった。女は家に帰ったが、子を宿したので、ダビデに使いを送り、「子を宿しました」と知らせた。（新、サムエル記下11：2–5）。

人妻の水浴姿に懸想する物語は、他にダニエル書補遺の「スザンナ」（新、旧約聖書続編・ダニエル書補遺・スザンナ）がある。バビロン捕囚で寄留者となったヘブライ人の聚落で、二人の長老から同衾を強要されたスザンナ夫人の抵抗物語である。

人妻との行為は、倫理的十戒（出エジプト記20章・申命記5章）第七戒の「姦淫を禁ず」と、第十戒の「隣人の家・妻・男女奴隷・牛・ロバなど、隣人のものを欲するな」の破戒だが、性的十戒（申命記27章）には禁止の規定がない。最古には問題にならなかったとも思われるが、民衆のサンクションから言えば、バテシバよりスザンナの方が常識的だろう。

王宮の屋上から一兵士の家の庭が見えたというのもあやしい。王宮の周りには、大臣とその従僕たちの宿舎が取り巻いているのが普通だ。また、王宮の門前には兵団の幕屋が並んでいた。王宮から丘のすそへと傾斜があったはずだから、彼女は見えても遠い。

バテシバは「彼女は汚れから身を清めたところであった」と、先のサムエル記下にあるので、「彼女が出血の汚れから清くなり、七日間が過ぎたならば、その後は清くなる」（レビ記15：28）と慣習法にあるような状態だった。つまり、生理が終わって一週間がたっていたとすれば、妊娠する確率がもっとも高い日に当たる。その日にわざわざ王宮にやって来て妊娠して帰ったということである。

ヘブライ人の姦淫には、男が既婚女性を誘う「ナーアフ」と、既婚女性が男を誘惑する「ザーナー」とがあるが、この場合、ダビデとバテシバの共同房事（謀事）だったという、レンブラントの直観（「ダビデ王の手紙を手にしたバテシバの水浴」）に加担したい。既に二人がどこかで出会っていたとすればダビデの神前裸踊りの日であろう。家来の妻たちが大勢集まっていた。キラキラの結晶作用が二人に起これば、もう止まらない。

疑妻と呪いにビクつく王

バテシバの父はダビデ軍三十人衆の一人エリアム（サムエル記下11：3）、エリアムはダビデの議官ギロ人アヒトペル（同15：12）の子（同23：34）である。ギロはユダの荒野の一角、エルサレムの南西にある。アヒトペルは後に、ダビデの第三子アブサロムに左袒してダビデに背く。都落ちしたダビデを一万二千の兵を率いて襲撃することを願い出たが、ダビデの間諜ホシャイの反対に遭い挫折した（同17：1–14）。アヒトペルは謀反の失敗を悟り、ギロの家に帰って縊死することになる（同17：23）。その間、孫娘と会った形跡はない。

バテシバの夫のウリヤは、王と妻との同衾後、ダビデに戦場から呼び戻されるが、ウリヤが妻を疑ったことは、王の二度の呼び出しにより贈り物と接待を受け、家に帰り妻と同衾することがなかったことからも明らかであろう。

ダビデはヨアブに、ヘト人ウリヤを送り返すように命令を出し、ヨアブはウリヤをダビデのもとに送った。ウリヤが来ると、ダビデはヨアブの安否、兵士の安否を問い、また戦況について尋ねた。それからダビデはウリヤに言った。「家に帰って足を洗うがよい。」ウリヤが王宮を退出すると、王の贈り物が後に続いた。しかしウリヤは王宮の入り口で主君の家臣と共に眠り、家に帰らなかった。ウリヤが自分の家に帰らなかったと知らされたダビデは、ウリヤに尋ねた。「遠征から帰って来たのではないか。なぜ家に帰らないのか。」ウリヤはダビデに答えた。「神の箱も、イスラエルもユダも仮小屋に宿り、わたしの主人ヨアブも主君の家臣たちも野営していますのに、わたしだけが家に帰って飲み食いしたり、妻と床を共にしたりできるでしょうか。あなたは確かに生きておられます。わたしには、そのようなことはできません。」ダビデはウリヤに言った。「今日もここにとどまるがよい。明日、お前を送り出すとしよう。」ウリヤはその日と次の日、エルサレムにとどまった。ダビデはウリヤを招き、食事を共にして酔わせたが、夕暮れになるとウリヤは退出し、主君の家臣たちと共に眠り、家には帰らなかった。（新、サムエル記下11：6–13）

「妻と床を共にしたりできるでしょうか。あなたは確かに生きておられます」というウリヤの言葉は、「帰るにはあなたが死ななければならない」という呪いである。このままでは当時の慣習法で、「夫は妻を祭司のところへ連れて行く」（新、民数記5：15）、祭司は、幕屋の床の塵を混ぜた聖水を女に飲ませる。「水を飲ませたとき、もし、女が身を汚し、夫を欺いておれば、呪いをくだす水は彼女の体内に入って苦くなり、腹を膨らませ、腰を衰えさせる。女は民の中にあって呪いとなるであろう」（新、同５：27）と、あるようなことをウリヤが実行に移す可能性がある。

宮廷預言者は政治的になった

ウリヤ殺害を決意したダビデは、軍司令官ヨアブに書面でウリヤを対アンモン人戦の最前線に送り込むことを命じた（同11：15）。ヨアブは自分が共犯となり、王権によって後に罪を被せられることを巧みに避けて、結局「女が男を撃ったのだ」といい、ギデオンの子の故事（士師記９：53）を引きつつウリヤの戦死を遠回しに王に告げた。要するに、ダビデの王権が強すぎるのである。

バテシバは夫の喪が明けると王宮に入り、ダビデの妻となって男子を生んだ。こうなると、神の命を受けて預言者ナタンがダビデの所にやって来ざるを得ない。ナタンは宮廷預言者なので、これまでの預言者のような直截的な怒り方は避けて、ヨアブのような隠喩から始める。

「ある町にふたりの人があって、ひとりは富み、ひとりは貧しかった。富んでいる人は非常に多くの羊と牛を持っていたが、貧しい人は自分が買った一頭の小さい雌の小羊のほかは何も持っていなかった。彼がそれを育てたので、その小羊は彼および彼の子供たちと共に成長し、彼の食物を食べ、彼のわんから飲み、彼のふところで寝て、彼にとっては娘のようであった。時に、ひとりの旅びとが、その富んでいる人のもとにきたが、自分の羊または牛のうちから一頭を取って、自分の所にきた旅びとのために調理することを惜しみ、その貧しい人の小羊を取って、これを自分の所にきた人のために調理した」。ダビデはその人の事をひじょうに怒ってナタンに言った、「主は生きておられる。この事をしたその人は死ぬべきである」。（サムエル記下12：1−5）

ナタンはダビデに言った、「あなたがその人です」（同12：7）。そして神の言葉を告げた。「妻を寝取り、アンモン人の剣で夫を殺させたので、剣はあなたの家を離れない」「あなたの妻たちを隣人に与える。妻たちは昼日中に隣人と寝る」「今回の男子は死ぬ」の三つの呪いだった（同12：9−14）。

一番目は、後の長子アムノンの殺害（同13：29）と、第三子アブサロムの離反（同15：13）と殺害（同18：14）の預言。二番目は、エルサレムを占領するアブサロムが白昼天幕を張って父の妾たちのところに入るという預言（同16：22）である。ダビデには妻がエルサレム以前で八人、以後は十人もいる。妾とはこの十人のことだ（同20：3）。息子に至っては十九人以上もいた。

ナタンは宮廷預言者なので、今までの預言者とは異なり、遠回しの政治学が時々混じる。後にダビデの跡目争いの時もバテシバを使嗾したり（列王記上1：13）、敵方の越権を王に告げ口したりし（同1：25）、王権を操縦しようとするところが、彼には見える。

だが、三番目の預言どおりバテシバの子は神に撃たれ病気になったので、ダビデは断食して嘆願した。その王の傍らで王を慰めたのが、「ダビデの家の長老たち」（サムエル記下12：17）だった。つまり、「祭司王ダビデ」の王権の伸張をめぐって、味方の側には「ユダの家」に象徴される、南方の混合部族ユダ、そこに含まれるシメオンや旧レビの長老たちが立ち、敵方には先般言及した北方の「イスラエルの長老」の語に象徴されるような、エフライム・マナセ・イッサカル族などの長老たちとその部族、サウルの王朝を簒奪され、族領を奪われた恨みを持つベニヤミン族の一部が立っていた。その一例が、サウル家の一族、ゲラの子シメイである（同16：5－6、13）。この対立は、ダビデと子のアブサロムとの戦いの時に、はっきりと表立ってくることだろう。

ふたたび「水の町」争奪戦

ナタンに至って預言者が政治的になっていくことから、「政治」の向う側の根拠がようやく見えてきた。「政治とは相手を動かす工夫だ」ということだ。相手の権力が強すぎると、「政治」の必要は高まり、相手の権力が弱ければ「政治」は楽になる。ダビデのように強力な相手では、ナタンのように預言者は政治的になり、逆に後の南北分裂王国の時代になると、弱い権力者相手に預言者はもう止められないほど強くなる。エリヤのように王の送り込んだ兵団に炎を下して丸焼きにしてしまう。これらは全て預言者の政治力を示す、「因果関係の政治的擬制」なのである。

話を元に戻そう。その後ダビデはバテシバを慰め、以後男子が生まれ、そこからソロモン王が出る。軍司令官のヨアブはアンモン人の都ラバ（現アンマン）を攻め取り、「わたしはラバを攻めて水の町を取りました」（同12：27）と、胸を張った。ギベオン・エルサレム・ラバというように、当時の戦いは給水設備のある町の争奪戦だった。そしてその技術を持っていたのが、ヒビびと（後のギベオン人）、エブスびとアンモン人だったということだ。民族によって給水・排水に関心を持つ者と持たない者がいるのである。これは何かを暗示している。

16 人は神の奴隷であり、人の奴隷ではない

……ダビデの王子アブサロムの反乱

王室財政の突出ぶり

歴代志上二十七章には、経済部門の「王のしもべたち」の職名表が載っている。興味深いので、単純化してみよう。引用はさらっと飛ばして、職の単純化の部分を見てほしい。

アデエルの子アズマウテは王の倉をつかさどり、ウジヤの子ヨナタンは田野、町々、村々、もろもろの塔にある倉をつかさどり、ケルブの子エズリは地を耕す農夫をつかさどり、ラマテびとシメイはぶどう畑をつかさどり、シプミびとザブデはぶどう畑から取ったぶどう酒の倉をつかさどり、ラマテびとシメイはぶどう畑をつかさどり、シプミびとザブデはぶどう畑から取ったぶどう酒の倉をつかさどり、ゲデルびとバアル・ハナンは平野のオリブの木といちじく桑の木をつかさどり、ヨアシは油の倉をつかさどり、シャロンびとシテライはシャロンで飼う牛の群れをつかさどり、アデライの子シャパテはもろもろの谷におる牛の群れをつかさどり、イシマエルびとオビルはらくだをつかさどり、メロノテびとエデヤはろばをつかさどり、ハガルびとヤジズは羊の群

れをつかさどった。彼らは皆ダビデ王の財産のつかさであった。(歴代志上27:25–31)

屯倉の司・地方の穀物倉庫の司・農民の司・葡萄園の司・葡萄酒蔵の司・果樹園と桑畑の司・油蔵の司・シャロンの牛牧場の司・谷の牧牛場の司・駱駝飼育の司・牧羊場の司で、みんな王室財政の管理責任者だった。シャロンは現テル・アビブからハイファまでの北イスラエルの沃野で、花咲き草木生い茂る特別な場所だった。以上、何とも古代色豊かな職ではないか。筆者の専門は朝鮮半島だが、その北半部は一九九三年に計画経済を放棄してから一貫して退行し、現在では国を閉ざしたまま古代経済になっている。そこで、この職名表をみると、北朝鮮の資料によく出てくる「なまず工場支配人」(なまず養殖場の責任者)とか、「アヒル班長」(モデル村落のアヒル飼育責任者)とか、名前からして貧しい職種を自然に思い浮べるのである。

そして古代経済では、王室財政と国家財政の区別が判然とせず、他の財政から突出しているのが特徴的である。李氏朝鮮末期の朝鮮自身による近代化のための改革は悉く失敗に帰すが、その原因がここにある。せっかく開港して国を開いても、仁川港の一八九〇年度秋冬の海関税総額、一万三千両の実に九三%が王室の消費生活と祭事に流用されてしまったという。一九〇五年、第二次日韓協約による朝鮮の保護国化で王室財産が解体され、財政が政府管轄下に移されて初めて、朝鮮は近代化の緒に就くのである(須川英徳『李朝商業政策史研究』東京大学出版会、一九九四年)。だがその百年後、近代化は失敗し、北朝鮮は再び元にもどった。

王国は二十歳以上の人頭税

古代というのは、今の我々にとっては全く理解が困難なほど貧しい。『源氏物語』を思い浮べてほしい。京の都でも、あちらこちらに廃屋となった貴族の邸宅がある。後ろ盾を失った末摘花の屋敷では、姫様に仕える女たちが満足に着るものがなく、「飛び立ちぬべくふるふ」姿が、水鳥の羽ばたきのようで悲しく寒い。古代の都市は、建物もまばらなので風が吹き抜けると春でも歯の根が合わぬほど寒いのだ。

また古代の貧しさは、身が汚いということでもある。湯船などは勿論なく、帚木《ははきぎ》に出て来る湯殿も、バテシバと同じく湯浴みである。姫君が湯船につかれるのは、『鼠草紙絵巻』の室町時代を待たなければならない。

それでも日本は川が奇麗だから体を清めることができるが、世界の多くの川にはコレラ菌や赤痢菌がいっぱいいて、赤ひげ王バルバロッサなどは十字軍遠征の帰り、泳いで岸に上がってから死んでしまう（マキャベリ『フィレンツェ史』）。だから、旧約聖書を読むときには、まず全社会的な貧しさ、汚さから入って行かないと状況が浮かんでこない。そういう貧しさの中で、王室財政だけが突出しているわけだが、その突出ぶりもやはり無理だらけでどこか物悲しいものなのである。

北朝鮮は東洋的専制の国だから、為政者がおいしいところをみんな取ってしまっても民は怒れない。怒ると却って殺されてしまうが、古代イスラエルでは、「人は神の奴隷であり、人の奴隷ではない」というユダヤ教の大テーゼがある。王が北イスラエルの理想郷シャロンを牛牧場にしてしまったら「イスラエルの人々」は怒るだろう。その上、この節の前段の人頭税のところで、神が怒ったという記述がある。

しかしダビデは二十歳以下の者は数えなかった。主がかつてイスラエルを天の星のように多くすると言われたからである。ゼルヤの子ヨアブは数え始めたが、これをなし終えなかった。その数えることによって怒りがイスラエルの上に臨んだ。またその数はダビデ王の歴代志に載せなかった。（歴代志上27：23－24）

人頭税は、裕福な家も貧困の家も一律に人数で賦課されるため、幼児まで人数に含めると、後者は人減らしのための間引きや堕胎などに走りやすい。我々はその悲劇を宮古島の「人頭税石」の伝承でよく知っているのである。一六〇九年の薩摩藩による琉球の征服により、重税を課せられ困窮した琉球政府は一六三七年、先島（宮古・八重山）地方などへ厳しい人頭税を課した。対象は十五歳から五十歳までだったが、戸籍のない宮古島では、人頭税石と同じ背の高さになると課税されたという。

同島では十八世紀初には戸籍が整ったため、人頭税の対象を年齢で定めるようになるのだが、間引きや堕胎が横行したことは否めないだろう。古代イスラエルが、幼児の人頭税を神の怒りで引き止めたことは、恐らくどこかの国で悲劇を生んだことを知っていたものと思われる。ゆえに、歴代志の記述から、我々は古代イスラエル、ダビデの王国では、二十歳以上にだけ人頭税が課されていたことが分かるのである。軍司令官のヨアブが命じられたのは、武力を背景にし、町々村々を威嚇ししつつ戸籍調査を行わねばならなかったからだろう。

王族による近親相姦の破戒

そして、かつて預言者サムエルが「王を求める民」に告げた、主の言葉が成就する。

あなたがたを治める王のならわしは次のとおりである。彼はあなたがたのむすこを取って、戦車隊に入れ、騎兵とし、自分の戦車の前に走らせるであろう。…… また、あなたがたの娘を取って、香をつくる者とし、料理をする者とし、パンを焼く者とするであろう。…… また、あなたがたの羊の十分の一を取り、あなたがたは、その奴隷となるであろう。（サムエル記上8：10、13、17）。

ユダヤ教の大テーゼ「人は神の奴隷であり、人の奴隷ではない」は、当初から専制者の否定をその内に孕んでいたのである。

そこでそのような権力者の国となったため、「ユダの人々」はダビデに従ったが、北の部族の「イスラエルの人々」は不満を募らせていった。王朝の綻びは、宮廷預言者ナタンの預言どおり、王家から始まった。

「あなたがわたしを軽んじてヘテびとウリヤの妻をとり、自分の妻としたので、つるぎはいつまでもあなたの家を離れないであろう」（サムエル記下12：10）と、ナタンは告げた。ダビデの息子は十九人以上いるが、エズレルびとアヒノアムの娘から生まれた長子、アムノンと、ゲシュル王タルマイの娘マアカから生まれた第三子、アブサロムとの間に確執が生じた。アムノンがアブサロムの妹タマルと寝たことから、破戒の呪いが再び王家を襲ったのである。

王家の近親婚は世界史的にはそれほどの禁忌ではなく、日本の記紀時代やコリア高麗の王氏王朝、古代エジプトの王朝など、自在とも思える例をいくつも挙げることができる。プトレマイオス朝はアレクサンダー大王の部下、マケドニア人プトレマイオスがエジプトに開いた征服王朝だが、最後の王、クレオパトラ七世などは、五代の近親婚の精華とも言うことができるだろう。だが、古代イスラエルでは、いわゆる性的十戒に、『「父の娘、または母の娘である自分の姉妹を犯す者はのろわれる』。民はみなアァメンと言わなければならない」（申命記27：22、「アァメン」は「そうです」の意）とあり、かなり古い時代からの禁忌だったと思われる。

レヴィヴォートという特別な形の菓子を焼いて男の寝室に持って行くくらいだから、タマルは異母兄と元々相当の仲だったというのは私の推論だ。男はよく知らないが、女の愛とは、本人に性とよく区別がつかないくらい凄いものである。破戒が知れわたり王の耳に達すると、アブサロムの妹「タマルは灰を頭にかぶり、着ていた長そでの着物を裂き、手を頭にのせて、叫びながら去って行った」（サムエル記下13：19）。口寄せ女の家で失神し、起きて飯を食って帰宅してしまったサウル（サムエル記上28：25）から進歩したというべきか、「衣を裂く」のは怒りや悲嘆の表現である。他に改悛の表現として、そこにある帯を結ぶのも憚られ、「荒布を腰にまとう」というのもあるが、ここでは「灰をかぶる」。後に間諜ホシャイが「土をかぶり」（サムエル記下15：32）、王に帰順しているから、結局土でも灰でも良かったのだろう。

兄のアブサロムは姦計を弄し、アムノンに復讐してこれを亡き者にすると、母方のゲシェル王タルマイの元に逃れ三年を過ごした（同13：38）。軍司令官のヨアブが気を利かせて女を雇い、間接的にダビデを諌めてアブサロムを王都に戻したが、彼は二年間王にまみえることがなかった（同14：28）。アブサロムは再び姦計を用いてヨアブを動かし、王に召し寄せられたが、もはや継承の見込みはないものと悟り、「この後、アブサロムは自分のために戦車と馬、および自分の前に駆ける者五十人を備えた」（同15：1）。叛乱の準備を始めたのである。

王子の乱起こる

そして、アブサロムは早く起きて門内の空閑地に立つのを常とした（同15：2）。王より先に訴えびとを横取りし、自らさばきびと（裁判人）となって、人心を収攬しようと図ったのだった。

アブサロムは王にさばきを求めて来るすべてのイスラエルびとにこのようにした。こうしてアブサロムはイスラエルの人々の心を自分のものとした。（同15：6）

四年の末に彼は王に、「自分がエルサレムに戻れたのも、生まれ故郷のヘブロンで帰還の誓いを立てたからなので、ヘブロンの礼拝に行かせてほしい」と、願い出た。恐らく王の息子らは、ヘブロン生まれのヘブロン党と、エルサレム生まれのエルサレム党に割れていたのだろう。王が許すと、アブサロムはヘブロンで徒党を得、ユダ族を除き他の諸部族の「イスラエルの長老」に密使を送り、角笛を吹いて自分がヘブロンで王になったことを告げよと命じた（同15：10）。

ダビデの祭司王も、人頭税も、シャロンの野の占有も快く思っていなかった「イスラエルの人々」は、「ユダの人々」とついに袂を分かった。アブサロムは、バテシバの祖父で「ダビデの議官ギロびとアヒトペルを、その町ギロから呼び寄せた。徒党は強く、民はしだいにアブサロムに加わった」(同15：12)。アヒトペルは、孫娘を破戒させたことで王を怨んでいたのだろう。「ひとりの使者がダビデのところにきて、『イスラエルの人々の心はアブサロムに従いました』と言った」(同15：13)。兵力で劣るユダ族では衆寡敵せずと悟り、ダビデは家臣団を連れてエルサレムの町はずれの一軒家に逃れた。「すべてのケレテびとと、すべてのペレテびとと、および彼に従ってガテからきた六百人のガテびとは皆、王の前に進んだ」(同15：18)。ガテびとはペリシテ人の傭兵たちだった。ガテびとイッタイは王に忠誠を誓い、従者も子供も共に進んだ。

シロのエリ家出身の祭司アビヤタルとギベオン出身の祭司ザドク、そして新しいレビびとたちが、神の契約の箱をダビデの元に担いできた。ダビデは彼らに言った。

「神の箱を町にかきもどすがよい。もしわたしが主の前に恵みを得るならば、主はわたしを連れ帰って、わたしにその箱とそのすまいとを見させてくださるであろう。しかしもし主が、『わたしはおまえを喜ばない』とそう言われるのであれば、どうぞ主が良しと思われることをわたしにしてくださるように。わたしはここにおります」。(同15：25–26)

ダビデはすでに主の前に罪人としてこうべを垂れている。預言者のフォースも奪われてしまったようである。

ダビデはオリブ山の坂道を登ったが、登る時に泣き、その頭をおおい、はだしで行った。彼と共にいる民もみな頭をおおって登り、泣きながら登った。（同15：30）

ダビデたちがオリブ山を越えたところからが、ダビデに削られたベニヤミン領だった。サウル家の者が二人やって来た。一人は、かつてダビデが良くしてやったヨナタンの息子、あしなえのメピボセテ（同9：6–8）の従僕ヂバで、彼は糧食を携えてやって来た（同16：1）。もう一人は、サウルの家の一族の者、ゲラの子シメイで、彼は王を呪い、家来たちに石を投げた。しつこい彼は向かいの山の中腹を並行して歩き、石やゴミを投げつけてきた（同16：5–6、13）。千人近い軍民の大逃避行だった。

17　聖書は決して正義を語らない

……ダビデの跡目争いとソロモンの勝利

王子の乱が終息した

都落ちしたダビデたちは、ヨルダン川を越えて、マハナイムに入った。かつてサウルの子イシボセテと武将アブネルが、ベニヤミン族とのよしみで身を寄せた（サムエル記下2：8）ギレアデびとの町だった。ギレアデびとバルジライはダビデに将来を託し、「ひじょうに裕福な人であったので、王がマハナイムにとどまっている間、王を養った」（同19：32）。

その間、謀反の第三子アブサロムはエルサレムに入城した。オリブ山で帰順した、ダビデの間諜、世襲地保有者アルキびと（カナン人の後裔）ホシャイは「王万歳」と唱え、糧食を携えて陣内に潜入した（同16：16）。

他方、アブサロムに乞われて加勢した、ギロ（エルサレム南部）のひとバテシバの祖父、アヒトペル老爺は、「ダビデ王の憎まれ者となったことをイスラエルの人々に示せ」と勧め（同16：21）、アブサロムは王がエルサレムで得た十人の妻たちの寝屋に入った。ナタンの預言中のダビデへの神の呪い、「あなたの妻たちを取って、隣びとに与えるであろう」（同12：11）が成就した。後に十人の妻たちは、二度とダビデに顧みられることがなかった（同20：3）。

アヒトペル老爺の王への憎しみはとどまることを知らず、一万二千の兵を得て、ダビデ軍に夜襲をかけるという、現実的な策略をアブサロムに持ちかけるが、間諜ホシャイが小勢で敗れれば却って敵を勇気づけるだけで、ダンからベエルシバまで（レバノン山の麓からネゲブ砂漠の入り口まで）の全軍で襲いかかるべきだといい、その理想案がアヒトペルを挫いた。イスラエル長老会議もそれを良しとした。「それは主がアブサロムに災を下そうとして、アヒトペルの良い計りごとを破ることを定められたからである」（同17：14）。

ホシャイは事を祭司、ザドクとアビヤタルに告げ、ザドクの子アヒマアズとアビヤタルの子ヨナタンが速やかにダビデへの密使として立てられた。二人は追手を振り払い馳せた。通報を受け、ダビデの軍は夜明けまでに全軍ヨルダン川を渡った（同17：22）。アンモン人たちとギレアデびとバルジライら裕福な世襲地保有者がダビデ軍の糧食を助けた（同17：27–29）。

他方、アヒトペルは、叛乱軍の壊滅を悟り、ロバに淋しく鞍をおき、ギロの町に戻り遺言してくびれ死んだ（同17：23）。

ダビデは軍民千人を、千人長と百人長に組織させ、軍長ヨアブ、その弟アビシャイ、傭兵隊長ペリシテ人イッタイの三人に分けて託した（同18：2）。

こうして民はイスラエルに向かって野に出て行き、エフライムの森で戦ったが、イスラエルの民はその所でダビデの家来たちの前に敗れた。その日その所に戦死者が多く、二万に及んだ。そして戦いはあまねくその地のおもてに広がった。この日、森の滅ぼした者は、つるぎの滅ぼした者よりも多かった。（同18：6―8）

最後は謎めいた表現だが、神が加勢したということだろう。

世襲地保有者たちの命運

アブサロムは騾馬に乗って逃げたが追撃され、樫の木の枝に引っかかって吊り下がったところを、ヨアブの槍に心臓を突かれて果てた（同18：9、14）。殺すなという王の下知に彼は従わなかった（同18：5）。子の死は、マハナイムに待機するダビデに告げられた。王は悲しんで門塔に引き籠ったが、ヨアブに諌められ、出て門前に座し兵たちをねぎらった（同18：33、19：8）。

イスラエルの民は各々の天幕に逃げ帰り、長老たちにダビデ王を迎えに行くように促したが、動かない（サムエル記下19：8―10）。そうこうしているうちに、王は祭司ザドクとアビヤタルに命じ、ユダの長老たちに迎えに来るように告げた。また子を殺されたことを恨み、ヨアブに替えて敵将アマサを軍長に迎えるべく差配した。かくして、王の帰還はなった。「そこで王は帰ってきてヨルダンまで来ると、ユダの人々は王を迎えるためギルガルにきて、王にヨルダンを渡らせた」（同19：15）。ダビデの王国は北と南の対立を抱えたまま推移する。

ダビデがマハナイムに落ちていくとき、激しく呪ったサウル家の一族、ゲラの子シメイは慌てて出迎え帰順した。王は「あなたを殺さない」（同19：23）と言って許したが、後に死の床で子のソロモンに呪いを託した。「しかし彼を罪のない者としてはならない。あなたは知恵のある人であるから、彼になすべき事を知っている。あなたは彼のしらがを血に染めて陰府に下らせなければならない」（列王紀上2：9）。

サウルの孫、あしなえのメピボセテ（サムエル記下9：6－8）の従僕ヂバが、息子や奴隷を従えて馳せ下って来た。彼はダビデの逃避行の際、糧食を助けたことがあった。ヂバたちはダビデ王家の者たちを助けて川を渡らせた（サムエル記下19：17－18）。ついで、主人のメピボセテが下って来た。

王が、なぜ同行しなかったのかとなじると、従僕ヂバが邪魔をしたのだと答えたので、王は世襲地をヂバと折半するように命じた（同19：24－29）。このように王に良くしたかどうかは、世襲地保有者の命運を決するのである。なぜならば古代王朝では、全土が王土だからである。一番功績のあったバルジライは、廷臣を乞われたが、高齢を理由に、一人の子を王に託してマハナイムへと去った。

優遇されるユダ族への憎しみ

ダビデがサウルの旧都、ギルガルに入ると、王の前で「イスラエルの人々」と「ユダの人々」の間に悶着が起きた。

イスラエルの人々が言うには、自分たちが王をヨルダン川で迎えたかったのに、ユダの人々に奪われた（同19：41）。だが、これは言い訳だ。ダビデに背き、アブサロム側につき、敗れて天幕に逃げ帰ったのは彼らだ。王を迎えに行こうと言っても、イスラエルの長老たちは動かなかった。明らかに彼らは、王の報復を恐れているのだ。そこで、「またダビデのうちにもわれわれはあなたがたよりも多くを持っています。それであるのに、どうしてあなたがたはわれわれを軽んじたのですか」（同19：43）といい、税も自分たちの負担が多いことを仄めかした。

しかし、ユダの人々の主張はよりはっきりしていた。「王はわれわれの近親だからです」（同19：42）。ということは、ユダの人々は近親の「ユダ家」の者として税負担を免れていた可能性がある。後のソロモンの王国では、十二人の代官の徴税地区にユダ地区だけが入っていなかった（列王紀上4：7－19）。やはり免除されていたのである。戸籍調査で、成人男性のイスラエルの人々は八十万、ユダの人々は五十万となり、両者の人口は拮抗しつつあった（サムエル記下24：9）。

ふたたび叛乱が起こった。首謀者は、ベニヤミン族でビクリの子、シバだった。彼は、「われわれはダビデのうちに分がない」（同20：1）と言った。イスラエルの人々は皆、ダビデを捨て、シバに従った。エルサレムに入ったダビデはアマサを呼び、三日の内にユダの全軍を集めるように命じたが、三日を過ぎてしまった（同20：4－5）。

アマサはもとアブサロムの軍長で、ダビデの軍長のヨアブの母ゼルヤの妹アビガイルの子、二人はいとこ同士（同17：25）だった。ゼルヤとアビガイルはダビデの女兄弟なので、ダビデからは二人とも甥にあたる（同19：13、歴代志上2：15－17）。

期日を過ぎたので、王はヨアブの弟アビシャイを召し、シバを追撃するよう命じた。アビシャイ兄弟の後に、三勇士（ヨセブ、エレアザル、シャンマ）とペリシテの傭兵たちが続いた（同20：7）。ギベオンの大岩で彼らはアマサに出会うが、ヨアブが親愛のふりをして近づき、口づけして刺し殺してしまったので、アマサの兵らはヨアブに従った（同20：9－10）。ヨアブは邪魔者は冷酷に消す。彼は古い土着の裕福な氏族の出身で、ダビデも懲罰できず（サムエル記下3：39）、死の床でソロモンに殺害するよう勧めている（列王紀上2：5–6）。

シバは北上して、ダンの西方アベル・ベテマアカに籠城した。アビシャイたちは土塁を築いて城壁を撃って崩そうとしたが、町から「賢い女」が派され、シバを殺すことで兵を退く相談が成ったので、シバの首は町びとたちに刎ねられ、城壁から投げ落とされた。叛乱は終息した（サムエル記下20：22）。

聖書は正義を語らない

二つの叛乱の後、王国を疫病が襲った。北のダンから南のベエルシバまで、合わせて七万人の民が死んだ（サムエル記下24：15）。列王紀は原因をダビデが戸籍調査を行ったからだと言い（同24：10）、歴代志は軍長ヨアブが二十歳以下の者を数えたからだと仄めかす。

> しかしダビデは二十歳以下の者は数えなかった。主がかつてイスラエルを天の星のように多くすると言われたからである。ゼルヤの子ヨアブは数え始めたが、これをなし終えなかった。その数えることによって怒りがイスラエルの上に臨んだ。またその数はダビデ王の歴代志に載せなかった。（歴代志上27：23–24）。

二十歳以下に人頭税を課してはいけない理由は前節で述べた。間引きや堕胎を促すからである。列王紀にはこの部分がないので、ヤハヴェがただ怒りを発して、「行ってイスラエルとユダを数えよ」

（サムエル記下24：１）とダビデに命じておいて、あとから「よくも数えたな！」みたいに彼をハメてから罰する話になってしまっている。

そこで列王紀を重んじて無理な解釈をすれば、ダビデはすでに預言者ではないので、人口を数えよという命令は実は偽の預言であった。ダビデ自身が欲して預言だと思い込んで行った、とする。そこで本当の預言者ガデがやって来て神の怒りを告げた。罰として三年の飢饉か、三か月の逃亡生活か、三日の疫病か、三つの中から選べという（同24：13）。そこでダビデは三日間の疫病を選んだ。

だが、ダビデは麦打ち場で民を打っている神の使いの幻を見てしまう。「わたしは罪を犯しました。わたしは悪を行いました。しかしこれらの羊たちは何をしたのですか。どうぞあなたの手をわたしとわたしの父の家に向けてください」（同24：17）。ということは、敵に追われ逃亡生活をする方を選ぶべきだったという、後悔である。

でもダビデは徴税目的の戸籍調査をしっかり果たした。「人は神の奴隷であり、人の奴隷ではない」という大テーゼから見て、徴税目的の戸籍調査はあきらかに正義に反するが、王国経営には仕方がないことだという常識がここでは勝っているのである。だから旧約聖書は「正義」を語らない。語っていたらその箇所の編集がヘンなのだ。

王位継承はシーソーゲーム

さて王は歳を食った。ここからは「列王紀」の記述である。

ダビデ王は年がすすんで老い、夜着を着せても暖まらなかったので、その家来たちは彼に言った、「王わが主のために、ひとりの若いおとめを捜し求めて王にはべらせ、王の付添いとし、あなたのふところに寝て、王わが主を暖めさせましょう」。そして彼らはあまねくイスラエルの領土に美しいおとめを捜し求めて、シュナミびとアビシャグを得、王のもとに連れてきた。おとめは非常に美しく、王の付添いとなって王に仕えたが、王は彼女を知ることがなかった。（列王紀上1：1–4）

人文的な私は、ササン朝ペルシャの『千夜一夜物語』や川端康成の『眠れる美女』を思い浮べるのだが、社会科学的な私は、中国の毛沢東や北朝鮮の金日成もそうだったなと、権力者に関するつまらない記憶をたどる。

王位継承は、ヘブロン生まれの第四子ハギテの子・アドニヤとエルサレム生まれのバテシバの子・ソロモンが候補であり、アドニヤ側には祭司アビヤタル（エリ家）と軍司令官ヨアブが付き、ソロモン側には預言者ナタンと祭司ザドク（ギベオン人）と三十人衆のベナヤが付いた（同1：6–8）。アドニヤ側は預言者がいないが、いざとなれば軍の後ろ盾が強い。それにヘブロン党の息子たちは、エルサレム党の息子たちよりも年上だ。ソロモンは少年だっただろう。だがソロモン側には王に油をそそぐ預言者が付いている。だからアドニヤは「自分のために戦車と騎兵および自分の前に駆ける者五十人を備えた」（同1：5）。アブサロムと同じく、叛乱の準備をしていたのである。そこをナタンに鋭く察知された。

アドニヤはヘブロン党の王子たち、王の家来たちを集めて、エルサレム近郊で宴を張っていた。その隙を突き、ナタンはバテシバを使嗾し（同1：13）、このままでは自分たちが謀反人にされてしまうと王に告げさせ、自身は軍長や祭司に「アドニヤ万歳」と叫ばせていると、王子の越権を王に告げ口した（同1：25）。

王は、直ちに命じた。「あなたがたの主君の家来たちを連れ、わが子ソロモンをわたしの騾馬に乗せ、彼を導いてギホンに下り、その所で祭司ザドクと預言者ナタンは彼に油を注いでイスラエルの王としなさい。そしてラッパを吹いて、『ソロモン王万歳』と言いなさい」（同1：33–34）と言った。こうして世継ぎが決まった。

18 エジプト経済圏に併呑されたソロモンの王国

……女婿ソロモンと舅ファラオ

預言者が出てこない不思議な時代

ダビデの不義の子ソロモンの治世、前十世紀の後半は、列王紀上、ならびに歴代志下に記されるが、その最も顕著な特徴は、預言者が一人も現れないことである。ダビデ王に仕えた宮廷預言者ナタン、ガド、ガデも姿を見せない。ナタンは記録だけをとっていたらしい（歴代志下9：29）。預言者だらけの旧約聖書では、あり得ないことである。

ではソロモン王が何のお告げに頼ったかと言えば、それは自身の夢見である。神はソロモンの「夜の夢に現れる」ことになっている（列王紀上3：5、歴代志下7：12）。

後の前六世紀の預言者ダニエルは捕囚で拉《ひ》かれて行き、バビロン王の巫覡長になったのだから、生きるためには「夢見」も仕方がないとみなされたらしく、彼の場合は、「夢を見、幻を得た」と巧みにぼかされている（ダニエル書2：19）。神の幻を見たというわけである。

だが本来、ユダヤ教では占い師同様、夢見は禁忌（エレミヤ書27：9-10）ではなかったか。「占い師は偽りを見、夢見る者は偽りの夢を語り、むなしい慰めを与える」（ゼカリヤ書10：2）と語られ、表向きは拒否されてきた。反対にフロイトがやたらと夢判断を行うのは、彼がユダヤ教系の無神論者だった証拠だ。ユダヤ教徒は預言者と先見者しか信じないことに寧ろ誇りすら抱いていた感がある。

本書の第4節で、「あまり勉強すると面白くないものになってしまうので、できるだけ理力と常識で書く」と宣言したように、筆者としてはわざと勉強しないことにして、どれくらい分かるかを、これまで試してきたのである。参考にした本の著者は、十人に満たないだろう。

専門家には軽々しい内容になったかもしれないが、私が聖書学やイスラエル史を勉強してしまったら、それはプロの学者だからやれるところまでは徹底調査するだろう。でもそんなものは一生をかけたわけではないのだから、鯛の尻尾、牛の尻にもとどかないではないか。それでは意味がないので、先見《プレシャンス》で色々と考えて、聖書の記録部分にシンクロして着地して歩いてみたのである。それでも、「なんかヘンだ」との迷いを拭いきれないのが、このソロモン王の時代だ。

マラマットとタドモールの『ユダヤ民族史』1（石田友雄訳、六興出版、一九七六年）で、「焦点が変わり、傑出した個人の伝記物語は、〝ソロモンの行為の書〟（列王紀上11：41）と呼ばれる年代記によって置き変えられた。……彼は、知恵文学記述者のサークルに属していたらしい。知恵文学（注、広義の知恵を主題とする文学形式）のイデオロギーは、伝統的に〝すべての人にまさって賢かった〟ソロモンの作とされる箴言の中に、最も明白に表現されている」（一七三―一七四頁）とあるのに従って「箴言」を読む。

すると、(1) 淫らな女を憎む者、(2) 正義を訴える者、(3) ソロモン王を賛美する者たちの連歌だと類型化できる。そんなに「知恵」はない。知恵はコヘレトの「伝道の書」の方が遥かに高尚だ。それは「消え去る時間」を惜しんでいるのである。

問題は「箴言」の(3)である。「王のくちびるには神の決定がある」（16：10）「王の心は、主の手のうちにあって、水の流れのようだ」（21：1）「わが子よ、主と王とを恐れよ」（24：21）のように、まるで王権神授説になっている。しかし、ダビデとは異なり「祭司王」でも「預言者王」でも、ソロモンはないのだ。ただの不義の子である。

つまりソロモン王代は預言者たちが王を遠巻きにし、王は夢見にだけに頼り、後世の者が王権神授だと持てはやした、ユダヤ教では破格の時代だということである。

何故か。それは、エルサレム神殿を造営するために、預言者は敢えて黙し、権威付けの王権神授の噂は巷間を流れ、民は王の課す苦役をひたすら耐え忍んだものとしか、筆者には思われない。

預言者ナタンはかつて次のように、言葉をダビデに告げた。

「あなたが日が満ちて、先祖たちと共に眠る時、わたしはあなたの身から出る子を、あなたのあとに立てて、その王国を堅くするであろう。彼はわたしの名のために家を建てる。わたしは長くその国の位を堅くしよう。」（サムエル記下7：12–13）

また、ソロモン関係の言説では、一か所、主の言葉が臨むところがある。これはダビデの預言の成就であり、ソロモンへの預言ではないので、召命とは言えない。よくぞやったというお褒めの言葉だ。

そこで主の言葉がソロモンに臨んだ、「あなたが建てるこの宮については、もしあなたがわたしの定めに歩み、おきてを行い、すべての戒めを守り、それに従って歩むならば、わたしはあなたの父ダビデに約束したことを成就する。そしてわたしはイスラエルの人々のうちに住み、わたしの民イスラエルを捨てることはない」。こうしてソロモンは宮を建て終った。（列王紀上６：11－14）

神殿造営にソロモンを立て、神も預言者も民も必死だったのであろう。ところが、筆者の見立てでは、この時代はイスラエルがエジプト経済圏に呑み込まれてエジプト化し、信仰が形骸化した時代でもあった。

王国を守るファラオの軍隊

まず弱小国の外交から見てみよう。

ソロモン王はエジプトの王パロと縁を結び、パロの娘をめとってダビデの町に連れてきて、自分の家と、主の宮と、エルサレムの周囲の城壁を建て終るまでそこにおらせた。（同３：１）

エジプトの王パロはかつて上ってきて、ゲゼルを取り、火でこれを焼き、その町に住んでいたカナンびとを殺し、これをソロモンの妻である自分の娘に与えて婚姻の贈り物とした。（同９：16）

このファラオは第二十一王朝の誰かだろうか、古代エジプト人は因果関係に関心がなく、歴史書を残さなかったのでわからない。碑文が残ればわかるが、これは次の第二十二王朝のリビア人の王、シシャク（シェションク一世）のエルサレム攻撃のような大遠征ではないので碑文も残らない。だから永遠にわからない。

わかることは、弱小国イスラエルが、強大国エジプト第二十一王朝のファラオの権威と権力を借りたということである。これは珍しいことではない。古代エジプトは他の王朝でも同様のことをやっているし、第一、世界史では普通のことである。ロシアの公国など弱いので、東ローマ帝国に降嫁を仰いだ。ローマ人名の公妃がモンゴルの侵略にあって焼き殺されている（「バツのリャザン襲撃の物語」『ロシア中世物語』筑摩書房、一九七〇年）。

その次のコマ（列王紀上9：16）の方が重要である。ここから次のことがわかる。

・古代イスラエルはもちろん近代のような主権国家ではないから、領土内に「まつろわぬ民」が飛び地のように存在していた。ゲゼルはカナン人の町だった。エルサレムの北西、アヤロンの谷近くにある。こんなに首都近くの町を落とせなかったソロモンの国家は、じつは中身がボコボコだったことがわかる。

・ファラオはゲゼルを落として娘の婚資にした。どこから攻め上ったのか。首都タニスからだとすれば大遠征になるから碑文に残る。ついでに隣のエルサレムに攻め込まなかったのは、盟約がしっかりしていた証拠である。ここで本書第8節の「ガザはパレスチナの遼陽だ」という、地政学的な要衝ガザが思い起こされる。

・古代エジプト第十八王朝はヒクソスのような異邦人に征服されることを恐れ、要衝ガザに兵員と輜重、糧食を溜めて、ここを本土防衛のための軍事基地とした。

・第十九王朝と第二十王朝では、クレタを中心とするエーゲ海の「海の民」が押し寄せた。第二十王朝のラムセス三世（前一一八六―前一一五五）は彼らの本土侵入を阻止することには成功したが、パレスチナへの広範な浸透を阻止することはできず、カナン定着を認め、ガザを本土不可侵の交換条件として明け渡したのだった。これが、次の時代にヘブライ人の仇敵となるペリシテ人たちの起源だ。ここでもう一つのコマを添えたい。

・南ユダ王国第十代の癩王ウジヤ（別名アザリヤ、前七八三―前七四二）のガテ・ヤブネ・アシドドの戦いの記録がある。「彼は出てペリシテびとと戦い、ガテの城壁、ヤブネの城壁およびアシドドの城壁をくずし、アシドドの地とペリシテびとのなかに町を建てた」（歴代志下26：6）。ダビデはペリシテ人を圧倒し、彼らはガテ・ヤブネ・アシドドの西の海辺の町々に押し込められたのだろう。これにギベトンをくわえたものが、ペリシテ領だ（列王紀上15：27、16：15）。逆を言えば前八世紀までに全滅させられなかったということであり、ここもソロモン王国内の異民族の飛び領地であった。

空いたガザはどうなったのか。ここに再びエジプトの軍事基地が置かれ、この軍がゲゼルまで直線で約七十キロ、東京から茨城くらいの距離を攻め上ったものと思われる。降嫁と盟約とによって結ばれたファラオが、じつは脆弱な統一王朝の首都を脅かすカナン人を排除し、エルサレムを守ってやったということである。

つぎの第二十二王朝で盟約は無効となり、初代のファラオ、シシャクはパレスチナ遠征を敢行した。碑文が残されているが、ガザ、アヤロン、ギベオン、エルサレム、ベテシャン、メギドなど、主要都市が軒並み破壊と略奪に遭った。

パレスチナや朝鮮半島のような「廊下」の地形では、地政学的に安定した国家運営は望めない。不安定な弱小国が繁栄したとしても、それはつかの間のことにすぎないのである。

「廊下国家」の経済的繁栄

そして「廊下国家」が繁栄するとすれば、それは中継貿易の賜物であろう。

ソロモンが馬を輸入したのはエジプトとクエからであった。すなわち王の貿易商はクエから代価を払って受け取ってきた。エジプトから輸入される戦車一両は銀六百シケル、馬は百五十シケルであった。このようにして、これらのものが王の貿易商によって、ヘテびとのすべての王たちおよびスリヤの王たちに輸出された。（同10：28–29）

ここでヘテびとと言っているのは、新ヒッタイトのハマテ（現シリアのハマー）とかゾバのことである。これにシリアを加え、北方諸国にクエ（キリキア）の馬とエジプトの戦車を売った。まさに中継貿易である。これがエジプト第二十一王朝との盟約の具体的な基礎であったものと思われる。ソロモン自身のチャリオットはたったの千四百輌しかなかった（同10：26）。

馬や戦車を何に積んで運んだかというと、キリキアのタルシシから買い取った船団であった（同上10：22）。タルシシは、後に預言者ヨナが神の召命から逃れようと船で向かった港（ヨナ書1：3）、また新約聖書のパウロの出身地タルソスのことである。今のトルコ南部、ここととエジプトをソロモンの船団が行き来していた。

また、エドムの地の海辺、つまりアカバ湾のエジオン・ゲベル（エイラト）にも良港を持っており、南アラビアとの交易も行っていた（歴代志下8：17）。シバの女王との逸話はそこから生まれたのだろう。

フェニキアのツロ（現レバノンのテュロス）とは密接な関係を結び、ツロのヒラム王に余剰農業生産物を供給し、見返りに建築用の香柏や杉材を受け取った。

ソロモン王はイスラエルの全地から強制的に労働者を徴募した。その徴募人員は三万人であった。ソロモンは彼らを一か月交代に一万人ずつレバノンにつかわした。すなわち一か月レバノンに、二か月家にあり、アドニラムは徴募の監督であった。（列王紀上5：13–14）

神殿と王宮の造営のための材木を切り出すためである。重労働で反乱の種になりそうだが、こういうのは熟練の者が給与を得てするのが古代の常識である。残忍なモンゴルでも技ある者は殺さなかった。古代回帰した北朝鮮でも、海外に派される出稼ぎ労働者は優秀な者が多く、アフリカで独裁者の銅像や巨大建築物を作っているのは、労働英雄のエリートたちばかりである。

神殿・宮殿の造営で疲弊

ツロと新ヒッタイトの諸国を通じて、ソロモンはキプロスの銅を手に入れ、ツロからは金を買った。銅は主としてエルサレム神殿に用いられ、本殿と祭壇には金箔が張られた。モーセ以来の悲願では青銅張りの祭壇だったが、少し贅沢をしたものか。海のレリーフ、柱、器の青銅はシリアからの分捕り品によるらしい（歴代志上18：8）。神殿の建築には七年かかり、王宮には十三年かかった。

神殿は、ダビデがエブスびとアラウナ（歴代志ではオルナン）から買いとった麦打ち場に建てられた（サムエル記下24：18、歴代志下3：1）。その近くに宮殿が設けられ、「玉座と裁きの広間」の後ろの別の庭に住居を作り、広間と同じ建物にした（列王紀上7：7–8）。会見の幕屋と神の箱は、ダビデの町シオンから「祭司とレビびと」（同8：4）に担がれて移された。

ソロモンはファラオの娘をシオンから連れ上って、彼女のために建てた家に入れて言った。

「主の箱を迎えた所は神聖であるから、わたしの妻はイスラエルの王ダビデの家に住んではならない」。（歴代志下8：11）

だが、もう住んでいる。引用文は歴代志下に唐突に入ってくるから、おそらく当時の巷間の不評の謂いであろう。異教徒のファラオの娘の住居は神殿に近すぎた。異教徒の女は異教の神々を持ち込むので忌まれるのである。

ソロモンはエルサレムで祭儀を執りおこなう祭司の組織を新たに作った。

ソロモンは、その父ダビデのおきてに従って、祭司の組を定めてその職に任じ、またレビびとをその勤めに任じて、毎日定めのように祭司の前でさんびと奉仕をさせ、また門を守る者に、その組にしたがって、もろもろの門を守らせた。これは神の人ダビデがこのように命じたからである。祭司とレビびとはすべての事につき、また倉の事について、王の命令にそむかなかった。（同8：14–15）

「神の人ダビデ」はここが初出で、ダビデ崇拝のように見える。エルサレムの祭司集団は彼らが中心となり、祭司ザドク集団は以後、記録から姿を消してしまう。

19 大国幻想で疲弊するソロモン時代

……ソロモン王国の衰退と異教の蔓延

深刻化する国内の対立

ダビデの王朝が、ソロモンの二代で滅びたのは成立の経緯を思い起こせば、無理からぬことであった。ダビデが王位につくまでのユダ族は、北の「イスラエルの民」から「ユダの犬」と侮蔑される人口的にも劣勢な混合部族だった。

それがダビデにより「ユダの家」「王の近親」と誇称するまでに至れたのは、あくまでもダビデのパワーとフォース、それと税制の恩恵による。ヨアブの人口調査では、成人男性のイスラエルの民は八十万、ユダの民は五十万と数えられた（サムエル記下24：9）。

ユダ族は北方と拮抗するまでに成長したが、それをさらに押し上げたのがユダ族のみに特権的な差別税制であった。ソロモンの王国では、十二人の代官の徴税地区にユダ地区だけが入っていなかった（列王紀上4：7–19）。ユダ族ははじめから優遇されていたのである。

こうした優遇と差別が、アブサロムの乱において、南北が相争う不吉なくすぶりとなって顕在化し、アブサロムに付いて敗れたイスラエルの人々のさらなる不利を助長したことは想像に難くない。次代のソロモン王は神殿造営の強制労働を北のイスラエルの民にのみ課し、南のユダの民には課さなかった。

ソロモンにはまた荷を負う者が七万人、山で石を切る者が八万人あったほかにソロモンには工事を監督する上役の官吏が三千三百人あって、工事に働く民を監督した。王は命じて大きい高価な石を切り出させ、切り石をもって宮の基をすえさせた。（同5：15–17）

神殿造営を終えると、今度は都市の土木工事にイスラエルの民を徴用した。

ソロモン王が強制的に労働者を徴募したのはこうである。すなわち主の宮と自分の宮殿と、ミロとエルサレムの城壁と、ハゾルとメギドとゲゼルを建てるためであった。（同9：15）

ゲゼルはファラオの娘の婚資の町であった。

もはや南北の地位が逆転し、イスラエルの民は奴隷一歩手前だった。「しかし、イスラエルの人々をソロモンはひとりも奴隷にしなかった」（同9：22）と、言われる存在にまで落ちぶれたのである。奴隷には、アモリびと、ヘテびと、ヒビびと、エブスびとの異民族の「残った者」（同9：20）が当てられた。残ったというのは、順にカナン人の子孫、ヒッタイト人の子孫、ギベオン人にならなかったヒビびと、エルサレム陥落でも帰順しなかったエブスびとのことで、総じてユダヤ教を受け入れなかった「残った者」を奴隷化し、重労働に従事させたのだった。軍の賦課は弱小国なので実は大したことはない。

ソロモンは戦車と騎兵とを集めたが、戦車一千四百両、騎兵一万二千あった。ソロモンはこれを戦車の町とエルサレムの王のもとに置いた。（同10：26）

常備軍一万二千などというのは、李氏朝鮮とほとんど同じくらいである。これでは絶対に外敵は防げない。単独で防ぐことをはじめから諦めている兵力である。それよりも、これらを収める町々の建設・土木の方が重かった。

身の丈に合わない財政支出

ソロモンが持っていた倉庫の町々、戦車の町々、騎兵の町々ならびにソロモンがエルサレム、レバノンおよびそのすべての領地において建てようと望んだものをことごとく建てるためであった。（同9：19）

倉の町というのは、本書第16節の経済部門の「王のしもべたち」の職名表が参考になる。「王の倉」「田野、町々、村々、もろもろの塔にある倉」、「ぶどう酒の倉」「オリーブ油の倉」（歴代志上27：25–

31）の所在地のことであろう。「レバノンの領地」と、あるので、レバノンの森の別荘（列王紀上７：2）、香柏と杉材を切り出す森、バアルハモン（カルタゴの主神の地名）のぶどう畑（雅歌８：11）などの飛び領地をもっていたことも分かる。古代の王国は近代の主権国家ではないので、あちこちの他国内に飛び領地をもつのである。

神殿と宮殿の原料資材の支払いができず、ソロモンがツロの王ヒラムにカブルの地（ガリラヤの二十の都市）を、住民ごと割譲して負債を清算した、逆の飛び領地の例もあった。

ツロの王ヒラムがソロモンの望みに任せて香柏と、いとすぎと、金とを供給したので、ソロモン王はガリラヤの地の町二十をヒラムに与えた。（列王紀上９：11）

結局ソロモンの王国は、小国の身の丈に合わない支出で疲弊していくのである。王と貴族の共同会食も豪勢だった。

さてソロモンの一日の食物は細かい麦粉三十コル、荒い麦粉六十コル、肥えた牛十頭、牧場の牛二十頭、羊百頭で、そのほかに雄じか、かもしか、こじか、および肥えた鳥があった。……そしてそれらの代官たちはおのおの当番の月にソロモン王のため、およびすべてソロモン王の食卓に連なる者のために、食物を備えて欠けることのないようにした。（同４：22－23、27）

ソロモンの後宮も小国の王には豪奢にすぎた。

ソロモン王は多くの外国の女を愛した。すなわちパロの娘、モアブびと、アンモンびと、エドムびと、シドンびと、ヘテびとの女を愛した。……彼には王妃としての妻七百人、そばめ三百人があった。その妻たちが彼の心を転じたのである。ソロモンが年老いた時、その妻たちが彼の心を転じて他の神々に従わせたので、彼の心は父ダビデの心のようには、その神、主に真実でなかった。（同11：1、3－4）

ソロモンは、シドンの女神アシタロテ、アンモンの神ミルコム、モレク、モアブの神ケモシなどの祈祷所として、エルサレムの東の山（オリーブ山）に高き所を築き、香をたき、犠牲をささげたという（同11：5－8）。ソロモン王代の特異性は、このような有様になっても、預言者一人、神の使い一人として神の言葉を告げに現れなかったことである。つまり誰も王を脅しには来なかった。神は彼の夢にのみ現れた。

「これがあなたの本心であり、わたしが命じた契約と定めとを守らなかったので、わたしは必ずあなたから国を裂き離して、それをあなたの家来に与える。しかしあなたの父ダビデのために、あなたの世にはそれをしないが、あなたの子の手からそれを裂き離す。ただし、わたしは国をことごとくは裂き離さず、わたしのしもべダビデのために、またわたしが選んだエルサレムのために一つの部族をあなたの子に与えるであろう」。こうして主はエドムびとハダデを起して、ソロモンの敵とされた。彼はエドムの王家の者であった。（同11：11–14）

このように、最後に神はソロモンの王国を見限った。

筆者の見立てでは、弱小国イスラエルは強大国エジプトの経済圏に呑み込まれた。ダビデの頃の強い統一国家は忘れられ、国内には従わない都市が点在した。軍備は外敵を防御できるレベルではなく、代わりに降嫁と盟約でファラオの軍事支援を仰ぐ形をとった。経済はエジプトとの中継貿易によりつかの間の繁栄を享受したが、大国並みの神殿・宮殿造営で疲弊し、強制労働を都市の土木建設にまで広げたため、北の民と異民族に過重な労働を強い、国内対立は激化した。さらには大国を模倣するような過剰な宮中の濫費を繰り返し、王は食と色におぼれ堕落していった。異教の偶像神は息を吹き返し、ヤハヴェ信仰は忘れられた、というのがソロモン王代である。

「祭司とレビびと」の起源

預言者が一人も現れないのも奇妙だが、祭司の方もユダヤ教において破格である。後継の時に敵方に付いた、シロのエリ家のアビヤタルがアナトテに追放され（同2：26–27）、後にはギベオン出身の祭司ザドク集団が残ったはずだが、ソロモン王代には彼らも記録からまったく姿を消す。代わって登場するのが、「祭司とレビびと」の集団であった。これらはもちろん、古い時代からの由緒ある人々ではなく、ダビデ時代にエルサレムに集まってきた祭司と新しいレビびとのことである。前節の引用箇所を再引用する。

ソロモンは、その父ダビデのおきてに従って、祭司の組を定めてその職に任じ、またレビびとをその勤めに任じて、毎日定めのように祭司の前でさんびと奉仕をさせ、また門を守る者に、その組にしたがって、もろもろの門を守らせた。これは神の人ダビデがこのように命じたからである。祭司とレビびとはすべての事につき、また倉の事について、王の命令にそむかなかった。（歴代志下8：14－15）

これはこういうことである。つまり、ダビデの不義の子であり、かつ少年で即位したソロモン王にはそもそも権威もカリスマもない。あったのは、軍長ベナヤを使い、アドニヤ、ヨアブ、シメイを次々殺害したような狡智である。そこで父王を「神の人ダビデ」という風に高め、その子として自らを権威化したのである。そしてダビデを称揚する祭司を集め、その下僕としてレビびとをつのり、ダビデ崇拝の集団を作って組分けし組織化していった。さらには祭司たちに「倉の事」すなわち財政を担わせ、レビびとには近衛を命じ、ともに権力化したのだった。そしてこれら祭司たちは「アロンの子孫」に仮託された。

この過程で祭司ザドク集団は弱小化して後方に去り、「祭司とレビびと」集団は拡大していった。そしてエルサレムだけでは彼らを食わせられないほどになったので、余った人員を地方神殿の祭司や世襲地保有者のレビびとの下に送り込む形で散らしたものであろう。

彼らは分裂後の北イスラエル王国で、「レビの子孫でない一般の民を祭司に任命した」（同12：31）ヤラベアム一世によりぜんぶ追放され、地方神殿の祭司や世襲地保有者のレビびとも排斥された。エルサレムの「祭司とレビびと」はそのまま残った。

そこで、「イスラエルの全地の祭司とレビびとは四方の境から来てレハベアムに身を寄せた」（歴代志下11：13）とあるように、食うために困って南ユダ王国のソロモンの息子レハベアム王のもとに集まってきた。その過程をぜんぶ纏めるとこうなる。

すなわちレビびとは自分の放牧地と領地を離れてユダとエルサレムに来た。これはヤラベアムとその子らが彼らを排斥して、主の前に祭司の務をさせなかったためである。ヤラベアムは高き所と、みだらな神と、自分で造った子牛のために自分の祭司を立てた。（同11：14–15）

マラマットとタドモールの『ユダヤ民族史』1は、「この政策（注、ソロモンの対祭司政策）は、土地を所有しないレヴィびとを王の官僚の特権階級に変え、全国の行政的中心都市に配属することを狙った、と指摘されてきた」（一七八頁）と、やんわりと纏めるのだが、私の見立てでは、官僚でも特権階級でもない。

権威も権力も弱いソロモンが、父ダビデを「神の人ダビデ」と高めて、エルサレムでダビデを慕っていた祭司と土地持ちでないレビびとを集めて、ダビデ崇拝の集団を組織化し、財務と近衛の役割を担わせて権力化した。こうして既存の権力だった祭司ザドク集団を無力化し、ソロモンは神の人の子として自身を権威化した。

だが、グループに入ると食えるからか、血縁者を呼び寄せたものか、ダビデ崇拝の集団は肥大化し、エルサレムでは食わせきれなくなった。そこで地方神殿の祭司や土地持ちのレビびとに送り込んで人員整理をした。

ソロモンが死に王国が分裂すると、北イスラエル王国のヤラベアム一世は祭司を一般人に代え、北全地の祭司とレビびとを排斥した。北イスラエルの土地持ちのレビびとも迫害され、土地を離れて南ユダ王国のレハベアム王の下に集まってきた。——と、こういうことなのではないかと思われる。

ソロモン王という人について

私の先見《プレシャンス》でどれだけ読み解けたかは定かでないが、専門の東アジアでいわば「古代慣れ」しているので、研究のための試論にはなるかもしれない——と、いうことを前提にしても、ソロモン王の時代が古代イスラエルにとって、あるいはユダヤ教にとって、大変特異な時代であり、その特異さの多くがソロモン個人の奇異な資質によるものであることは、やはり否めないと思われるのである。

浮かんでくるのは、時の虚しさを知る、物の分かった、狡智にたけた人。小国コンプレクスの塊、刹那的快楽主義者。父、母ほどには美しくなく、でも両親の不義の悪名には苦しんだので、ああはなりなくないものだと思っているような人。

旧約聖書では、「ダビデの子、イスラエルの王ソロモンの箴言」から始まる「箴言」、「ダビデの子、エルサレムの王である伝道者の言葉」だという「伝道の書」、冒頭に「ソロモンの雅歌」とある「雅歌」が、彼の作と言われている。彼らしいものに敢えて順番をつければ、「伝道の書」「雅歌」「箴言」の順になるのではないかと思われる。「雅歌」は、

気高いおとめよ
サンダルをはいたあなたの足は美しい。
ふっくらとしたももは
　たくみの手に磨かれた彫り物。
秘められたところは丸い杯
　かぐわしい酒に満ちている。（新、雅歌7：2–3）

などと歌い、まるで「艶歌」のようである。ソロモンは間違いなく快楽主義者で、先見者だ。

20 南方異邦人たちに誤解された神

……ヨブとバラムの物語

再びユダヤ教の神について

本書第8節で、ユダヤ教の神について分かったことを纏めておいた。それは、ヤハヴェは人格神であり、貧乏人の神・いくさ神・子宝神だということだった。債務奴隷、寡婦、孤児、寄留者などの貧乏人に優しく、戦争を勝利に導き或いは敗北をしらせ、篤信の女には子を授けたりする。そもそも民が産み増えることは嬉しいことで、天の星のようにしてあげると言う。彼は親切なのだ。だが、背信は許さない。主従関係は絶対的だ。そこで本節では、背信を許さなかった場合、ヤハヴェはどのようなことをするかについて纏めておこう。

まずヤハヴェは、人が強情だったり、非常識だったり、逆らったり、契約やテーゼを含めて「約束」を破ると怒る。怒ると、即効性のある罰を下したり、時限爆弾のように後で成就する呪いをおくったりする。逆らったモーセの姉ミリアムには即効性の癩をおくり肌を雪のようにし、強情なサウルや聖所を穢したエリ家は呪いの時限爆弾で滅ぼし、人妻を奪ったダビデには、まずバテシバとの初子を罰で殺してから、王家同士の殺戮の時限爆弾をしかける。テーゼを破った徴税のための人口調査では、三種類の罰から選ばせたりする。でも役に立つことは、結局いつも許すのである。

　ミリアムと一緒に逆らったアロンの方は残し、ペリシテ人と戦うために王を立てることを許し、国を維持するためには徴税も許した。差別税制であることなどは全然問わない。ベテルのピネハス一族がダメだと、エリ家といつの間にか祭司契約を結んでいたりし、ダン族など祭司家の維持力が高いと偶像合祀も許してしまう。「常識！　謙虚！　確約！　順守！　有用性！」と叫んでいると、立派な「神の奴隷」になれそうな気がする。でも人が従えないことを彼は十分知っているので、罰を下したり、呪いをおくったりするのであろう。

「正義」は決して語らない。正義は全能（秀才の場合は万能）を要求するから、できないことはないという嘘をつくことになり、「正義」に固着すれば現実社会に役立つものを取りこぼし、先見を曇らせる機会を増やす。それで失敗しても、全能の看板が下ろせなければ、反省しないから強情になる。人間の強情を許さないはずのヤハヴェが、はじめから強情だったとすれば、人間を罠にハメまくっていることになってしまう。だから彼は正直に後悔する。

　本書第11節「全能の神は後悔する神だった」で述べたように、後悔させないようにしようと、「サムエル記上」の編集をした後世の編纂者たちは、正義漢の嘘つきを演じてしまったというわけである。「神の正義」「全能の神」がほしかったのだろうが、そういう神はこちら側にはいないのである。

南方の契約の民の物語

　この視点で聖書を読むとき、突出しているのが「ヨブ記」である。「全能」という語が三十一回も出てくる。比較すれば創世記七回、出エジプト記一回、民数記二回、ルツ記二回等々である。おまけに、ヨブ記ではすべて「全能者」(エル・シャッダイ)の語中にあり、神が全能者であることを三十一回も繰り返すのである。当然ここの記述者は、「全能の神」、「神の正義」を語りたいのだ。

もう一つヘンな章がある。民数記の二二章から二四章の「バラクとバラムの物語」だ。この章はモーセの率いるイスラエルの民がアモリ人の王シホンを破り、アンモン人との境まで及んだ次に出て来る。先の民数記の二回の「全能者」(エル・シャッダイ)もここだけに出て来る。私の直観では、ここ とヨブ記の二か所が、旧約聖書の全体の記述からどうしても浮いているように感じられてしまうのである。

まず両者の共通点を言うと、出て来る預言者がヘブライ人ではない。ヨブはウヅのひとというから、エドムびとである。民数記の方の預言者バラムは、ユーフラテス川の畔にあるベネー・アンモー(彼の民の国、口語訳ではアンモンびと、新共同訳ではアマウ人と記す)出身であった。ミデヤンびとのモアブ王バラクに、山々に囲まれた盆地に宿営するイスラエル勢を呪ってくれと頼まれる。

ヘブライ人ではない、ヤハヴェが召命した預言者はたしかに他処にも出てくる。第2節で述べたように、契約の民は複数いるのだ。モーセの妻、チッポラが「血の花婿」の契約でモーセを救ったように、ミデヤンびとがそうである。だが、こちらの方は預言者が旧約本文中には出てこない。本文に出て来るのは、レカブびとのヨナダブという預言者だけだ(列王紀下10章、エレミヤ書35章)。

ヨブ記の登場人物もまた南方の人ばかりである。ヨブの友人三人は何処の地方か分からない。若者エリフはブズびとなのでウヅびとヨブの兄弟民族(創世記22:21)で、名前だけがヘブライ語だ。「バラクとバラムの物語」の方も、モアブの長老やミデヤンびとの長老とバラク王が登場し、バラムの最後の託宣に出て来る地名が、モアブ・エドム・セイル、民族名がアマレク・ケニであるから、ヘブライ人居住地の最南端、ベエルシバよりもさらに南の異邦人ばかりである。

ここにユーフラテス河畔からさらに異邦人の預言者を呼ぶというのは、どう考えても聖書では常軌を逸している。私がここで「人」と「びと」を分けて使っているのは、比較的大きくて統合力のあると思われる民族にだけ「……人」を当てている。これらの物語が一層不自然なのは、両者の送ったりもらったりする神の「陰険な気」が、何の罪咎のないものに向けられたり、向けられようとしている理不尽さである。

付け足しの預言者たち

ヨブは何だかよく分からないが、ここに十一回も出て来るサタン（他は「歴代志上21：1」、「ゼカリヤ書3：1―2」の三か所しかない）の入れ知恵で、神から皮膚病（新共同訳）だか腫物（口語訳）だかを送られる。たぶん古代ギリシア人を悩ませた虱症（シラミが全身に卵を産み皮膚が破れる）ではないかと思われる。ディオゲネス・ラエルティオスの『ギリシア哲学者列伝』（邦訳、上中下、加来彰俊訳、岩波文庫、一九八四―一九九四年）によく出て来る、不潔な乾地の死病である。

またヨブ家にはシバびと（南アラビア）やカルデヤ人（ペルシャ湾付近）が襲来し、家産を掠奪される。カルデヤ人と言えば、バビロニヤ人ではないか。そんなにバビロンに近いところなのか。さらにヨブ家は嵐で倒壊して、息子も娘も死んでしまう。人も寄りつかなくなる。で、神に一体どうしてなのか、返事してくださいと、切に願う。

願いが聞き入れられて、三八章一節でようやく神が応える。これでヨブは預言者となった。言葉が下ったからである。さらに四二章の五節では神を見てしまう。モーセ、サムエルにつぐ神の現前だから、当然この後は強力なフォースの預言者となって活躍するはずなのだが、そうはならない。もとの二倍の金持ちになって終わるだけだ。ヘンな話だ。全能で正義のはずの神が無辜の民を苦しめ、民はひたすら恭順だったので最後にみそなわされて大金持ちになったという話で、預言者の召命は付け足しに終わっている。

民数記の「バラクとバラムの物語」の方は、モアブとミデヤンの長老たちがユーフラテス川の畔に派されて、預言者バラムにバラク王の「イスラエル軍が迫って来るので呪って滅ぼしてください」という依頼を告げる。

神はバラムに言われた、「あなたは彼らと一緒に行ってはならない。またその民をのろってはならない。彼らは祝福された者だからである」。（民数記22：12）

それで、バラムは使者を返す。

バラクがもっとえらい家臣をおくって、優遇するから来てくれというと、

夜になり、神はバラムに臨んで言われた、「この人々はあなたを招きにきたのだから、立ってこ

の人々と一緒に行きなさい。ただしわたしが告げることだけを行わなければならない」。（同22：20）

だが、翌朝バラムがロバで出かけると、神は彼が行ったことで怒り出し、神の使いをおくって抜身の剣で道を邪魔する（同22：22）。話がじつに理不尽だ。これでは「物のわからない人」サウル王に続く、「物のわからない神」になってしまうだろう。

異邦人のヤハヴェ讃歌？

バラムはアルノン川でバラクの出迎えを受け、これから三回山に登って、イスラエルの軍勢を見させられた。バモテバアルで一回、燔祭をささげてから、バラムはバラクを置いてはげ山にのぼり、「神がバラムに会われた」（同23：4）。彼も神の現前だから強いフォースの預言者である。二度目は、ピガスの頂からの眺望で、また燔祭した。三度目はペオルの頂からの眺望で三度燔祭をささげ、バラムは三度託宣を述べた。三度ともイスラエルの民を祝福するものであり、呪うものではなかったのでバラクは大いに怒った（同24：10）。

一度目の託宣の要所、

「イスラエルの無数の民を数え得よう。
わたしは義人のように死に、

わたしの終りは彼らの終りのようでありたい」。（同23：10）

二度目の託宣の要所、

「神は人のように偽ることはなく、
また人の子のように悔いることもない。
言ったことで、行わないことがあろうか、
語ったことで、しとげないことがあろうか。
祝福せよとの命をわたしはうけた」（同23：19–20）

三度目の託宣の要所、

「彼らの王はアガグよりも高くなり、
彼らの国はあがめられるであろう。」（同24：7）

記述者が一体何を言いたいのかと言えば、「神は後悔しない。神は全能である。わたしは神の正義を信じる寛大な人でありたい。イスラエルの王はアマレク人のアガグ王よりも偉くなり、イスラエルは諸国民から崇められるだろう」と、なる。

要するに、ヨブ記と同じく南方異邦人がヘブライ人になり替わり、神の全能と正義をたたえ、ソロモン王に対してひざまずき、イスラエル讃歌を書き綴ったということであろう。ここでも、威力ある預言者は付け足しに終わっている。こういうことは聖書の他処ではあり得ないことである。

私はこういう文章を読むと、専門の北朝鮮の次のような詩を思い浮べてしまう。

偉大な同志金日成同志は／永生するオボイ（親）／恩恵の解放者／鋼鉄の霊将／我らは歌うよ／四月の賛歌を／御方の偉大性を／おお、偉大な太陽よ（ガーナ人クワシガ・アグベコ「恩恵の太陽」『労働新聞』一九八八年七月二十一日付、二面）

これは北朝鮮が得意とする、「我々だけでなく、外国人までもがそう言っている」という異邦人をダシに使った自賛のプロパガンダである。こんなものばかり読み続けてきたので、ヨブ記と民数記の「バラクとバラムの物語」もこれではないかと、疑ってしまう。「南方の信徒たちは、こんなにも全能の神ヤハヴェに仕え、イスラエルを讃えております！」と、読めてしまうのである。

ヨブ記の記述者はさらに一枚上手で、神を呪うことは神妙に避けているが、預言者ギデオンのように神を疑うことはする。『神がわたしをしえたげ、その網でわたしを囲まれたのだ』と知るべきだ」（ヨブ記19：16）と、ヨブは呻く。ここも神の全能を信じる異邦人エドムびとのけな気さがよく出ている。

近代以後は理力で覚知する

こんなことを書いていると、ユダヤ教やキリスト教の篤信家たちは怒り出すかもしれない。だが、私は瀆神者ではないので問題ないのである。ただ、こちら側にいる人格神はすべて向う側から付けられたマーカーだと思っているので、もっと向う側の神を覚知しようとしている。

私は母語である日本語によってしか言語自体の思考的意味を探ることができない。外国語は知識としては参考にできる。沢山学べば学ぶほど言語のマーカーは増えるだろう。それでも自分の使用言語は日本語であるから、これを用いて向う側の言語の根拠を覚知するしかすべがない。同様の探究をいま私はユダヤ教とキリスト教について行っている。

神道の神というのは人間に親切だから、ユダヤ教の神も親切かと探ったところ、やはり親切だった。産めよ増えよという。それに加え、「大いなるものの情け」を下す。これが「義」(ツェーダーカー)の本義だろう。

だがヨブ記の神は親切心に欠け、意地が悪い。「バラクとバラムの物語」の神は、「イスラエルの民は祝福されているから呪うな」という。普通は、「彼らはあなたがたをことごとく撃つであろう」と、警告するのである。これがいくさ神・ヤハヴェの情けである。だからここの二か所の神はどこかヘンだ。あらかじめいた別の神の上に、ヤハヴェが被さったようになっている。その下にいる「神」は全然「義」ではないのである。

浅野順一『ヨブ記』(岩波新書、一刷一九八六年、十九刷二〇一六年)を私も読んだ。ヨブ記の知覚的意味を感得すべく人格を整えていく過程が感動的だった。だが、深読みの近代はすでに終わったのだ。

ドイツ観念論の「普遍」のバリヤーは壊れ、向う側が広く空けた今、直観と超越の理力を用い思考的意味を探らなければ、あらゆる知的な試みは無力になってしまうことだろう。

[コラム2] 生活の中から宗教を考えてみよう

私は社会科学で分かる、当時の社会の生き生きした動態のことを「生活態」(本書二九八頁)と呼んでいるのだが、ユダヤ教の生活態がよくわかる本として、ショレム・アレイヘムの『牛乳屋テヴィエ』(西正彦訳、岩波文庫、二〇一二年)をよく人に勧めている。

ウクライナの貧乏人テヴィエ氏は、キエフの金持ちの別荘から馬車で帰宅中、森のなかで二人の娘を助けてボルカヤへ向かい、娘たちの親から小銭を与えられ、それで株をやって儲けて牛乳屋を大きくした。

長女ツェイトルを金持ちの嫁にと思っていたが、仕立屋に取られ、次女ホルダは革命家と恋に落ちてシベリア監獄付近へと去り、三女ハヴァは異教徒に嫁に取られ、四女シュプリンツァは身分違いの恋で捨てられて自殺、五女ベルイカは成金と一緒になったが、破産してアメリカに逃亡、比較的平穏だった長女の夫も死んでしまう。だがこれらの婿たちは、みんなテヴィエ氏自身が家に連れてきた者たちだった。晩年、テヴィエ氏は一九二〇年代からのユダヤ人迫害に遭い、町を追われる。

何をやっても不幸な人生で、日々は「えげつない事」の連続だが、いつも大いなるものの情けに包まれ、無知・無明からは逃げては捕まり、捕まっては逃げるような生活態である。窮地で氏は、「神よ、わたしをお救い下さい。大水が流れて来て、わたしの首まで達しました」という、詩篇六九篇一の誦句を口にするのだが、私には喉元どころか、骨身に沁みた。

私は快楽主義者なので、エピクロスの「もし神が人間の祈りをそのまま聴き届けていたならば、人間はすべて、とっくの昔に亡びていたであろう。というのは、人間はたえず、たがいに、多くのむごいことを神に祈ってきているから」（エピクロス『教説と手紙』「断片」その二、58）というほうが本当だなと思うのだが、それでも毎日が苦しいので、「神さま！」と心のなかで叫んでいる。エピクロスもマルクスが無神論の唯物論者のように扱うのはウソで、「神は確かに存在している」（「メノイケウス宛の手紙」、I－1）と、言っている。

テヴィエ氏らユダヤ教徒はときどき集まっては、日本の村祭りの稽古のように、モーセ五書をみなで朗誦する。全五十四段に分割して、毎週順ぐりに朗誦する。レビ記は二十四段から三十三段まで、冬から春にかけて唱え合う。こういうのがあるといいなと、私は思う。

以前、夏目漱石と同じ甲種海外研修でハワイ大学朝鮮研究所に滞在した折、孤独のあまり当地の出雲大社の神主と親しくなった。そこには日系人が多く集まるのだが、神主は説教に困っていた。『古事記』や『日本書紀』では、説教にならないのである。因幡の白兎のように人を助けましょう、と言っても子ども相手ならばともかく、大人は腹を抱えるだけだろう。日本神道の場合、生活態になる教典が存在しないのである。

これは私の幼年期のように社会の下のほうが無知と無明に捕らわれていると、圧倒的に不利である。今日、高度テクノロジー社会の下のほうでふたたび無知と無明の闇が音もなく広がっているように思われてならない。

毒親（toxic parents）、毒のような悪影響を子供に及ぼす親、子どもが苦痛と感じるような親が二〇一五年あたりから社会現象になり、二〇二〇年からはＮＨＫの朝の連続ドラマにまで登場するようになった。一九八九年にイギリスのスーザン・フォワードが作った言葉である。

なぜ危惧するのかと言えば、私の母が毒親だったので、妙に気になるのである。これは時代により増減する。ＮＨＫドラマの毒親にはそれでも愛情があったが、現実の毒親にはそんなものはない。家族の有用性が低下するとともに悪心を伴って発生するのである。気になるので私は、最近の書き物では故意に隠さないようにしている。

子どもの方のベクトルからの家族崩壊も激しさを増している。二〇一九年六月に元農林水産事務次官の熊沢英昭氏が息子を刺殺する事件があったが、あれはうちの息子に近似だ。発達障害に起因する犯罪にも実験型や偶発型などいろいろな類型がある（田淵俊彦・ＮＮＮ取材班『発達障害と少年犯罪』新潮新書、二〇一八年）。うちの息子のように、昔の狐憑きのようにピカロ憑きになるものがいて、一度は大暴行を起こす場合がある。そのとき必ず警察を呼ばなければならない。そこから市の障害福祉課が聞き取り調査して助けてくれる。土地にもよるが、うちのほうの総合精神病院は自傷と統語失調症にしか対処できず、全く無力のままで介入だけしてきた。とにかく警察が場慣れしている。広汎性発達障害の遺伝子原因の研究は、近年次々に報告があるのでネットを見てほしい。

広汎性発達障害についての学会発表は以下のサイトを参照。
https://www.jstage.jst.go.jp/article/jsbpjjpp/21/2/21_69/_pdf

第3章 異教の大地に立つ神の預言者

21 王国の分裂と預言者の時代の始まり

……北の預言者アヒヤとエヒウ

四十年ぶりに預言者が戻った

ソロモン王代の末期には、周辺諸民族のテロルや北イスラエルの民乱が多発する。前者はダビデ時代の怨恨の報復で、ヨアブの塩の谷遠征（サムエル記下8：13–14、列王紀上11：15–16）で滅ぼされたエドム王家のハダテが、亡命先のエジプトから戻って敵となった（列王紀上11：14、17–22）。エジプトのような強大国は、弱小国の敵をいつでも鞭に使えるように蓄えておくのである。北ではダビデがシリアを遠征した際、ゾバのハダデゼル王を撃ち、援軍のダマスカスのシリア人を殺した（歴代志上18：3–5）怨讐から、シリア人レゾンが現れ、ダマスカスで王になった（列王紀上11：23–25）。つまり王国の破綻は、南と北の外縁部から起って来たのである。

この間、おそらくエジプトが第二十一王朝から、第二十二王朝に移ったものと思われる。開祖は、エジプトに居住するリビア人の有力部族の首長の家系で、傭兵から軍司令官になりあがったシシャク一世であった。前王朝最後の王の娘を娶っているので、この遷位は東洋の禅譲のように比較的穏やかなものだったのではないだろうか。だが、弱小国イスラエルにとっては、前王朝との盟約が失われる青天の霹靂であった。

このような情勢下、イスラエル国内では、ヨセフの家（マナセ族とエフライム族）の強制労働の監督だった、エフライム族のヤラベアムにシロびとの預言者アヒヤがやって来て、北十部族の王となることを告げた。前十世紀末、やっと時代が動いた。

「イスラエルの神、主はこう言われる、『見よ、わたしは国をソロモンの手から裂き離して、あなたに十部族を与えよう。』」（同11：31）

と、アヒヤは告げた。

四十年ぶりにやっと預言者が戻ってきた。シロびとアヒヤは、滅亡したシロの祭司エリ家に関わる者かもしれない。彼は、ソロモンの子、レハベアムに一部族、すなわちユダ族を残し、エルサレムを守らせることも告げた。

「『その子には一つの部族を与えて、わたしの名を置くために選んだ町エルサレムで、わたしのしもベダビデに、わたしの前に常に一つのともしびを保たせるであろう。』」（同11：36）。

この預言者のうわさは、たちまち四方に広がった。

ソロモンはヤラベアムを殺そうとしたが、ヤラベアムは立ってエジプトにのがれ、エジプト王シシャクのところへ行って、ソロモンの死ぬまでエジプトにいた。(同11：40)

やがてヤラベアムに迫害され、「イスラエルの全地の祭司とレビびとは四方の境から来てレハベアムに身を寄せた」(歴代志下11：13)とあるように、エルサレムに集まることになるだろう。

「12－10－1＝1」の残りの一部族は、「祭司とレビびと」の新しいレビ族のことである。彼らは、

有名無実なユダヤ教の祭司

ソロモンが死ぬと、レハベアムは裁きの町シケムまで出てイスラエルの民の支持を得ようとするが、エジプトからヤラベアムが帰郷し、北の人々の懐柔に失敗するとエルサレムに逃げ戻った。「ソロモンの子レハベアムはエルサレムに来て、ユダの全家とベニヤミンの部族の者、すなわちえり抜きの軍人十八万を集め、国を取りもどすために、イスラエルの家と戦おうとした」(列王紀上12：21)が、シロの預言者シマヤがやって来て、「あなたがたの兄弟であるイスラエルの人々と戦ってはならない。おのおの家に帰りなさい」(同12：24)と、神の言葉を告げたので帰った。前八世紀のアモス、ホセア、イザヤの時代と大違いである。民は預言者の言うことをよく聞いた。

他方、北の民に推戴され、王となったヤラベアムはエフライム族領のシケムにそのまま根拠地を置き、一時ヨルダン川東のペヌエルに難を避け、最期はシケム北方のテルザに都した(同12：25)。彼はイスラエルの人々に、もはやエルサレムに上って礼拝する必要はないと説き、二つの金の子牛を鋳

造した。

「あなたがたはもはやエルサレムに上るには、およばない。イスラエルよ、あなたがたをエジプトの国から導き上ったあなたがたの神を見よ」。そして彼は一つをベテルにすえ、一つをダンに置いた。この事は罪となった。民がベテルへ行って一つを礼拝し、ダンへ行って一つを礼拝したからである。彼はまた高き所に家を造り、レビの子孫でない一般の民を祭司に任命した。またヤラベアムはユダで行う祭と同じ祭を八月の十五日に定め、そして祭壇に上った。(同12：28–32)。

ヤラベアムは仮庵の祭を勝手に一月遅らせたのだった。そして、越権を承知で祭司に代わり香まで焚いた。

ここで、前十一世紀前半、三つの祭司門閥が並存していたという、本書第13節の記述を思い返してほしい。ベテルのピネハス一族、シロのエリ一族、ダンのヨナタン一族であった。

その間、百五十年。シロはペリシテ人に破壊され、エルサレムに逃れた祭司家は、ソロモンに追放されてアナトテの田舎祭司となり、やがてここから前七世紀、捕囚の前に預言者エレミヤが現れる。今は前十世紀末、シロの廃墟には町が再建され、そこから預言者アヒヤが今回ヤラベアムにやって来て、北イスラエルの王となることを告げた、ということだ。

ベテルのピネハス一族は、ベニヤミン族の一時壊滅を預言して後、消息不明。百年後、祭司と預言者は分化し、元々預言者の町だったベテルには、ますます預言者が集まった。ギベオンからエルサレムに来た、祭司ザドク集団は消え去り、ダビデのもとエルサレムに集まった新しいレビびとが、ソロモンの意図で祭司集団を形成した。

ダン族は私設神殿の祭司ミカの作ったテラピムを地方神殿に安置した。「そしてダンの人々は刻んだ像を自分たちのために安置し、モーセの孫すなわちゲルショムの子ヨナタンとその子孫がダンびとの部族の祭司となって、国が捕囚となる日にまで及んだ」（士師記18：30）というのだから、ここにもう一体偶像（陪神）が加わり、テラピムとエジプトの子牛アピスを祀ることになったのだろう（聖書はエジプトの神々の名を決して語らない。アピスは子牛あるいはカナン名のバアルといい、イシスは天后〔新、天の女王〕という）。

何という時の転変であろうか。祭司家を継続させたのはダン族だったが、それは偶像崇拝をはじめから内包していた。エルサレムでは正統とは言いがたい、新しい祭司の集団が神殿を守っている。アロン家との祭司契約は、アロン家に仮託された彼らとの偽契約になった。

北イスラエル王国の始まり

本書は、ここから北イスラエル王国と南ユダ王国とを分けて、記述を試みることにする。旧約聖書では両者が混在しているので、どうにも分かりにくい。しっかり分けて、まず北イスラエル王国から、「預言者の時代」の幕開けを告げることにしよう。

北王国では、この後、エフライム族のヤラベアム一世、その子ナダブ、イッサカル族のバアシャ、その子エラ、その家来ジムリと、十世紀末から九世紀前半まで約五十年間に亘り、ヘブライ人の王朝がつづく。預言者はヤラベアム代にアヒヤ、バアシャ代にエヒウが現れた。
さて、ヤラベアムがベテルに異教の祭壇を設けると、ユダからさっそく神の人（無名の預言者）がやって来て、将来南ユダ王国にヨシヤ王が出て、ここの祭司は殺され、祭壇の上で人の骨が焼かれるであろうと預言する。当時、人の骨が焼かれたり、人の骨で満たされた場所は穢れるとされ、人を侮辱する時にはそうしたらしい。チャイニーズが糞便を人の顔に投げつける（「大明律刑律闘殴条」棍棒百叩きが罰則）のと同じようなものだろうか。これは今でも侵犯漁船員などが日本の海上保安要員にする。

怒ったヤラベアムは「彼を捕らえよ」と、祭壇に手を伸ばしたが、たちまちその手が萎えた（列王紀上13：1－4）。この預言は、三百年くらい後の南ユダ王国第十六代、申命記改革の王ヨシヤによって成就された。

そしてヨシヤは身をめぐらして山に墓のあるのを見、人をつかわしてその墓から骨を取らせ、それをその祭壇の上で焼いて、それを汚した。昔、神の人が主の言葉としてこの事を呼ばわり告げたが、そのとおりになった。（列王紀下23：16）

不思議なのは、この預言者の墓が祭壇の近くにあって、「その時ヨシヤは『あそこに見える石碑は何か』と尋ねた。町の人々が彼に『あれはあなたがベテルの祭壇に対して行われたこれらの事を、ユダからきて預言した神の人の墓です』」（同23：17）と、言ったとある。「預言者の石碑」というのがあるらしい。

南のレハベアム王の五年、エジプトのシシャク一世が攻め上ってきて、南ユダ王国のアヤロン、ベテホロン、ギベオン、北イスラエル王国のテルザ、ベテシャン、タアナク、メギドなどの都市が軒並み破壊され、略奪にあった。南のレハベアム王は、シシャク一世にエルサレム神殿の財宝を献上することで辛うじてエルサレムの破壊を免れた（列王紀上14：25–26）。北のヤラベアム王はギレアデ地方のペヌエルに難を避けた（同12：25）。

シシャク一世は凱旋帰国し、テーベ神殿に大遠征の碑文を刻んだ。北のメギドは、前十五世紀にエジプトのトトメス三世とシリアのカデシュの王がぶつかって、大激戦をした土地であり、シシャクはその故事に倣って、こんな北方にまで上れるのだとばかりに自らの力を誇示したものだろう。逃亡したヤラベアムは、ヨルダン川の西に戻ってテルザに都した（同14：17）。

預言者アヒヤとエヒウ

テルザの家で、子のアビヤが病気になると、ヤラベアムは妻に、パン十個と菓子数個、蜜一瓶をもって、シロの預言者アヒヤの家に行き助けてもらえと送り出した。

妻が身をやつして訪ねると、アヒヤはすでにお告げを聞いて知っていて、「ヤラベアムの妻よ、はいりなさい。なぜ、他人を装うのですか。わたしはあなたにきびしい事を告げるよう、命じられています」（同14：6）といい、神の言葉を告げた。

『「国をダビデの家から裂き離して、それをあなたに与えたのに……あなたよりも先にいたすべての者にまさって悪をなし、行って自分のために他の神々と鋳た像を造り、わたしを怒らせ、わたしをうしろに捨て去った。それゆえ……ヤラベアムの家を全く断ち滅ぼすであろう。ヤラベアムに属する者は、町で死ぬ者を犬が食べ、野で死ぬ者を空の鳥が食べるであろう。主がこれを言われるのである」』。あなたは立って、家へ帰りなさい。あなたの足が町にはいる時に、子どもは死にます。」（同14：8–11）

「町で死ぬ者を犬が食べ、野で死ぬ者を空の鳥が食べる」という呪いはこれが初出で、今後イッサカル族のバアシャ王やオムリ王朝のアハブにも使われる。アハブ王などは、「犬があなたの血をなめるであろう」と、呪われることになる。

ヤラベアムの妻が、テルザの家の敷居をまたいだ時、預言どおりに子どもは死んだ。

ヤラベアム王の十八年、南ユダ国第二代のアビヤムが即位し、北イスラエル王国との間に戦争が起こった。エフライムのゼマライム山付近で両軍がぶつかる。ヤラベアムは伏兵を用意して挟み撃ちにしようとしたが、

ユダはうしろを見ると、敵が前とうしろとにあったので、主に向かって呼ばわり、祭司たちはラッパを吹いた。そこでユダの人々はときの声をあげた。ユダの人々がときの声をあげると、神はヤラベアムとイスラエルの人々をアビヤとユダの前に打ち敗られた。（歴代志下13：14–15）

戦闘直前に、祭司たちがラッパを吹くというのも初めてのことだ。ユダ軍は追撃し、ベテルとエシャナとエフロンを取った。

ヤラベアムは王国を二二年治め、子のナダブが代わって王となった。彼はイスラエルを二年治めたが、ペリシテ人の領地ギベトン包囲戦の際、イッサカル族のバアシャが謀叛を起こして殺された（列王紀上15：27）。ペリシテ人は、ダビデによって、ガテからこの付近にまで押し込められていたことがわかる。

前九〇〇年頃、バアシャは王となり、すぐさまヤラベアムの全家を撃った。呪いが成就した。バアシャの一生は南ユダ国第三代アサ王との戦争だった（列王紀上15：32）。シリアの王ベネハダデは両者との同盟と裏切りを繰り返した。バアシャはアシラを祀ったので、こんどは預言者エヒウが神の言葉を告げにやって来る。

「わたしは、バアシャとその家を全く滅ぼし去り、あなたの家をネバテの子ヤラベアムの家のようにする。バアシャに属する者で、町で死ぬ者は犬が食べ、彼に属する者で、野で死ぬ者は空の鳥が食べるであろう」。（同16：3－4）

先の犬・鳥の呪いの言葉が預言者間ではやっていたことが分かる。バアシャは天寿を全うし、その子エラがテルザで王となった。二年治めたが、宮廷長の家で酒を飲んでいると、戦車長のジムリが襲いかかり、エラを撃ち殺した。

ジムリは七日間王位にあったが、再び行われたペリシテ人の領地ギベトン包囲戦に参加していたイスラエルの民たちは、ジムリが謀叛を起こして王を殺したと聞くと、その日のうちに軍長オムリを王として推戴した。オムリはギベトンから上ってテルザを囲んだ。ジムリはその町の陥るのを見て、宮殿に火をかけてその中で死んだ（同16：9–18）。

22 毛衣に皮帯をしめた遊牧の預言者

……預言者エリヤとアハブ王

王権と世襲地保有者

バアシャ王の軍長だったオムリはヘブライ人ではない初めての王であり、彼から四代の王朝をふつう「オムリ王朝」（M・ウェーバー）と称する。オムリは治世の六年を前王朝のテルザで治め、残り六年を銀二タラントでセメルから山を買い取り、町を築いて治めた。セメルの名にちなんで町をサマリヤと呼んだ。これが、後のイエスの「善きサマリヤびと」のサマリヤの起源である。

本書第3節でも述べたが、捕囚後のサマリヤにバビロンやハマテなどから移り住んだ人々はエルサレム神殿に従わなかったので、ヘブライ人に忌避された。そのサマリヤびとが、傷ついた旅人を助け、「祭司とレビびと」は助けなかったというのが、「善きサマリヤびと」の話である。本書では、「祭司とレビびと」の濫觴が、ソロモン王によって意図的に作られた祭司集団であることを既に述べてあるので、キリスト教徒の読者にはこの話の象徴的な意味が一層深く感得されるのではないだろうか。

王が世襲地保有者セメルから土地を買ったのは、「土地所有の伝統的機構が強固であったため」と、マラマットとタドモールは説明する（『ユダヤ民族史』1、二〇一頁）が、アブサロムの乱の凱旋後、ダビデが自軍に付かなかった足なえのメピボセテに、「あなたはどうしてなおも自分のことを言うのですか。わたしは決めました。あなたとヂバとはその土地を分けなさい」（サムエル記下19：29）と、世襲地保有者の土地を自由に差配したのと矛盾するので、ここは説明が必要だろうと思われる。

そのダビデも、エルサレム攻略の後には、先見者である預言者ガデの勧めで、エブスびとアラウナから北の台地の一部を買い取った（サムエル記下24：18‐25）。つまり、王権が世襲地保有者の土地を自由に奪取することは、民衆のサンクションによって許されなかったのであり、戦争での裏切りなどの条件があれば、民衆のサンクションは王権側に傾き、王の自由な裁量を許し、「全土が王土」という前提が前面に出るのだろう。

古代李氏朝鮮でも、王が理不尽な土地の奪取をすると、儒者官僚たちが一斉に王宮を去ることがあった。朝鮮漢文でそれを「引避《いんぴ》」という（古田「李朝後期の砕かれたる『民意』」『国家理念と対外認識17‐19世紀』慶應義塾大学出版会、二〇〇一年、一二九頁）。そのような民衆的サンクションを代理する権威者たち（イスラエルは預言者、朝鮮は朱子学の儒者官僚）により、近代法による私的所有権などなかった古代、王権による恣意的占取の抑制が辛うじて機能していたと見るべきなのである。これを我々は次節で、アハブ王代の「ナボテのぶどう畑」の事例で再度見ることになるだろう。

オムリは一生を偶像の神に仕え、サマリヤに葬られ、その子アハブが王となった。アハブはシドン人の王エテバアルの娘イゼベルを娶り、バアル神殿を建てアシラ像を刻んだ（列王紀上16：31‐32）。

預言者エリヤの登場

前九世紀前半、預言者の町ベテルでは預言者が増えすぎたので、彼らはエリコを再建し、分かれ住もうとし、建設をヒエルという男にまかせた。

彼(=アハブ)の代にベテルびとヒエルはエリコを建てた。彼はその基をすえる時に長子アビラムを失い、その門を立てる時に末の子セグブを失った。主がヌンの子ヨシュアによって言われた言葉のとおりである。(列王紀上16:34)。

大石に挟まれたり門柱が倒れて圧し潰されたのであろう。ヨシュアの預言というのは、

ヨシュアは、その時、人々に誓いを立てて言った、「おおよそ立って、このエリコの町を再建する人は、主の前にのろわれるであろう。その礎をすえる人は長子を失い、その門を建てる人は末の子を失うであろう」。(ヨシュア記6:26)

という、ヨシュアの呪いの成就であった。ヨシュアはエリコ攻略で余程てこずったのであろう。ラッパと大声で城壁が崩れたというのは、「因果関係の政治的擬制」にすぎない。

ヨルダン川の東、ケリテ川の支流に沿うヤベシ・ギレアデとマハナイムの中間地点に、テシベの町がある。その牧草地の遊牧生活者エリヤに神の言葉が下った。

エリヤはサマリヤに来て、アハブ王に告げた。

「わたしの仕えているイスラエルの神、主は生きておられます。わたしの言葉のないうちは、数年雨も露もないでしょう」。（列王紀上17：１）

こうして三年の旱魃がイスラエル全土を襲った。アハブは遍く人を使わしエリヤの逮捕を命じた。エリヤはお告げに従い、ケリテ川の畔から、フェニキアの海岸線シドンとツロ（テュロス）の中間地点ザレパテまで難を避けた。寡婦の家の甕の粉を充たし、瓶の油を満たしながら、食客となって病気の子を蘇らせたりし、月日を過ごした。

三年目にふたたび言葉が彼に臨んだので、サマリヤに入ると飢饉は猖獗を極めていた（同18：１）。時に、アハブ王は宮廷長オバデヤを呼び、家畜用の草を探すようにと地方に派した。オバデヤは王妃イゼベルがヤハヴェの預言者の絶滅を図ったとき、百人を二手に分けて洞穴にかくまい、水とパンをもって養った篤信者だった。オバデヤは途上、エリヤに出会うと、即ちそれと知りひれ伏した（同18：３–７）。

オバデヤが命のまま急ぎ帰ってアハブに告げると、彼は兵をともなって、途上のエリヤを急襲した。「お前か、イスラエルを煩わす者よ」（新、列王記上同18：17）と、憎しみを露わにした。

「わたしではなく、主の戒めを捨て、バアルに従っているあなたとあなたの父の家こそ、イスラエルを煩わしている。今イスラエルのすべての人々を、イゼベルの食卓に着く四百五十人のバアルの預言者、四百人のアシェラの預言者と共に、カルメル山に集め、わたしの前に出そろうように使いを送っていただきたい。」（新、同18：18―19）

ダビデ・ソロモン時代を経て、南北分裂時代に入ると、ユダヤ教徒と異教徒とを問わず、預言者の数は大幅に増加し、百人とか、数百人規模になってくる。これは本格的な混乱期に入り、イスラエル国内が宗教戦争の様相を呈してきたためと思われる。これに王権が絡む。北のオムリ王朝は一貫してバアル神殿・アシラ像信仰だった。これに対抗すべく強いパワーとフォースの預言者が次々と登場する。

孤独な「禍の預言者」

M・ウェーバーは、彼らを「禍の預言者」と呼び、「決定的なメルクマールは孤独である」（『古代ユダヤ教』I、一七八頁）と語っているが、至当だと思われる。彼らの預言は、「職業的に教授できない」かつ「営利事業としてやっていけない」、誰も悪い前兆を買うものはいない、ゆえに孤独だというが、実は第25節で詳しく述べるが、彼らは預言をなりわいとしている。彼らは民族以外の何ものにも所属意識がないので孤独なのである。

「予言者は一つの政治的民族共同態のただなかに立っていて、この運命こそがかれらの関心事だったのである」（『古代ユダヤ教』II、四六五頁）と、語っているにもかかわらず、ウェーバーには預言者の知覚経験がないので、そこまで届かなかったものか。

超能力合戦が始まった。アハブ王は人を派して、今のハイファ近くのカルメル山に、イスラエルの人々と異教の預言者たちを集めた。このときのバアル・アシラの預言者たちのシャーマニックな行動が興味深い。

そこで彼らは大声に呼ばわり、彼らのならわしに従って、刀とやりで身を傷つけ、血をその身に流すに至った。こうして昼が過ぎても彼らはなお叫び続けて、夕の供え物をささげる時にまで及んだ。しかしなんの声もなく、答える者もなく、また顧みる者もなかった。（列王紀上18：28−29）

神の名を叫びつつ身を傷つけエクスタシー状態に入る。ペルシャ人イスラム教徒のアーシューラーと近似のものが感じられる。

ユダヤ教では故意に身を傷つけることは禁忌であるが（レビ記19：28、21：5、申命記14：1）、神のために身を傷つける知覚経験は存在しない。エクスタシー状態に入るときは、「ナジル・パワー」と「異言」の場合だけだということは、本書第10節のサウル王のところで既に述べた。

結局、バアル・アシラの預言者たちに彼らの神が応えず、エリヤの訴えにヤハヴェが火で応えたため、

民は皆見て、ひれ伏して言った、「主が神である。主が神である」。エリヤは彼らに言った、「バ

アルの預言者を捕えよ。そのひとりも逃がしてはならない」。そこで彼らを捕えたので、エリヤは彼らをキション川に連れくだって、そこで彼らを殺した。（列王紀上18：39－40）

キション川はカルメル山の東のふもとを流れ、女預言者デボラと英雄バラクが、カナン都市同盟軍のチャリオットを撃ち破った場所（本書四六頁参照）だったことが思い出される。その川が再び朱《あけ》に染まった。

母の胎が墓場ならば良かった

エリヤはカルメルの頂に登り、地に伏して顔をひざの間に入れていた。（同18：42）

苦しんでいたのだ。だが、雨の到来を先見すると、傍らのしもべに「雨に閉じ込められないように急ぎ下れ」と、アハブに告げるように命じた（同18：44）。先見者は先が見えるから、本質的に親切なのだ。そして自身はエズレルへと向かった。

アハブは、エリヤが彼のすべての預言者を剣で殺したことをイゼベルに告げた。彼女は激怒し、エリヤへの呪いの言葉を使者に託した。アシラの預言者たちの全滅で、彼女の持ち込んだフェニキアの信仰は大打撃を受けたのだった。

「もしわたしが、あすの今ごろ、あなたの命をあの人々のひとりの命のようにしていないならば、神々がどんなにでも、わたしを罰してくださるように」。（同19：2）

エリヤは恐れ、ベエルシバまで逃げ、しもべを置いてひとり荒れ野へと分け入った。エニシダの木の下に座し、自分の死を求めて言った、「主よ、もはや、じゅうぶんです。今わたしの命を取ってください。わたしは先祖にまさる者ではありません」（同19：4）。

たいていの預言者は自己の出生を呪うのである。

「それで主よ、どうぞ今わたしの命をとってください。わたしにとっては、生きるよりも死ぬ方がましだからです」。（ヨナ書4：3）

「なにゆえあなたはわたしを胎から出されたか、わたしは息絶えて目に見られることなく、胎から墓に運ばれて、初めからなかった者のようであったなら、よかったのに」（ヨブ記10：18–19）

「ああ、わたしはわざわいだ。わが母よ、あなたは、なぜわたしを産んだのか」。（エレミヤ書15：10）

「わたしの生れた日はのろわれよ。母がわたしを産んだ日は祝福を受けるな」。（同20：14）。

南アフリカの哲学者、ディヴィット・ベネターに「反-出生主義（anti-natalism）」の思想があり、彼は『生まれてこなければよかった』（*Better Never to Have Been*）という本を二〇〇六年に出版した。

生まれてこなければ人生の苦も快も経験することもないから善だ。人間の胎生が世界を苦痛で満たすのである。ゆえに人類は計画的な出生率低下により絶滅するべきだ、とする。

向こう側から来る生命力を苦痛と捉える点でショーペンハウアーの系譜（西尾幹二氏はこれに懐疑的で、彼の全編にみなぎっているのは意志の肯定の気魄だという。『西尾幹二全集』第六巻、「ショーペンハウアーとドイツ思想」国書刊行会、二〇一三年、二二頁）を引くといわれるが、元をただせば、「預言者―胎生呪詛の思想」から来ているように思われる。向こう側からの神の言葉が召命者の「生活」を破壊し、彼を不幸の淵に追いやるからである。

エリヤ・エリシャの預言者師弟

エリヤは眠っていたが、神の使いが彼に触れ目覚めた。使いはパンと水を与え、モーセが神を見たホレブ山へとうながす。エリヤは四十日四十夜行って、神の山に着いた。

山で洞穴に宿っていると、神の導きの言葉が聞こえ、山の上に立つと、神はエリヤの前を通り過ぎた。大風が起こり山を裂き、岩を砕いたが、風のなかに神はいなかった。地震があったが、地震のなかにも神はいない。火があったが火のなかにもいなかった（同19：5–12）。神はただ時間としてあった。細い声が聞こえた。

「あなたの道を帰って行って、ダマスコの荒野におもむき、ダマスコに着いて、ハザエルに油を注ぎ、スリヤの王としなさい。またニムシの子エヒウに油を注いでイスラエルの王としなさい。

またアベルメホラのシャパテの子エリシャに油を注いで、あなたに代って預言者としなさい。ハザエルのつるぎをのがれる者をエヒウが殺し、エヒウのつるぎをのがれる者をエリシャが殺すであろう。また、わたしはイスラエルのうちに七千人を残すであろう。皆バアルにひざをかがめず、それに口づけしない者である」。（列王紀上19：15–18）

エリヤはもはや恐れることはなかった。山を去り死海の北でシャパテの子エリシャに出会った。農夫で牛の犂を牽いていた。エリヤは通りすぎて、外套を彼の上に投げかけた。エリシャは父母に暇乞いをし、ひとくびきの牛を屠って村人にふるまってから、エリヤに従い、彼に仕えた（同19：21）。

サマリヤでは、シリア王ベネハダデがヘブライ人の王朝バアシャの時代につぎ、二度目の侵略を開始し首都を囲んだ。無名の預言者が現れ、王に地方代官の家来をもって急襲すべきを告げ、そして勝利した（同20：13、19）。翌年の春、再びベネハダデはアペクに侵入したが大敗し、ダマスカスにイスラエル人の市場を設ける契約と引き換えに、彼は帰国した（同20：34）。

23　王の死を告げる黙示的預言者
……王と対決するエリヤ、黙示の人ミカヤ

世襲地保有者の土地の守り

ガリラヤ湖の南西、エスドラエロン平原は肥沃な土地で、ここに世襲地保有者、エズレルびとナボテの葡萄畑があった。オムリ王朝第二代、アハブ王の別邸の傍らにあったので、王はナボテの土地を買って野菜畑にすべく申し入れたが、断られた（列王紀上21：1－3）。古代の民衆のサンクションとしては、王は引き下がらざるを得ない。

王が腹を立てて食事せずにふて寝をしていると、シドン人の妻イゼベルが姦計を弄し、町の長老と尊者たちに王の印で手紙を送った（同21：5、8）。断食を布告して民を正門入口の広場に集め、最前列にナボテを座らせ、ならず者に「神と王を呪った」と証言させよ、そしてナボテを町はずれに引き立てて、石で撃ち殺せ、とあった。

断食はふつう改悛や懺悔で、主の助けを求めるときにするのである。思うに、イゼベルは夫の王の「食事せずのふて寝」を断食と見立てて、長老たちを駆り立てたものだろう。人々が従いそのようにすると、異邦人の妻は夫に告げ、アハブはナボテの葡萄畑を奪取すべくサマリヤから急行した（同

21：9–15）。

ただちに神の言葉がエリヤに臨んだ。行って告げよ、と。アハブはエリヤを見つけると言った、「わが敵よ、ついに、わたしを見つけたのか」。この時代では、異教徒の王とヤハヴェの預言者は、全くの仇同士である。

エリヤは四つの主の呪いを王に投げつけた。「主はこう仰せられる、犬がナボテの血をなめた場所で、犬があなたの血をなめるであろう」。あなたの家は、北イスラエル人の王朝のヤラベアム一世やバアシャの王家のように滅びる。「イゼベルについて、主はまた言われました、『犬がエズレルの地域でイゼベルを食うであろう』と。アハブに属する者は、町で死ぬ者を犬が食い、野で死ぬ者を空の鳥が食うでしょう」（列王紀上21：20–24）。

アハブはこれらの言葉を聞いた時、衣を裂き、荒布を身にまとい、食を断ち、荒布に伏し、打ちしおれて歩いた。この時、主の言葉がテシベびとエリヤに臨んだ、「アハブがわたしの前にへりくだっているのを見たか。彼がわたしの前にへりくだっているゆえ、わたしは彼の世には災を下さない。その子の世に災をその家に下すであろう」。（同21：27–29）

「町の死体を犬が食い、野の死体を鳥が食う」という呪いは、ヤラベアム代の預言者アヒヤ、バアシャ代のエヒウと同じ。彼らはベテルかエリコに集住し、シロ、シケムを経てテシベやサマリヤに出張したものか。

「衣を裂く」「荒布をまとう」「食を断つ」「灰、土、塵に身をおく」などは、改悛と命乞いの表現で、神話の色濃いヨナ書では、外国人のアッシリア人までしてしまう（ヨナ書3：5―8）。これは「因果関係の政治的擬制」であろう。ヨナの政治に問題がありそうである（本書二五六頁参照）。

「見よ」とか「見たか」というのは、神や預言者の口癖で、遜《へりくだ》れば神はその人だけは大体許すのである。以前にも述べたが、預言者とはこのように民衆のサンクションの代理人でもあった。

ラモテ・ギレアデへの遠征

シリアとイスラエルの間が平和だった三年目、南ユダのヨシャパテ王が北イスラエルのアハブ王のところに来て言った。「ラモテ・ギレアデが、われわれの所有であることを知っていますか。しかもなおわれわれはスリヤの王の手からそれを取らずに黙っている」。告げられたことをアハブは家来たちに繰り返し、ヨシャパテに向かって言った。「ラモテ・ギレアデで戦うためにわたしと一緒に行かれませんか」（列王紀上22：1―4）。

ギレアデびとの居住する町に、ミズパ・ギレアデ、ヤベシ・ギレアデ、ラモテ・ギレアデの三か所が聖書に認められる。ギレアデびとという民族は士師時代に、英雄エフタと彼に説得された長老たちの勧誘で、多くがヤハヴェ信徒に改宗していた。アンモン人の侵入を防ぐべく、イスラエル軍の支援を仰いだことが、改宗の起因だった。ところが士師時代の最後には、エフライム族とベニヤミン族との部族間闘争に巻き込まれ、ベニヤミンとの婚姻関係の濃かったヤベシ・ギレアデの人々が一度討伐されてしまった。他方、ミヅパ・ギレアデの方はイスラエル全会衆の会議地となり、抜きんでた存在となった。イスラエル初代の王としてミヅパで推戴されたサウルはベニヤミン出身であり、ヤベシにアンモン人が侵入すると、「主の霊」が激しく彼に臨み、ヤベシ・ギレアデの支援に駆け付けたのだった（本書第7、8、10節参照）。

ラモテ・ギレアデの町はこれまでの記録には登場しなかったので、その間どうだったのかは全然わからない。ただ、ギルボア山とほぼ同緯度で、ヨルダン川の東側の遠いところにある。ヤベシ・ギレアデとラモテ・ギレアデとの中間地点にマハナイムがあり、かつてサウルの子イシボセテと武将アブネルが、ベニヤミン族とのよしみで身を寄せたギレアデびとの町だった。また、ダビデが子のアブサロムの叛乱で、一時身を寄せたバルジライ家もマハナイムにあった（本書第13、17節参照）。

ダビデの王国時代にラモテ・ギレアデは領土となり、ソロモン王代には代官が派遣され、ギレアデの村々とバシャンの町々から貢物を取っていた（列王紀上4：13）。王国が分裂した後に幾度かシリアがイスラエルを攻撃したが、ラモテ・ギレアデはヨルダン川の東の要害となっていた模様である。ある時期シリア人がこの町を奪ったが、アペクの侵入の時に王ベネハダデはアハブに敗れ、それ以前に奪っていたイスラエルの諸都市を返還することを約束したが、ラモ・ギレアデはとっておいたらしい（同20：34）。

そこを北と南の王は共同で取りに行こうというわけである。ヨシャパテは、異教徒のアハブと異なり、熱心なヤハヴェ信徒であるから、「まず、主の言葉を伺いなさい」と言った。

そこでアハブは預言者四百人ばかりを集めて、戦いに行くべきか、控えるべきかを聞いた（同22：5–6）。この預言者たちはたぶんヤハヴェの側の預言者ではないかと思われるが、言うまでもなく、両方ともいっぱいいるのである。

ヤハヴェは疑われ、預言者は脅す

M・ウェーバーが面白い直観を披露してくれる。

民衆的見解に一致していたのはむしろなんといっても次のような見方であったと考えられるからである。すなわち、外国の神々はどうしたわけかわからぬがイスラエルの神よりもいまのところずっと強力だという見方や、でなければヤハウェはイスラエルの民を援けようとしないのだという見方であった。しかしながら予言者の告知は、この後者の考えをのりこえて進んでいった。(『古代ユダヤ教』Ⅱ、四六六頁)。

こういうのは、聖書のどこにも書かれていないことなので、「直観」というしかない。実はすぐれた学者ほど、このように直観がすぐれているのである。近代日本の文系の学界は、ドイツ観念論のカント・ヘーゲル・フッサールなどの「消極哲学」を採用し、こちら側に引き籠って「直観」を封印したため、多くの凡庸学者を輩出した。後進国の先進国キャッチアップのための人材輩出とはいえ、後進国ドイツ人学者の「理念」まで一般論にして学びの対象にした弊害が今頃やっと出てきている。近代以後の我々は、ウェーバーの直観を有用に生かして先へ進もう。

アハブの呼んだ預言者たちが、「上っていきなさい。主はそれを王の手にわたされるでしょう」と、異口同音に主戦を勧めると、ヤハヴェ信徒のヨシャパテ王は疑うのである。「ここには、われわれの問うべき主の預言者がほかにいませんか」。おかしいなぁ、脅す預言者が一人もいないはずはないのだと、思っているのである。するとアハブが、「『われわれが主に問うことのできる人が、まだひとりいます。イムラの子ミカヤです。彼はわたしについて良い事を預言せず、ただ悪い事だけを預言するので、わたしは彼を憎んでいます』。ヨシャパテは言った、『王よ、そう言わないでください』」（列王紀上22：7－8）。ここでたぶん古代の読み手たちは笑ったのだ。

初の黙示的預言者ミカヤ

アハブは使者にミカヤを連れてくるように命じた。使者はミカヤに、「他の預言者たちは一致して王に良いことを言った。あなたも言わないとひどい目に遭いますよ」と、忠告した。そして彼はアハブの前に立つ。アハブ王は彼に言った。

「ミカヤよ、われわれはラモテ・ギレアデに戦いに行くべきでしょうか、あるいは控えるべきでしょうか」。彼は王に言った、「上っていって勝利を得なさい。主はそれを王の手にわたされるでしょう」。しかし王は彼に言った、「幾たびあなたを誓わせたら、あなたは主の名をもって、ただ真実のみをわたしに告げるでしょうか」。（同22：15－16）

この預言者は嫌なことしか言わないはずなのにと、じつはアハブも疑っているのである。するとミカヤは、これまでの預言者とは少し異なったことを言いだした。

「わたしはイスラエルが皆、牧者のない羊のように、山に散っているのを見ました。すると主は『これらの者は飼主がいない。彼らをそれぞれ安らかに、その家に帰らせよ』と言われました」。……「それゆえ主の言葉を聞きなさい。わたしは主がその玉座にすわり、天の万軍がそのかたわらに、右左に立っているのを見たが、主は『だれがアハブをいざなってラモテ・ギレアデに上らせ、彼を倒れさせるであろうか』と言われました。するとひとりはこの事を言い、ひとりはほかの事を言いました」。（同22：17、19－20）

兵は散り散りになって帰国し、王は敵の手に斃れるという預言である。それをミカヤは初めて視覚映像で語った。つまり黙示的預言者ミカヤの登場である。この系譜が、「エゼキエル書」「ヨハネの黙示録」へと連なるのである。

黙示的預言者については、視覚映像であったり因果の結果を示す物の広がりであったり、メロディや曲のイントロの音であったりするが、意味をたどることにより結局は言語化される。

直接言葉が降ってくる預言者の場合、気がつかないと神の使いが来て告げることがある。黙示的預言者の場合には、たぶん人間の「神の使い」はあまり現れない。「主の霊」が臨んで映像を操るのを視て知るのであろう。

「その時一つの霊が進み出て、主の前に立ち、『わたしが彼をいざないましょう』と言いました。主は『どのような方法でするのか』と言われたので、彼は『わたしが出て行って、偽りを言う霊となって、すべての預言者の口に宿りましょう』と言いました。そこで主は『おまえは彼をいざなって、それを成し遂げるであろう。出て行って、そうしなさい』と言われました。それで主は偽りを言う霊をあなたのすべての預言者の口に入れ、また主はあなたの身に起る災を告げられたのです」。（同22：21–23）

犬が血をなめ、遊女が体を洗う

すると、四百人の偽預言者中、鉄の角をもって、「シリア人を突いて滅ぼしてやれ」と、言っていたゼデキヤが近寄ってきてミカヤにビンタをした。「偽りを言う霊」に操られたと言われたので腹が立ったのだ。ミカヤは、「あなたが奥の間にはいって身を隠すその日に、わかるでしょう」（同22：24–25）と、呪った。彼は侵略者が家屋に侵入するその日に、奥の間で息を潜めることになるのであろう。ここのシーンは預言者エレミヤと偽預言者ハナニヤとの関係に似ている（エレミヤ書28章）。結局、アハブはミカヤを獄に下した。

こうして北イスラエルのアハブ王と南ユダのヨシャパテ王は、ラモテ・ギレアデに討って出た。シリアの戦車長たちはアハブを狙ったが、アハブはヨシャパテに王服を着せ、自身は変装し撹乱のつもりで戦場に出た。

しかし、ひとりの人が何心なく弓をひいて、イスラエルの王の胸当と草摺の間を射たので、彼はその戦車の御者に言った、「わたしは傷を受けた。戦車をめぐらして、わたしを戦場から運び出せ」。その日戦いは激しくなった。王は戦車の中にささえられて立ち、スリヤびとにむかっていたが、ついに、夕暮になって死んだ。傷の血は戦車の底に流れた。日の没するころ、軍勢の中に呼ばわる声がした、「めいめいその町へ、めいめいその国へ帰れ」。王は死んで、サマリヤへ携え行かれた。人々は王をサマリヤに葬った。またその戦車をサマリヤの池で洗ったが、犬がその血をなめた。また遊女がそこで身を洗った。主が言われた言葉のとおりである。(同22：34−38)

犬に加え、遊女云々は汚れの表現である。エリコでヨシュアは遊女ラハブの世話になり、士師エフタは遊女の庶子であり、サムソンはガザの遊女屋で居残り佐平治となって遊び惚けた。にもかかわらず、聖書の男どもは女を侮蔑する。だがそれよりもサマリヤに人工池があったことの方が社会科学としては重要かもしれない。

最初の停止された呪いでは、アハブはエズレルで犬に血をなめられることになっていたが、サマリヤの池に変わってしまった。編集の混乱もあり、「列王紀上二〇章三五から四三節」の挿入で、ベネハダデを逃がしたがゆえに呪われたとも記された。

一方、ユダの王ヨシャパテは無事家路についたが、獄に下された先見者ハナニの子エヒウが出迎え、「主を憎む者、アハブを愛した」と言って王をなじった(歴代志下19：1)。

24　ケンカ腰の奇跡の預言者たち
……モーセ、エリヤ、イエスの奇跡物語

食物増量供与と死者蘇生

聖書では、モーセから遠く離れた前九世紀前半から、再び「奇跡」物語が始まる。それまでの預言者はフォースの預言者だったが、それをパワー化できる、超能力の預言者が現れるわけである。エリヤ、エリシャと、前回のミカヤの黙示もある種の超能力であるから、この時代の預言者の特徴だと言えるかもしれない。筆者には知覚経験がないので、先見《プレシャンス》で類型化してみたい。まずはエリヤ・エリシャの師弟から入ることにする。

・エリヤは、アハブ王の迫害をザレパテ（サレプタ）において一時避け、飢え死に寸前のやもめ女の家で居候になり、女を援けた。「主が雨を地のおもてに降らす日まで、かめの粉は尽きず、びんの油は絶えない」とエリヤが告げると、「主がエリヤによって言われた言葉のように、かめの粉は尽きず、びんの油は絶えなかった」（列王紀上17：14–16）。

尽きぬ油は、仏教典『阿闍世王授決経』の「貧女の一灯」みたいだ。聖書には他にエリシャの油増

やし（列王紀下4：2–7）もあるが、これらは食用である。またエリシャは、ギルガルの人々のために、パンと新穀を百人分に増量した（同4：38–44）。

貧者への食物増量供与は、モーセ、イエスと同じである。モーセはイスラエルの民のためにマナという蜜せんべいを降らせた（出エジプト記16：31、民数記11：7–8）、また食肉用にウズラを降らせた（民数記11：31）。

それから、イエスは五つのパンと二ひきの魚とを手に取り、天を仰いでそれを祝福し、パンをさき、弟子たちにわたして配らせ、また、二ひきの魚もみんなにお分けになった。パンくずや魚の残りを集めると、十二のかごにいっぱいになった。（新約聖書、マルコ福音書6：41–44）。

飢えの癒しは古代人の根本の願望である。古代は貧しさに満ちていた。

・またエリヤは、やもめ女の病気の子が死ぬと、甦らせた。

エリヤは彼女に言った、「子をわたしによこしなさい」。そして彼女のふところから子供を取り、自分のいる屋上のへやへかかえて上り、自分の寝台に寝かせ、主に呼ばわって言った、「わが神、主よ、あなたはわたしが宿っている家のやもめにさえ災をくだして、子供を殺されるのですか」。そして三度その子供の上に身を伸ばし、主に呼ばわって言った、「わが神、主よ、この子供の魂をもとに帰らせてくださいと」。主はエリヤの声を聞きいれられたので、その子供の魂はもとに帰って、彼は生きかえった。（列王紀上17：19－22）

エリシャの場合は、支持者のシュネムの女に懐妊を告げ、その子が死ぬと甦らせた（列王紀下4：8－37）。死者蘇生物語は、後世のイエスに受け継がれる。

イエスは会堂司の死んだ娘を、「タリタ・クミ」（少女よ、さあ、起きなさい。アラム語）と言って蘇生させた（マルコ福音書5：41－42）。また、ナインという町のやもめ女の一人息子を甦らせた。

主はこの婦人を見て深い同情を寄せられ、「泣かないでいなさい」と言われた。そして近寄って棺に手をかけられると、かついでいる者たちが立ち止まったので、「若者よ、さあ、起きなさい」と言われた。すると、死人が起き上がって物を言い出した。イエスは彼をその母にお渡しになった。人々はみな恐れをいだき、「大預言者がわたしたちの間に現れた」、また、「神はその民を顧みてくださった」と言って、神をほめたたえた。（ルカ福音書7：13－16）

死者蘇生は、神意を得た預言者の技と認識されていた。ヤハヴェは寡婦、寄留者などの貧乏人に優しい。被蘇生者は多くそれらの子たちであった。イエスはただの預言者ではないと思うのだが、当時そのように認識されたらしい。また、篤信の女マルタの弟、ラザロも死んで四日たってから甦らせたという（ヨハネ福音書11：43－44）。日がたっているので何だか腐臭が匂うようでもある。

モーセ・エリヤ・イエスと三人一緒

イエスをエリヤに同定するところは、共観福音書の三伝に見られる。

イエスはピリポ・カイザリヤの地方に行き、「六日の後、イエスは、ただペテロ、ヤコブ、ヨハネだけを連れて、高い山に登られた。ところが、彼らの目の前でイエスの姿が変り、その衣は真白く輝き、どんな布さらしでも、それほどに白くすることはできないくらいになった。すると、エリヤがモーセと共に彼らに現れて、イエスと語り合っていた」（マルコ福音書9：2–4）。

聖書学者の田川健三氏は、旧約の人物を登場させたのは、エリヤが預言者の代表で、モーセが律法者の代表だからだと言う。二人は死なずに昇天したと信じられた。エリヤは、「つむじ風に乗って天にのぼった」（列王紀下2：11）とあり、モーセは死んだことになっているが（ヨシュア記1：1–2）、「今日までその墓を知る人はいない」（申命記34：6）という句がきっかけとなり、死なずに天に上ったと信じられた（田川建三『新約聖書 訳と註 第一巻』二〇〇八年、作品社、第九章註4）。

同内容はマタイにもある。彼は律法好きなので、「モーセとエリヤが彼らに現れて」（マタイ福音書17：3）という風に、律法の授与者モーセをエリヤの前に持ってきている、と田川氏は言う。ルカにもあり、ほぼ同じ（ルカ福音書9：30–31）。ただ、ルカにはおまけが付いていて、預言者として有名になったイエスが故郷のナザレに帰還すると、人々は病を癒してもらおうと集まって来た。すると彼は「君たちは助けてやらないよ」とばかりに、昔の因縁から意地悪するのである。

「よく言っておく。預言者は、自分の郷里では歓迎されないものである。よく聞いておきなさい。エリヤの時代に、三年六か月にわたって天が閉じ、イスラエル全土に大ききんがあった際、そこには多くのやもめがいたのに、エリヤはそのうちのだれにもつかわされないで、ただシドンのサレプタにいるひとりのやもめにだけつかわされた。また預言者エリシャの時代に、イスラエルには多くのらい病人がいたのに、そのうちのひとりもきよめられないで、ただシリヤのナアマンだけがきよめられた」。会堂にいた者たちはこれを聞いて、みな憤りに満ち、立ち上がってイエスを町の外へ追い出し、その町が建っている丘のがけまでひっぱって行って、突き落そうとした。（ルカ福音書4：24‐29）

前記のモーセとエリヤの「食物増量供与」、エリヤの「死者蘇生」が、イエスの行状に応用され、モーセとエリヤが死なずに昇天したという風聞が、イエスの復活を権威付けしたということになるであろうか。

ルカのおまけは、エリヤがサレプタのやもめに遣わされたわけではなく難を避けただけ。三年のひでりは、紀元後百年までの教会内でいつの間にか三年半に伸びた。また、エリシャはエリヤより三倍くらい活動期間が長いのだから、シリアの軍長ナアマンを癒す（列王紀下5章）だけだったはずがない。それよりもここでは、イエスを預言者に同定していることの方が大事だ。

私は、当時の記録や記憶に体内時間をシンクロさせて降り、周りを見まわして、五感を活用することを着地主義と呼んでいる。他方、私が今生きている時間のコマから脳の線形時間で記録や記憶をたどって過去を見わたすことを眺望主義と呼んでいる。これを分けておくと、歴史を記述しやすい。イエスは着地主義的にナザレで預言者であり、眺望主義的に新教の神だと、こちら側にマークされたということになる。

神の火の預言者エリヤ

あと、古代ヘブライ人たちが大好きな「奇跡」は、水がいっぱいの所を、割ったり浮いたり「おみ渡り」することである。

- **モーセの場合**　モーセが手を海の上にさし伸べたので、主は夜もすがら強い東風をもって海を退かせ、海を陸地とされ、水は分かれた。イスラエルの人々は海の中のかわいた地を行ったが、水は彼らの右と左に、かきとなった。（出エジプト記14：21－22）
- **ヨシュアの場合**　すべてのイスラエルが、かわいた地を渡って行く間、主の契約の箱をかく祭司たちは、ヨルダンの中のかわいた地に立っていた。そしてついに民はみなヨルダンを渡り終った。（ヨシュア記3：17）。
- **エリヤの場合**　エリヤは外套を取り、それを巻いて水を打つと、水が左右に分れたので、ふたりはかわいた土の上を渡ることができた。（列王紀下2：8）
- **エリシャの場合**　そしてエリヤの身から落ちたその外套を取って水を打ち、「エリヤの神、主はどこにおられますか」と言い、彼が水を打つと、水は左右に分れたので、エリシャは渡った。（同

2：14）〔これはエリヤの功徳だ〕

・イエスの場合　イエスは夜明けの四時ごろ、海の上を歩いて彼らの方へ行かれた。イエスが海の上を歩いておられるのを見て、幽霊だと言っておじ惑い、恐怖のあまり叫び声をあげた。（マタイ福音書14：25–26）

推論では、西洋人に広くみられる「水に対する恐れ」（本書一四五頁参照）が、このような「水避けの奇跡」物語を生んでいるように思われる。そして「預言者は水避けの奇跡を起こせるパワーを持つくらい凄い」という、「因果関係の政治的擬制」を背後に読み取ることができるだろう。

その他、災厄で敵を滅ぼす「奇跡」は、モーセとエリヤだけのようである。

さて、ここからは眺望主義で歴史にもどる。北イスラエル王国では、アハブ王が斃れると、子のアハジヤが後を継いだ。アハジヤは、南ユダ王ヨシャパテと組んで、エジオン・ゲベル（エイラト）で一緒にタルシシ行きの船数隻を造った。その時ヘブロンの東のラキシ近隣、マレシャから預言者エリエゼルがエルサレムにやって来て、異教の王と結託したので主はあなたの造った物を壊すと告げたので、その船は難破して、タルシシへ行くことができなかった（歴代志下20：35–37）。

その後北王国では、アハジヤ王がサマリヤの宮殿の高殿から落ちて床についてしまった。王は使者らをペリシテ領のエクロンに送り、主神バアル・ゼブブに病の治癒の可否を尋ねさせた。すると、ただちに神の使い（神に操られた人、本人に自覚はない）が、預言者エリヤに送られた。預言者はそれと気づかないと使いが必ず来る。

エリヤは上って行って王の使者に追いつくと、神の使いの意を告げた。「あなたがたがエクロンの神バアル・ゼブブに尋ねようとして行くのは、イスラエルに神がないためか。それゆえ主はこう仰せられる、『あなたは、登った寝台から降りることなく、必ず死ぬであろう』」（列王紀下１：３−４）。慄いた使者はエクロンに行かず、サマリヤに戻って王に告げた。「アハジヤは彼らに言った、『上ってきて、あなたがたに会って、これらの事を告げた人はどんな人であったか』。彼らは答えた、『その人は毛ごろもを着て、腰に皮の帯を締めていました』。彼は言った、『その人はテシベびとエリヤだ』」（同１：７−８）。

アハジヤは五十人隊とその長をエリヤに送って殺そうとするが、一度ならず二度、カルメル山上からエリヤに神の火を下され、計二百二人が丸焼きにされた。本書第21節のバアル、アシラの預言者たちとの超能力合戦を合わせて察するところ、エリヤは火を得意とするようでもある。地から湧く燃える水（石油）、あるいは硫黄などを手に入れたものだろうか。

三度目に派された五十人隊の長は、ついに膝を屈して命乞いをした。すると神の使いがエリヤにやって来て、「彼と共に下りなさい。彼を恐れてはならない」（同１：15）という。

そこでエリヤは彼と共に下り、王のもとで「あなたは、登った寝台から降りることなく、必ず死ぬであろう」と告げると、果たしてそのようになった。王は死んだが、彼には子がなかったので、その兄弟ヨラムが代って王となった。彼の時代に死海の東、モアブが背き、南北共同で遠征軍を出したが敗北した（同３章）。

南の王よ　脱腸で死ね

南の王国でも、ヨシャパテが死んで、子で北の王と同名のヨラムが即位した。彼は北のアハブ王の娘を娶っていたので異教に染まり、ユダの山地に祈祷所をつくり、エルサレムの民に礼拝させた。北の預言者エリヤは黙っていない。彼はいつもケンカ腰なのだ。この点も後世のイエスそっくりだ。

その時預言者エリヤから次のような一通の手紙がヨラムのもとに来た、あなたの先祖ダビデの神、主はこう仰せられる、「あなたは父ヨシャパテの道に歩まず、またユダの王アサの道に歩まないで、イスラエルの王たちの道に歩み、ユダとエルサレムの民に、かのアハブの家がイスラエルに姦淫を行わせたように、姦淫を行わせ、またあなたの父の家の者で、あなたにまさっているあなたの兄弟たちを殺したゆえ、主は大いなる災をもってあなたの民と子供と妻たちと、すべての所有を撃たれる。あなたはまた内臓の病気にかかって大病になり、それが日に日に重くなって、ついに内臓が出るようになる」。（歴代志下21：12–15）

ヨラム王は、脱腸で死ぬと宣告された。

南ユダ王国はこの王の時代に、南方の民族に大いに背かれた。エドムはユダの支配を脱し、エチオピア人と一緒になっていたペリシテ人やアラビヤ人には侵攻され略奪されて、ヨラム王は妻子まで奪い去られてしまった。そのストレスで、彼は内臓が出て死んだ（同21：16–19）。

思うにこの前九世紀前半の南北の王国は、アハブとヨシャパテのように軍事行動を共にしたり、アハジヤとヨシャパテのように一緒に船を建造しようとしたり、南のヨラムのように北のアハブの娘を娶ったり、比較的友好関係にあったのである。ところが異教を許さぬ預言者たちが次々とやって来て、それをぶち壊してしまうのであった。

最後に本節の「ケンカ腰の奇跡の預言者たち」のタイトルは、夢野久作『近世怪人伝』の次の一節からとった。

キリストは豪《えら》い奴じゃのう。あの腐敗、堕落したユダヤ人の中で、あれだけの思い切った事をズバリズバリ云いよったところが豪い。人触《ふ》るれば人を斬り、馬触るれば馬を斬るじゃ、日本に生れても高山彦九郎ぐらいのネウチはある男じゃ。……猶太でも羅馬《ロウマ》でも屁とも思わぬ爆弾演説を平気で遣《やり》つづけて来たのじゃから恐らく世界一、喧嘩腰の強い男じゃろう。(「奈良原《ならはら》到《いたる》」の項、青空文庫)。

これはたぶん着地主義で正鵠を射ていると思う。だから故郷のナザレでも、あんなケンカを売るのであろう。

25　預言者集団は営業し、親方は海外出張する

……シリア軍包囲戦とエリシャ

預言者エリシャは毎日大忙し

古代生活というのは、現代から見れば毎日がサバイバルのような世界であったろう。人は三日水を飲まなければ枯れる。三週間何も口にできなくても死ぬのである。飢えて町で斃れれば路傍に転がされ、犬が肉を食う。村で息絶えれば、そのまま鳥が群がってくる。

だから体の自由の利かないめしいや足なえは、水が飲めるようにギベオン、サマリヤ、エルサレムなどにある給水槽や人工池のそばを離れない。水の揺れを感じればドブンと飛び込む。少し離れたところで、パン職人ホセアの女房が水を汲んでいたりする。村にはそれもない。貧しい井戸や硬水の湧き水があるばかりだ。

黴菌などと知らないから、日々汚染に囲まれて過ごす。虱症になれば全身の皮が剝ける。癩をもらえば肌が白くなる。飢饉も恐ろしい。古代イスラエルでは、家族でエジプトに逃げ、ソロモン以後は海沿いのペリシテ領にも逃げ込むようになった（列王紀下8：1–2）。たぶんペリシテ人は海の向こうの故郷と食糧の連絡があるのだろう。でもペリシテ領で負債が溜まれば、たちまち「債務奴隷」に

転落した。奴隷の生活は、訳が分からぬまま、しょっちゅう主人に殴られることである。女の場合は姦され、起き上がると、飯を作れと命じられたりした。債務奴隷の例は、列王紀下四章一節、拉致奴隷の例は同五章二節を見よ。

寡婦や孤児は死の圧力が高い。町では市場をうろつき物乞いをする。村では落ち穂を拾う。古代では身内以外、誰に頼ったら良いか分からない。神さまにすがろうとすれば、どうしたって強い豊かな民族の神さまの方を拝みたくなるというものである。

こんな時代のヤハヴェの預言者たちは忙しい。エリヤは別宅のあるギルガルから、預言者が増えすぎて分住したエリコを見舞い、預言者の町ベテルへと行き、そこからカルメルの火山に登り祈りを捧げてから住居のあるサマリヤに帰った、このルートを往復する。

エリヤが死んでからは、エリシャの仕事は二倍になった。エリコでは町の人々が、水が悪くて流産を起こしやすいので何とかしてくれという（同2：19）。エリシャは塩をもって水源に向かいそこに投げ入れた。

シリアの軍長ナアマンは癩病を患っていた。かつてシリア人が略奪隊を組んでイスラエルから拉し去ったシオンの娘が、ナアマンの妻に、「ああ、御主人がサマリヤにいる預言者と共におられたらよかったでしょうに。彼はそのらい病をいやしたことでしょう」（同5：3）にと、教えた。

妻から聞いたナアマンは、シリア王ベネハダデに、イスラエル王ヨラムへの親書を頼み、贈物と共に携えてサマリヤに下った。手紙を見たヨラム王は難癖をつけて侵攻する気だと勘違いし、キレて衣を裂いた。王が衣を裂いたことを知ったエリシャは、使者を王に送り、「どうしてあなたは衣を裂いたのですか。彼をわたしのもとにこさせなさい。そうすれば彼はイスラエルに預言者のあることを知るようになるでしょう」（同5：8）と告げた。

ナアマンは馬車をしつらえてエリシャの家の戸口に立つ。エリシャは出ない。彼は戸口に敏感なのだ。刺客が来るからである。使いを出して「あなたはヨルダンへ行って七たび身を洗いなさい。そうすれば、あなたの肉はもとにかえって清くなるでしょう」（同5：10）と伝えた。何だか因幡の白兎みたいな話である。預言者が出て来て前に立ち、神の名を呼んで、癩に手をかざすと思っていたナアマンは馬鹿にされたと思い、怒って立ち去った。だが、途中家来たちに説得されて東に向かい、「神の人の言葉のように七たびヨルダンに身を浸すと、その肉がもとにかえって幼な子の肉のようになり、清くなった」（同5：14）。

ナアマンはエリシャの家に戻り、礼を述べ、贈物をおくろうとしたが、「エリシャは言った、『わたしの仕える主は生きておられる。わたしは何も受けません』。彼はしいて受けさせようとしたが、それを拒んだ」（同5：16）。ナアマンは以後、ハダデ・リンモン（アダド）の神とヤハヴェを共に祀ることを誓って去って行った。

営業するエリシャ集団

預言者の仲間たちがある日、エリシャに言った。

「わたしたちがあなたと共に住んでいる所は狭くなりましたので、わたしたちをヨルダンに行かせ、そこからめいめい一本ずつ材木を取ってきて、わたしたちの住む場所を造らせてください」。エリシャは言った、「行きなさい」。時にそのひとりが、「どうぞあなたも、しもべらと一緒に行ってください」と言ったので、エリシャは「行きましょう」と答えた。そしてエリシャは彼らと一緒に行った。……彼らはヨルダンへ行って木を切り倒したが、ひとりが材木を切り倒しているとき、おのの頭が水の中に落ちたので、彼は叫んで言った。「ああ、わが主よ。これは借りたものです」。神の人は言った、「それはどこに落ちたのか」。彼がその場所を知らせると、エリシャは一本の枝を切り落し、そこに投げ入れて、そのおのの頭を浮ばせ、「それを取りあげよ」と言ったので、その人は手を伸べてそれを取った。(同6：1–7)

前六世紀のギリシャの奴隷詩人アイソポース(イソップ)の「金の斧 銀の斧」みたいな話だが、実際古代では、斧の楔がよくはずれた。申命記一九章五節を見よ。

これは場所が書かれていないが、ヨルダン川近くだから預言者の分住都市エリコであることは明らかだ。そこにエリシャは仲間たちと住んでいる。このような記述があるので、M・ウェーバーは、あえて「エリシャ党」(『古代ユダヤ教』II、四三三頁)と呼ぶのだろう。

ベテルやエリコには、当時預言者たちが数百人単位で暮らしていた。そのような者たちはもちろん、「先見《フォーサイト》」を職業とし、食うために営業していたのである。国の王侯貴族や富裕層のみならず、彼らは外国人にも応えていた。ベネハダデ王の軍長ナアマンはその一例である。M・ウェーバーは、エリヤは営業したが、エリシャは営業しなかったという(『古代ユダヤ教』I、一六九頁)。というのも、エリシャがナアマンの報酬を断ったからであろう。ところがこの話には続きがあり、師が報酬を断ったのに弟子がナアマンの後を追い、代わりに報酬を受け取った。それを、エリシャが癩で罰したというのである。

ゲハジはウソをつく。「主人がわたしをつかわして言わせます、『ただいまエフライムの山地から、預言者のともがらのふたりの若者が、わたしのもとに来ましたので、どうぞ彼らに銀一タラントと晴れ着二着を与えてください』」（列王紀下5：22）。ナアマンは、二タラントと晴れ着二枚を喜んで渡した。

ゲハジがエリシャの家に入って前に立つと、

エリシャは彼に言った、「ゲハジよ、どこへ行ってきたのか」。彼は言った、「しもべはどこへも行きません」。エリシャは言った、「あの人が車をはなれて、あなたを迎えたとき、わたしの心はあなたと一緒にそこにいたではないか。今は金を受け、着物を受け、オリブ畑、ぶどう畑、羊、牛、しもべ、はしためを受ける時であろうか。それゆえ、ナアマンのらい病はあなたに着き、ながくあなたの子孫に及ぶであろう」。彼がエリシャの前を出ていくとき、らい病が発して雪のように白くなっていた。（同5：25－27）。

先見《プレシャンス》すべきは「今は金を受け、着物を受け、オリブ畑、ぶどう畑、羊、牛、しもべ、はしためを受ける時であろうか」という記録のコマである。おそらく、シリアとの準戦時下だったのだ。だからヨラム王は衣を裂いた。そんなときに戸口に立てば敵に刺されるかもしれない。だからエリシャは立たなかった。敵から受け取るべき時ではないのに弟子が報酬を受け取った。ゆえに怒ったのである。エリヤはケンカ腰だが、エリシャはカンシャク持ちだった（同２：23−25）。

エリシャの住居は、エリコとサマリヤにあった。エリコの住居には、エリシャを親方とする預言者たちが集住していた。そして皆で営業していた。報酬は先に書かれてあった、「金、着物、オリブ畑、ぶどう畑、羊、牛、男奴隷、女奴隷」などである。エリシャはサマリヤでは一軒を構え、弟子と用心深く暮らしていた。当時預言者は、異教の暗殺者に狙われていたからだ。

サマリヤの北北東十六キロのドタンの町に営業に出た時、エリシャはシリアの略奪隊（拉致工作隊）に急襲された（同６：14−15）。だが、エリシャの周りには火山の神ヤハヴェの万軍があった。エリシャは出て催眠術で略奪隊をサマリヤに導き、王に渡すのであった。王が捕らえず、彼らを飲み食いさせて帰すと、略奪隊は二度と現れなかった（同６：17−23）。

ここからが本戦である。

この後スリヤの王ベネハダデはその全軍を集め、上ってきてサマリヤを攻め囲んだので、サマリヤに激しいききんが起った。（同６：24）

シリア軍のサマリヤ包囲戦

ヨラム王が城壁の上を通ると、とある女が王に救いを求めた。もう一人を指して訴えた。

「この女はわたしにむかって『あなたの子をください。わたしたちは、きょうそれを食べ、あす、わたしの子を食べましょう』と言いました。それでわたしたちは、まずわたしの子を煮て食べましたが、次の日わたしが彼女にむかって『あなたの子をください。わたしたちはそれを食べましょう』と言いますと、彼女はその子を隠しました」。（同6：28－29）

一九四一年、ナチスのレニングラード九百日包囲戦でも同様のことが起こった。

街角は死体で溢れた。やがて食料が切れた市内には飢餓状態が訪れ、死体から人肉を喰う凄惨な情況が常習化した。……特に子供の人肉は美味とされたので、市内では子供の誘拐や殺人が横行したと云われる。（ブログ『被爆者 命の記録』「レニングラード９００日包囲戦を生きのびた、ロシア婦人との証言交流会（2010・6・5）」https://plaza.rakuten.co.jp/kinokogumo/diary/201012020000/）

古代生活はソ連にも顔を出していた。

ヨラム王は女の言葉を聞いて、またキレて衣を裂き、「きょう、シャパテの子エリシャの首がその肩の上にすわっているならば、神がどんなにでもわたしを罰してくださるように」（列王紀下6：31）と、呪った。この不幸を招いたのはエリシャの神だと、異教徒の王は信じて疑わない。

エリシャはサマリヤの自宅で長老たちと座していた。そこに王が刺客を放った。到着前にエリシャは言う。

「分かりますか。あの人殺しはわたしの首をはねるために人を遣わしました。見よ、使者が来たら、戸を閉じ、戸のところでその人を押し返してください。その後に、彼の主君の足音が聞こえるではありませんか」。（新、列王記下6：32）

ナアマンの時と同じく、エリシャは戸口に用心深い。やがて来た刺客が戸口で言った。

「この不幸は主によって引き起こされた。もはや主に何を期待できるのか。」（新、同6：33）

エリシャのダマスカス出張

エリシャは家を出て王の前に立った。

「主の言葉を聞きなさい。主はこう言われる。『明日の今ごろ、サマリアの城門で上等の小麦粉一セアが一シェケル、大麦二セアが一シェケルで売られる。』」王の介添えをしていた侍従は神の人に答えた。「主が天に窓を造られたとしても、そんなことはなかろう。」エリシャは言った。「あなたは自分の目でそれを見る。だが、それを食べることはない。」（新、同7：1-2）

夕がた奇跡が起こった。

主が戦車の音や軍馬の音や大軍の音をアラムの陣営に響き渡らせられたため、彼らは、「見よ、イスラエルの王が我々を攻めるためにヘト人の諸王やエジプトの諸王を買収したのだ」と言い合い、夕暮れに立って逃げ去った。彼らは天幕も馬もろばも捨て、陣営をそのままにして、命を惜しんで逃げ去った。（新、同7：6–7）

こういう勘違いは、両者おびえている戦場ではよく起こることだ。

翌日、エリシャの言葉どおり、上等の小麦粉一セアが一シェケル、大麦二セアが一シェケルで売られるようになった。穀物倉が開かれたのである。王は介添えをしていた例の侍従を城門の管理に当たらせたが、彼は城門で穀物を求める民の群れに呑み込まれて死んだ（同7：17）。

その後、エリシャはシリアのダマスカスに現れた。病気のベネハダデ王が招き寄せたものであろう。家来のハザエルは命じられて、ラクダ四十頭の贈物を携え、エリシャに病気快癒の如何を尋ねさせた。エリシャはラクダを受け取った。彼はハザエルをじっと見つめ急に泣き出した。ハザエルが未来に、イスラエルの民を殺し、幼子を擲ち、妊婦を引き裂く姿を視たのである。そして、「王の病は治るが、王は死ぬ」「代わってあなたが王となる」と、告げた。王のもとに帰った彼は必ず回復する旨を伝えたが、翌日、水に浸した布で王の顔を覆い殺害した。ハザエルは王になり、エリヤの預言の一部が成就した（同8：7–15、列王紀上19：15）。

26 もう一つの契約の民レカブびと
……………北のエヒウ王朝と預言者ヨナダブ

預言者がつなぐ呪いの成就

前九世紀の中頃、北イスラエル王国では非ヘブライ人のオムリ王朝がつづき、三代目アハジヤ、四代目ヨラムで終焉を迎える。南ユダ王国では、ダビデ、ソロモンの血を引き、南北分裂してからは五代目に当たるのがヨラム、六代目がアハジヤと、北と南で名前の同じ王が順逆になるのでややこしい。

前九世紀前半、南北共同戦線でラモテ・ギレアデをシリアから奪回しようとして失敗し、アハブ王が斃れた。今回は北のヨラムと南のアハジヤの共同戦線で再びラモテ遠征が行われ、シリア王ハザエルと戦った。ハザエルはエリシャの預言どおり、ベネハダデを暗殺した王位簒奪者であった（列王紀下8：13–15）。

だが遡れば、それはエリシャに出会う前のエリヤの預言の成就だった。「ダマスコの荒野におもむき、ダマスコに着いて、ハザエルに油を注ぎ、スリヤの王としなさい。またニムシの子エヒウに油を注いでイスラエルの王としなさい」（列王紀上19：15–16）と、かつて神はエリヤに命じていた。

今回の遠征も結局うまく行かず、北のヨラム王が傷を負い、エズレルに退いたところを、南のアハジヤ王が見舞った。時にエリシャはエリコの預言者集団の一人をラモテに派し、北軍の将軍エヒウに油をそそぎ新王たるを告げ、アハブ家の滅亡と王母イゼベルの死を告げさせた。エヒウが軍長たちに灌油のことを伝えると、彼らは急ぎ衣服を脱いでエヒウの足元に敷き、角笛を吹いて彼を王として推戴した（列王紀下9：1－13）。北ではエヒウ王朝がここから始まる。

エヒウは猛烈な勢いで戦車隊を駆り立て、エズレルを急襲した。かつて北のアハブ王が世襲地保有者ナボテから奪った地所で、南北の王たちはエヒウと会見した。

ヨラムはエヒウを見て言った、「エヒウよ、平安ですか」。エヒウは答えた、「あなたの母イゼベルの姦淫と魔術とが、こんなに多いのに、どうして平安でありえましょうか」。その時ヨラムは車をめぐらして逃げ、アハジヤにむかって、「アハジヤよ、反逆です」と言うと、エヒウは手に弓をひきしぼって、ヨラムの両肩の間を射たので、矢は彼の心臓を貫き、彼は車の中に倒れた。（同9：22－24）

エヒウは副官に、ヨラムの死体をナボテの畑に投げ入れさせた。エリヤの預言の「またあなたの家をネバテの子ヤラベアムの家のようにし、アヒヤの子バアシャの家のようにするでしょう」（列王紀上21：22）という神の呪いの成就である。エリシャはそれをエヒウにつないだ（列王紀下9：8－9）。

ユダの王アハジヤはこれを見てベテハガンの方へ逃げたが、エヒウはそのあとを追い、「彼をも撃て」と言ったので、イブレアムのほとりのグルの坂で車の中の彼を撃った。彼はメギドまで逃げていって、そこで死んだ。(同9:27)

ところが歴代志下の記録では、ここことは死に場所が違う。彼の母親は北王国のオムリの孫娘アタリヤで、バアル・アシラを持ち込み、アハジヤは異教徒だったので、その滅びは予定されていたと、歴代志は語る。だが、ここではサマリヤに隠れていたところを民に引きずり出されてエヒウに殺されたことになっている(歴代志下22:9)。二〇〇三年、隠れ家の地下の穴から引きずり出されて殺された、イラクのサッダーム・フセインのようである。ともかくも、彼はヤハヴェに忠実なヨシャパテ王の子であることから、シオンの先祖たちの墓に葬られた(列王紀下9:28)。

エヒウがエズレルにきた時、イゼベルはそれを聞いて、その目を塗り、髪を飾って窓から望み見たが、エヒウが門にはいってきたので、「主君を殺したジムリよ、無事ですか」と言った。(同9:30–31)

ここはナボテから奪った葡萄畑に隣接する故アハブ王の別邸だ。その二階の窓からシドン人イゼベルは媚を売ろうと思ったものか、アイシャドウをして髪飾りをつけ声をかけたが、口から出たのはあろうことか、かつてバアシャ王家を簒奪した戦車隊長ジムリ(列王紀上16:9–11)の名だった。

国家・民族の因果ストーリ

怒ったエヒウが窓にむかい、「『だれか、わたしに味方する者があるか。だれかあるか』と言うと、二、三人の宦官がエヒウを望み見たのでエヒウは『彼女を投げ落せ』と言った。彼らは彼女を投げ落したので、その血が壁と馬とにはねかかった。そして馬は彼女を踏みつけた」(列王紀下9：32–33)。邸に入って飲食すると、エヒウはイゼベルの埋葬を命じた。しかし宦官たちが行ってみると、犬が喰って頭蓋骨と足と掌しか残っていなかった。エヒウに告げると、彼は言った。

「これは主が、そのしもべ、テシベびとエリヤによってお告げになった言葉である。すなわち『エズレルの地で犬がイゼベルの肉を食うであろう。イゼベルの死体はエズレルの地で、糞土のように野のおもてに捨てられて、だれも、これはイゼベルだ、と言うことができないであろう』」。(列王紀下9：36–37)

このエリヤの残された預言（列王紀上21：23）の成就をエヒウにつないだのもエリシャであった(列王紀下9：7)。

ここまでで、宗教と国家・民族の歴史の因果のストーリを簡単にまとめておきたい。まず北イスラエル王国の王はすべて異教徒だった。エフライム族のヤラベアム一世は子牛の偶像を祀り、イッサカル族のバアシャはアシラを祀った。次いで非ヘブライ人のオムリ王朝は四代続くが、すべてバアル・アシラを祀っている。他方、南ユダ王国はダビデ・ソロモンの血を引く王が六代続くが、第一代のレハベアムと第二代のアビヤムは折衷派、第三代のアサと第四代のヨシャパテは忠実なヤハヴェ信徒だった。第五代のヨラムと第六代のアハジヤはバアル・アシラを祀った。まともなヤハヴェ信徒は二人しかいない。この圧倒的な劣勢で、次々と強力な預言者が送りこまれたわけである。

預言者とは、民族にしか所属意識を持ちえず、M・ウェーバーが「民族共同態のただなかに立っていて、この運命こそがかれらの関心事」（『古代ユダヤ教』Ⅱ、四六五頁）だったというように、北イスラエル王国や南ユダ王国に遣わされた者ではなく、ユダヤ民族に遣わされたものである。ユダヤ教には「人は神の奴隷であり、人の奴隷ではない」という大テーゼがあらかじめ埋め込まれているので、国王はかえって人を奴隷にする者であり、彼らの権力を抑制することを預言者は己の使命としていた。

王国はサムエルによって作られ、ダビデによって統合され拡大していったが、ソロモンが差別税制や差別労役で民族の統合力を弱めてしまった。民族がソフトで、ハードな国家に組み込まれるものだとすれば、結果としてソロモンは十二部族から一民族への推移に失敗し、ソフトを一枚にできなかったということである。その結果として、ダビデの王国は南北に分裂し、北の部族が北王国に、南の部族が南王国に分属することになってしまった。

ユダヤ教にとって一番望ましい国家と民族とは何か。ソフトが一枚になって一つのハードに組み込まれると同時に、ハードは祭司と預言者によって力を抑制され、国王をはじめとする民族全体がヤハヴェ神に忠実になることであろう。

ところが現実の国家の推移から見ると、北のバアシャと南のアサの時代、前九世紀の始め四分の一期は南北戦争期、次の四分の一期では北はオムリ王朝の時代だが、南北は宗教に関係なく、対モアブやシリアの共同戦線を張ったり、北王家の女が南王家に嫁したりする融和期だった。ところが、ここに、エリヤ・ミカヤ・エリシャなどの特に強力な超能力預言者が当たってしまう。彼らが「異教の王」を攻撃すればするほど南北の国家の融和は破壊され、部族はますます分裂し、ヤハヴェから心が離れていくことになった。これでは「民族の預言者」は所属なく彷徨してしまうしかないだろう。

そこで北イスラエル王国に強力なヤハヴェ信徒の国王を立て、南の国王と融和させ、ダビデ王国の理想に戻すべく、神の命を受けたエリシャが将軍エヒウに油を注ぐことになったわけである。

レカブびとのエヒウ支援

前八四二年頃、権力を握った将軍エヒウがまずしたことは、サマリヤの長老、町の顔役、宮廷長、アハブ家の守り役などに直接手紙して、アハブ家の子ら七十名を殺し、その首をバスケットに入れて、エズレルの自分の元に届けさせることだった。彼らは従い、首は門前にふた山に積み上げられた。またエズレルに残る者、近しい者、祭司たちなどアハブ家に属する者を殺し、サマリヤに向かう途中、南ユダのアハジヤ王の派した、北の王一家の安否を問う一行、四十二人も惨殺した（列王紀下10：11―14）。

エヒウはそこを立って行ったが、自分を迎えにきたレカブの子ヨナダブに会ったので、彼にあいさつして、「あなたの心は、わたしがあなたに対するように真実ですか」と言うと、ヨナダブは「真実です」と答えた。するとエヒウは「それならば、あなたの手をわたしに伸べなさい」と言ったので、その手を伸べると、彼を引いて自分の車に上らせ、「わたしと一緒にきて、わたしが主に熱心なのを見なさい」と言った。そして彼を自分の車に乗せ、サマリヤへ行って、アハブに属する者で、サマリヤに残っている者をことごとく殺して、その一族を滅ぼした。主がエリヤにお告げになった言葉のとおりである。（同10：15–17）

レカブびとのヨナダブというのは、すでに2節で、「ヘブライ人だけが神と契約したわけではない。他に、レカブびとにはモーセに相当する預言者ヨナダブがいて、禁酒・永遠の幕屋生活・禁播種などの契約を交わしていたのが見える」（エレミヤ書35章による）と書いた。つまり、ヤハヴェと契約を交わした牧草地の家畜飼育者たちが他にいたのである。

この度は、彼らが将軍エヒウに加勢しているので、M・ウェーバーは「エリシャ党やレカブびとたちの実行したエヒウの革命」（『古代ユダヤ教』II、四三三頁）などと言う。だが、この革命の中身はじつは大虐殺だった。国内のバアルの預言者・祭司・信徒たちをサマリヤのバアル神殿に集め、侍衛と将校たちを使って皆殺しにし、神殿の柱の像を取り出して火にかけ、石柱を毀ち、神殿を壊して厠にしたのだった。これは、猛烈な報復戦の引き金となった。

エヒウは、ヤラベアム一世がベテルとダンの祭壇に祀らせた金の子牛をそのままにしておいたので、「主はエヒウに言われた、『あなたはわたしの目にかなう事を行うにあたって、よくそれを行い、またわたしの心にあるすべての事をアハブの家にしたので、あなたの子孫は四代までイスラエルの位に座するであろう』」（列王紀下10：30）と、四代以上は続かないという罰を付加された。結局、彼も折衷派だった。

アッシリアとシリアの狭間で

この頃、バビロニアの北西に位置するチグリス川沿いの高原地帯に依るアッシリア人が次第に有力となり、シャルマネセル三世は前八四一年、ダマスカスに遠征し、ハザエルは破れ、アッシリア軍はバシャンから死海の東にまで達した。シャルマネセル王は、途上ツロ王とイスラエル王エヒウから貢ぎ物を受けた。

数年後、シャルマネセルはシリア・パレスチナを諦め、南アナトリアに向かったため、シリアは圧力から解放された。ハザエルは素早くイスラエルの全領土を侵し、バシャンからアルノン川までのギレアデ地方を征服し、アンモン、モアブ、エドムを進貢国とした後、前八一四年にイスラエルの領土を通過し、ユダから貢ぎ物を受け取り、ペリシテ領のガテまで到達した。こうして全パレスチナがシリアの支配下に入った。

エヒウ王朝第二代のエホヤハズは、ハザエルの子ベネハダデ三世の属王にすぎなかった。「さきにスリヤの王が彼らを滅ぼし、踏み砕くちりのようにしたのでエホアハズの軍勢で残ったものは、ただ騎兵五十人、戦車十両、歩兵一万人のみであった」（同13：7）というのがそれである。

だが、イスラエルは、再びアッシリアに救われた。アダドニラリ三世は西方への野心を復活させ、前七九六年シリア軍に打撃を加え、ダマスカスに入城、ベネハダデ三世から重い貢ぎ物を取り立てた。北イスラエル王国では、第三代のヨアシに代がわりし、彼はアッシリアの保護を求めてその支配に服し、貢ぎ物を送った。

この頃から状況は少し好転し、「そこでエホアハズの子ヨアシは、父エホアハズがハザエルに攻め取られた町々を、ハザエルの子ベネハダデの手から取り返した。すなわちヨアシは三度彼を撃ち破って、イスラエルの町々を取り返した」（同13：25）。彼は信仰に問題はあったが、エリシャと預言者集団は、最後までシリアと戦うべく、ヨアシを励まし続けた（同13：14–19）。エリシャは死んで葬られたが、墓は掘り返され骨は露出された。バアル・アシラ信徒たちの報復を受けた模様である（同13：20–21）。

27 預言者は政治運動をしてはいけない
……ユダヤ教徒の劣勢と預言者ホセア

現実政治に呑み込まれた預言者たち

前節のエリシャのところで尻切れトンボで終ってしまったので、政治状況を少し付言しておこう。預言者にとって、召命されてから死ぬまで何年間活動したかは重要である。エリヤのように最大二十年くらいでは、味方をつのる余裕がない。フォースと人格的な魅力がすべてであろう。その点弟子のエリシャは、師の三倍くらい活動期間が長い。付き合う人々も増えるので、フォースと人格的な魅力で預言者集団の親方のようになってしまった。政治が「人を動かす工夫」であるとすれば、預言者は当然政治的にならざるを得なくなる。

南北でヤハヴェの篤信者の王が二人しかいないという圧倒的に劣勢な時代で、若い頃は敵を倒すのに必死だった。ところがその時代は同時に、南北が宗教に関わりなく融和的だった時代だったので、戦えば戦うほど民族の融和を壊してしまうことになったのだ。

そこで追いつめられ、北イスラエルの王をヤハヴェ篤信者のエヒウに替え、もう一つの契約の民、牧草地の預言者ヨナダブの率いるレカブびとと新王朝を支えた。まず、バアルの祭司、預言者、礼拝者をだましてバアル神殿に集め、聖バーソロミューの大虐殺のようなことをやった。

ところが後継の王が思いどおりにいかない。二代目のエホアハズも三代目のヨアシも、前十世紀にヤラベアム一世がベテルとダンに据えた金の子牛の祭壇を除かなかった。バアル信徒は弱まるどころか、猛烈な報復戦を始め、結果、ヤハヴェの預言者の町だったベテルは、異教徒の預言者集団に乗っ取られたのだろう。次の代の預言者、アモスとホセアは、ベテルを猛烈に攻撃する。

その間、アッシリアが優勢になり、シリアと覇を競うたびに、弱小国イスラエルは揺れに揺れた。シリアはアルノン川までのギレアデ領を征服し、死海の直北にあるかつてのサウルの王都、ギルガルも異教徒の手に落ちたものだろう。

第三代ヨアシの時代の預言者エリシャはもはや政治的にならざるを得ない。宗教的に難のあるヨアシ王だったが、そこをこらえて政治的に励ますのである。


さてエリシャは死ぬ病気にかかっていたが、イスラエルの王ヨアシは下ってきて彼の顔の上に涙を流し、「わが父よ、わが父よ、イスラエルの戦車よ、その騎兵よ」と言った。

エリシャは彼に「弓と矢を取りなさい」と言ったので、弓と矢を取った。エリシャはまたイスラエルの王に「弓に手をかけなさい」と言ったので、手をかけた。するとエリシャは自分の手を王の手の上におき、「東向きの窓をあけなさい」と言ったので、それをあけると、エリシャはまた「射なさい」と言った。彼が射ると、エリシャは言った、「主の救の矢、スリヤに対する救の矢。あなたはアペクでスリヤびとを撃ち破り、彼らを滅ぼしつくすであろう」。（同13：14–17）

こうしてヨアシはイスラエルの町々を取り返した（同13：25）。だが、それはアペク程度の勝利だったと思われる。その南には、ペリシテ領が広がっており、そこはもうシリアに服属しているのだ。

次の四代目、ヤラベアム二世になると、現実の政治の動きが激しく、預言者は動きが鈍くなり、北王国関連の列王記下、歴代志下の記述に現れなくなる。この時代の預言者は、「アモス書」「ホセア書」の方を見なくてはならない。

なにしろヤラベアム二世は、「サマリヤで王となって四十一年の間、世を治めた。彼は主の目の前に悪を行い、イスラエルに罪を犯させたネバテの子ヤラベアムの罪を離れなかった」（同14：23–24）と、明確にヤハヴェに背いているのに、何の咎めもなく、「彼はハマテの入口からアラバの海まで、イスラエルの領域を回復した。イスラエルの神、主がガテヘペルのアミッタイの子である、そのしもべ預言者ヨナによって言われた言葉のとおりである」（同14：25）と、かえって手柄を立ててしまい、宮廷預言者のヨナまでゴマを擂る。彼は「ヨナ書」のような神話でアッシリアを匂わせただけだ。「因果関係の政治的擬制」が復活してしまう。ニネヴェに金の子牛の礼物を持って行ったのも彼かもしれない。

第一、ハマテからアラバ海といえば、今のシリアのハマーからガリラヤ湖を経て死海までである。さらに、「かつてユダに属していたダマスコとハマテを、イスラエルに復帰させた」（同14：28）とあるが、原文には「イスラエルにおけるユダに属すハマテを回復した」とあり、全く意味不明だという（『ユダヤ民族史』Ⅰ、二一八頁）。どうも記録が乱れ始めているようである。

預言者ホセアの登場

「エヒウ革命」の虐殺は、次々とあらたな殺戮を生んでいった。エリシャの墓の盗掘も、たぶん報復だろう（列王紀下13：20－21）。ヤハヴェは、エヒウの虐殺に最初から猛烈に怒っている。

主はまた彼に言われた、「あなたはその子の名をエズレルと名づけよ。しばらくしてわたしはエズレルの血のためにエヒウの家を罰し、イスラエルの家の国を滅ぼすからである」。（ホセア書1：4）

二番目の女の子を、「あなたはその名をロルハマと名づけよ。わたしはもはやイスラエルの家をあわれまず、決してこれをゆるさないからである」（同1：6）。三番目の男の子は、「その子の名をロアンミと名づけよ。あなたがたは、わたしの民ではなく、わたしは、あなたがたの神ではないからである」（同1：8）。ロルハマは、「憐れまぬ者」、ロアンミは、「わが民でない者」という意味だ。だがヤハヴェはあくまでも親切なのだ。それは次の章にあらわれる。

「主は言われる、
その日わたしは天に答え、
天は地に答える。
地は穀物と酒と油とに答え、

またこれらのものはエズレルに答える。
わたしはわたしのために彼を地にまき、
あわれまれぬ者をあわれみ、
わたしの民でない者に向かって、
『あなたはわたしの民である』と言い、
彼は『あなたはわたしの神である』と言う」。(同２：21―23)

エズレル(神が種を蒔く)に答え、ロルハマ(憐れまぬ者)をあわれみ、ロアンミ(わが民でない者)には私の民だと言ってあげよう。だからちゃんと応えるのだぞ、と言っているのである。そしてホセアは、この罰と救済の過程を、そのまま家庭で体現させられる。

「行って、淫行の妻と、淫行によって生れた子らを受けいれよ。この国は主にそむいて、はなはだしい淫行をなしているからである」。そこで彼は行ってデブライムの娘ゴメルをめとった。(同１：２―３)

預言者にとって、「生活」はあらかじめ不幸に色づけされている。

淫乱妻と「終わりの日」

淫行の妻とは、「淫乱」のことだ。資質の問題であり、男女両性にいる、「性を貪る人」のことである。女性の方に限れば、「尼僧の告白――テーリーガーター」（岩波文庫、一九八二年）の中に何人か出てくる。『コリヤード 懺悔録』（岩波文庫、一九八六年）の「六番の御掟について」の女弟子は典型的だ。瀬戸内晴美『花芯』（文春文庫、一九七五年）は体験談。女優では太地喜和子などが挙げられるだろうか。私も若い頃、何人か見たが、この資質の女で性的に開発された者は、男の多く訪れる場所に自然と集まる。

ホセアの二番目の妻は、負債から遊女になった女になっているが、こういう淫乱の例はむしろ少ないと思われる。古代の場合には、各国に神殿娼婦というのがあるから、淫乱はむしろそちらに行くだろう。これは普通の遊女の身請けだ。最初の淫乱妻のゴメルは男とどこかへ行ってしまったのだろうか。

「あなたは再び行って、イスラエルの人々が他の神々に転じて、干ぶどうの菓子を愛するにもかかわらず、主がこれを愛せられるように、姦夫に愛せられる女、姦淫を行う女を愛せよ」と。そこでわたしは銀十五シケルと大麦一ホメル半とをもって彼女を買い取った。わたしは彼女に言った、「あなたは長くわたしの所にとどまって、淫行をなさず、また他の人のものとなってはならない。わたしもまた、あなたにそうしよう」と。イスラエルの子らは多くの日の間、王なく、君なく、犠牲なく、柱なく、エポデおよびテラピムもなく過ごす。そしてその後イスラエルの子らは帰って来て、その神、主と、その王ダビデとをたずね求め、終りの日におののいて、主とその恵みに向かって来る。（ホセア書3：1-5）。

ここでは異教の神々は古代イスラエルの人々の大好きな干しぶどうの菓子にたとえられる。それでもヤハヴェは言う。異教によった者も愛してやろう、彼らはこの後長く王国もなく、人の生贄もなく、丘の異教の祈祷所もなく、本書第6節で述べた偶像のエポデとテラピムもなく、さすらい過ごすが、やがてヤハヴェとダビデの系譜の者を探し求めて帰ってくる。終末の日には恐れおののくのだぞ――と、いう預言である。眺望主義でいえば、現在のイスラエルのことのようにも見える。着地主義でいえば、終末の「終わりの日」というのは、イザヤ書二章二節、エゼキエル書三八章一六節、ネヘミヤ記八章一八節とホセア書のここに出てくるから、ユダヤ教に終末論が発生するのは前八世紀以後のことになるだろうか。エルサレムの神殿の周りが異教徒だらけになってからだろう。ユダヤ教徒の悪意が感じられる。終末論の向う側は善悪二元論だからである。

キリスト教でこれを大々的に受け継ぐのがヨハネ福音書で計六回出てくる（記入すると大幅になるので、関心のある読者はネット検索してほしい）。田川建三氏によれば、終末論は自分たちが善だと言い立てる教会的編集者たちが好んで用いるドグマだという（『新約聖書　訳と註』第五巻、作品社、二〇一三年、二七四-二七五頁、五〇八-五〇九頁）。あと、パウロ書簡のコリント人への第一の手紙に「終末」の語が一つ出てくるが、単語そのものの意味は「最後」ということだそうだ。

ホセアはパン焼職人

A・J・ヘッシェルによれば、ホセアはパン焼職人らしい(『イスラエル預言者』(上)教文館、一九九二年、一〇二頁)。

彼らはみな姦淫を行う者で、
パンを焼く者が熱くする炉のようだ。
パンを焼く者は、ねり粉をこねてから、
それがふくれるまで、しばらく、火をおこす事をしないだけだ。(ホセア書7:4)

彼らの食べ物は偶像にささげられたパンだ。
それを食べる者は皆、汚れる。(新、同9:4)

というように、ホセアはパンに強い関心がある。彼らはクッキーも焼いた。

エフライムは諸国民の中に交ぜ合わされ
エフライムは裏返さずに焼かれた菓子となった。
他国の人々が彼の力を食い尽くしても
彼はそれに気がつかない。(新、同7:8)

熱い石の上で忘れられ、片面焼け焦げて、片面半焼けみたいなクッキーであろうか。ホセアはエフライムの地をとくに憎む。ホセアは預言者のことを「霊の人」（新、同9：7）という。だから黙示的なところがある。

エフライムはおのれの病を見、
ユダはおのれの傷を見たとき、
エフライムはアッスリヤに行き、
大王に人をつかわした。
しかし彼はあなたがたをいやすことができない。
また、あなたがたの傷をなおすことができない。（同5：13）

エフライムは知恵のない愚かな、はとのようだ。
彼らはエジプトに向かって呼び求め、
またアッスリヤへ行く。（同7：11）

彼らはひとりさまよう野のろばのように、
アッスリヤにのぼって行った。

エフライムは物を贈って恋人を得た。(同8:9)

彼らは主の地に住むことなく、
エフライムはエジプトに帰り、
アッスリヤで汚れた物を食べる。(同9:3)

その子牛はアッスリヤに携えられ、
礼物として大王にささげられ、エフライムは恥をうけ、
イスラエルはおのれの偶像を恥じる。(同10:6)

エフライムはひねもす風を牧し、
東風を追い、
偽りと暴虐とを増し加え、
アッスリヤと取引をなし、
油をエジプトに送った。(同12:1)

エフライムとはサマリヤであり、サマリヤとは北イスラエル王国のことである。前八世紀、北王国はエジプトと交易関係に入り、子牛の偶像をアッシリアに贈物とし、貢物を送ったということを非難

していうらしい。

ベテルとギルガルに行くな

この子牛は、ベテルの町に関係する。ヤラベアム一世がエジプトに倣って鋳造した金の子牛はベテルとダンの祭壇に祀られ、どのイスラエル王も除去できなかった。礼拝者が多すぎるのである。これは元来エジプトの牛の神アピスだったはずなのだが、イスラエルでは同じく角のあるバアルと認識された（本書二〇〇頁）。

そしてホセアはベテル（神の家）をベテアベン（有害事の家、ベト・アベン）だと、ダジャレで罵るのである。（前十一世紀くらいまで、ベテルの東にベテアベンの野というのが認められるが、通説に従う。サムエル記上13：5、ヨシュア記7：2など）。

イスラエルよ、あなたは淫行をなしても、
ユダに罪を犯させてはならない。
ギルガルへ行ってはならない。
ベテアベンにのぼってはならない。
また「主は生きておられる」と言って
誓ってはならない。（ホセア書4：15）

ギベアで角笛を吹き、
ラマでラッパを鳴らし、
ベテアベンで呼ばわり叫べ。
ベニヤミンよ、おののけ。
エフライムは刑罰の日に荒れすたれる。（同5：8―9）

サマリヤの住民は、
ベテアベンの子牛のためにおののき、
その民はこれがために嘆き、
その偶像に仕える祭司たちは、
その栄光のうせたるがために泣き悲しむ。（同10：5）

前十世紀後半、ヤラベアム一世から南ユダ王国第二代のアビヤムが奪取した（本書二〇四頁）、ヤハヴェの預言者の町ベテルは、ホセアの生きた前八世紀後半には、間違いなくバアルの祭司、預言者と信徒に占領されている。ユダヤ教徒は報復戦により、ここまで追いつめられたのだ。

かつてのサウルの王宮のあったギルガルは、シリアのギレアデ占領で、こうなっている。

彼らのすべての悪はギルガルにある。

わたしはかしこで彼らを憎んだ。
彼らのおこないの悪しきがゆえに、
彼らをわが家から追いだし、
重ねて愛することをしない。
その君たちはみな、反逆者である。（同9：15）

もしギレアデに不義があるなら、
彼らは必ずむなしき者となる。
もし彼らがギルガルで雄牛を犠牲にささげるなら、
彼らの祭壇は畑のうねに積んだ石塚のようになる。（同12：11）

この祭壇はギルガルにとってはバアル、シリアにとってはナアマンの所で出てきたハダデ・リンモンであったろう。

28

北王国の滅亡を預言する羊飼い

………バアルの祭司に軽視される預言者アモス

預言者を恐れぬ異教の祭司

預言者アモスは、エルサレム南方十八キロに同定される、コテア出身の牧羊者であった（アモス書1：1）。元来南ユダ王国の人間だが、よほど腹が立ったらしく、ろばに乗ってケンカ腰で北のサマリヤまでやって来た。エリヤと同じく、手持ちの家畜も家も全部処分してやって来るのだから、強い「意志」に突き動かされていた。預言者アモスも、ベテルとギルガルを憎むこと、ホセアに劣らない。

「あなたがたはベテルへ行って罪を犯し、
ギルガルへ行って、とがを増し加えよ。
朝ごとに、あなたがたの犠牲を携えて行け。
三日ごとに、あなたがたの十分の一を携えて行け。」
（アモス書4：4。後半部は「捧げ物拒絶」、後述）

「ベテルを求めるな、
ギルガルに行くな。
ベエルシバにおもむくな。
ギルガルは必ず捕えられて行き、
ベテルは無に帰するからである」。(同5：5)

かつてのヤハヴェの預言者の町ベテルは、前八世紀前半には、バアルの祭司、預言者、礼拝者に占領されてしまった。ギルガルは、シリアのギレアデ占領により、バアルに擬されるハダデ・リンモンの聖所のある町となっていた。

ヤハヴェの罰すべき不義は、イスラエル・ユダ周辺諸民族まで及ぶというのが、アモスの預言の特徴である。

シリアはギレアデを踏みにじったからベネハダデの諸々の宮殿を焼き尽くす(同1：3-4)、ペリシテはヘブライ人の捕虜をエドムに渡したので、ガザもアシドドもアシケロンもエクロンもみんな滅ぼす(同1：6-8)、同じことをしたツロも城壁に火を放つ(同1：9-10)、エドムの始祖エサウはヤコブの兄弟なのに、兄弟民族を剣で追い立てた、だからエドムの町テマンやボズラに火を放つ(同1：11-12)、アンモン人はギレアデの妊婦を引き裂き、領土を広げたからラバ(アンマン)の城壁に火を放つ(同1：13-14)、モアブはエドムの王の骨を焼き灰にしたから城壁に火を放つ(同2：1-2)、ユダは律法を拒み偽りの神に従ったからエルサレムの城壁を火でなめつくす(新、同2：4-5)。みんな理由があるが、罰は意外と単調である。日本の『愚管抄』の慈円同様、教養の豊かな人ではないのだろう（古田『「紙の本」はかく語りき』ちくま文庫、二〇一三年、六八頁）。

イスラエルは一番罪深い。貧しい者を虐げ、弱い者を踏みつけ、父も子も同じ女のもとに通い神の名を汚し、祭壇で質草の衣を広げて酒を神の家で呑み、ナジルびとに酒を飲ませ、預言者に預言するなと命じた。彼は民族共同体に立ち、同胞たちを虐げる者を許さない。麦束を満載した車が轍で地を裂くようにお前たちの足もとの地を引き裂いてやる（新、ホセア書2：6－13）という。これだけ嫌なことを大声で呼ばわれば、支配者たちも怒るというものであろう。

時にベテルの祭司アマジヤは、イスラエルの王ヤラベアムに人をつかわして言う、「イスラエルの家のただ中で、アモスはあなたにそむきました。この地は彼のもろもろの言葉に耐えることができません。

アモスはこのように言っています、

『ヤラベアムはつるぎによって死ぬ、

イスラエルは必ず捕えられて行って、

その国を離れる』と」。

それからアマジヤはアモスに言った、「先見者よ、行ってユダの地にのがれ、かの地でパンを食べ、かの地で預言せよ。しかしベテルでは二度と預言してはならない。ここは王の聖所、国の宮だから」。（アモス書7：10－13）

この祭司はベテルの祭壇で、バアルを祀っている祭司だ。ヤラベアム二世にアモスの暴言を訴え、王の聖所と宮殿から追放しようとした。アモスを「先見者」だという。それなのに「預言するな」という。先見者は未来の結果を先取りする者、預言者は神の言葉を告げる者である。異教徒の彼には先見者も預言者も区別できない。それに全く恐れていない。それは頭上をうるさく飛び回る蠅のようなものだ。ヤハヴェの預言者は遂にここまで弱くなったということである。

アモスはアマジヤに言い返した。

「わたしは預言者でもなく、また預言者の子でもない。わたしは牧者である。わたしはいちじく桑の木を作る者である。ところが主は群れに従っている所からわたしを取り、『行って、わが民イスラエルに預言せよ』と、主はわたしに言われた。
それゆえ今、主の言葉を聞け。」（同7：14–16）

アモスは自身を、小家畜飼育者でイチジクよりも小さくてまずい「イチジク桑」の実を食べ葉を飼料にする者、つまり貧しい牧羊者だと称した。預言者ではないが、主が私を取り上げたのだから私の言葉を聞け、という。恐れられていた頃の預言者は、こんなに卑屈なことは言わなかったはずだ。

捕囚先はどこか？

アモスは無知な田舎の牧羊者で、もちろん文盲であろう。それが、なぜ異教の神々についての知識をもっているのか、というのが、次の問題である。

「イスラエルの家よ、あなたがたは四十年の間、荒野でわたしに犠牲と供え物をささげたか。かえってあなたがたの王シクテをにない、あなたがたが自分で作ったあなたがたの偶像、星の神、キウンをになった。それゆえわたしはあなたがたをダマスコのかなたに捕え移す」と、その名を万軍の神ととなえられる主は言われる。(同5：25–27)

というわけで、M・ウェーバーが「そしてかれはユダのある小都市の出身であったが、それでいてしかも十分ゆきとどいた教育をうけていたことは明らかに認めうる。というのは実にかれは、例えばバビロニアのティアマット神話を知っているからである」(『古代ユダヤ教』II、四三二頁)などということになる。元々小都市の出身者が、わざわざ田舎の牧羊者になるだろうか。貧しくなりたいと思う人間など一人もいない(聖フランシスコは違う。古田前掲書、五二頁)。

ティアマット神話は実は関係ない。シクテはアッシリア・バビロニア地方の土星神、キウンも同じく星の神の名である。なぜそんな知識があったのかといえば、無知な牧羊者にあったわけではなく、彼の言葉を「預言だ」と感じ陶片にメモした、都市出身の教養あるヤハヴェ信徒の記述者がいたのであろう。それがアモス書の記述者であり、彼の語彙が混入したものかもしれない。

アモスの預言は確かに凄まじい。祭司アマジヤにこう預言した。

「あなたは言う、
『イスラエルに向かって預言するな、
イサクの家に向かって語るな』と。
それゆえ、主はこう言われる、
『あなたの妻は町で遊女となり、
あなたのむすこ、娘たちはつるぎに倒れ、
あなたの地は測りなわで分かたれる。
そしてあなたは汚れた地で死に、
イスラエルは必ず捕えられて行って、
その国を離れる』」。（アモス書7：16–17）

サマリヤの民がこの後アッシリアに捕囚されるのは、三十年後くらいだ。アマジヤの妻は老婆になってしまうから、遊女には向かない。だからここでは別にアマジヤ個人に関わっているのではなく、「お前たちの息子や娘は異邦の民の剣にかけられ、お前たちは土地から引き離され、お前たちの土地はやって来た別の民族によって測量されて分割され、お前たちの妻は異邦の町で遊女にされ、お前たちは汚れた偶像神の町で死ぬ」と言っているのである。

アモスに北王国の人々がどこに捕囚されるか、預言に示されていたかどうかは、よく分からない。口語訳にある、「アッスリヤにあるもろもろの宮殿」（同３：９）というのは、ギリシャ語七十人訳により、新共同訳の「アシュドドの城郭に向かって」というのは、ヘブライ語原文によるらしい。前者ではアッシリアに、後者ではペリシテのアシドドに捕囚先が暗示されているように見えるのだが、アモス書に、他にアッシリアの語は一言も出てこない。アモスはサマリヤの民を捕囚していく民が誰なのか分からなかったため、ただ「敵」だと言っているようにも思われる。

敵がこの地を囲み
お前の砦を倒し、城郭を略奪する。（新、同３：11）

と、いうのがそれである。
これを聞いていた記述者が、「偶像、星の神、キウンをになった。それゆえわたしはあなたがたをダマスコのかなたに捕え移す」（同５：25－27）と、知識でそちらの方角を暗示したものか。もっと穿って見れば、アモスも記述者もアッシリアとは分からず、後世の編集者がアッシリアを暗示するために、アッシリアの星の神、シクテとキウンを加筆したと見ることさえできるだろう。

「生活」の中の記述者と編集者

つまり、預言とはもともとが生の声であり、それを記述するとき、そして編集するときから、すでに改竄（削除と加筆）は始まっていると見なければならない。記述の時代にはオストラカ（陶片や石）にメモ程度に書くのだから、記述者の記憶に大きく頼っているとも言える。これは現代で録音起こしをしたことのある者ならば、すぐに察しが付く。パロール（話し言葉）は、そのままでは原稿にならない。書き言葉（エクリチュール）に変換するときに、「已むを得ぬ削除と加筆」を経て、何とか人々が読めるようにするのである。

さらに編集するときには、今度は記述が時を経てその時点では記録の断片になっているから、その記録をどうつないで全体がスムーズに流れるようにするかが、編集者の腕の見せ所になる。その時代には分からなくなっていることもあり、そこを一度使った語句を繰り返し使って埋めたりもする。それで却って、全体を意味不明なものに変えてしまうことさえあるのだ。その時代の政治的な意図や教理的な意図も容易に混入する可能性がある。

だから、アモス書のここのところで確かに分かることは一つだけだ。「北王国が滅亡し、アモスはイスラエルの民が捕囚されることを預言している」。そして、これが記述されて残るには、条件がある。(1) この預言は真正だと直観する教養人が存在すること。(2) 召命は身分や教育や地位には関係なく下るというコンセンサスが社会にあること。(3) 人の行状に関心を持つ多くの人々がいること、である。

ユダヤ教には、「人は神の奴隷であり、人の奴隷ではない」という大テーゼがあるので、現実には階級、差別、不平等であっても、神の前では「みんな同じ奴隷」という公平感がある。これが、祭司からも、遊牧者、牧羊者、農夫、パン菓子職人、大工からも預言者が出てくる余裕になっているのだろう。田舎祭司のエレミヤなどは、記述者でない本人は、けっこうえげつない。「わたしはまたあなたの着物のすそを顔まであげて、あなたの恥をあらわす」（エレミヤ書13：26）。スカートめくっちゃうぞ、というのを聞いて聴衆はきっと笑ったであろう。

「捧げ物拒絶」も脅しにならない

「社会的公平」もここから出てくる。アモスは、不義の者の捧げ物は受けないという、ヤハヴェの言葉を初めて告げた預言者である。

わたしはあなたがたの祭を憎み、かつ卑しめる。
わたしはまた、あなたがたの聖会を喜ばない。
たといあなたがたは燔祭や素祭をささげても、
わたしはこれを受けいれない。
あなたがたの肥えた獣の酬恩祭は
わたしはこれを顧みない。（アモス書5：21–22）

もっとも、捧げ物重視の祭儀を批判する声は、古くからあり、神は「焼き尽くす供え物も／罪の代償の供え物も求めず」（新、詩篇40：7）とある。「捧げ物拒絶」の脅しは、アモスと同時代人で南ユダ王国に現れた預言者、第一イザヤではもっと具体的なものになる。

主は言われる、
「あなたがたがささげる多くの犠牲は、
わたしになんの益があるか。
わたしは雄羊の燔祭と、
肥えた獣の脂肪とに飽いている。
わたしは雄牛あるいは小羊、あるいは雄やぎの血を喜ばない。
あなたがたは、わたしにまみえようとして来るが、
だれが、わたしの庭を踏み荒すことを求めたか。
あなたがたは、もはや、
むなしい供え物を携えてきてはならない。

…………

あなたがたの手は血まみれである。
あなたがたは身を洗って、清くなり、
わたしの目の前からあなたがたの悪い行いを除き、
悪を行うことをやめ、
善を行うことをならい、公平を求め、
しえたげる者を戒め、

みなしごを正しく守り、寡婦の訴えを弁護せよ。（イザヤ書1：11－17）

この二人にはさらに共通点がある。「彼らは先見者にむかって『見るな』と言い、預言者にむかっては『正しい事をわれわれに預言するな、耳に聞きよいことを語れ、迷わしごとを預言せよ』（同30：10、29：10も同内容）と言い、「あなたがたはナジルびとに酒を飲ませ、預言者に命じて『預言するな』と言う」（アモス書2：12）。

ここから先見できることは、北でも南でも、ヤハヴェの預言者は最早恐れられていないということである。その分ヤハヴェは頑なになり、お前たちの捧げ物は受けないといっているのであろう。何しろ国中がバアル・アシラ信徒であり、「ねたむ神」のネタミも一層ひどくなっていた。

29 小物ばかりの南王国の預言者
……善政の王と怪しい「預言者」たち

北イスラエル王国の最期

預言者アモスの前八世紀後半以降、北イスラエル王国の歴史は、約三十年くらい続く。まさに衰退期で「暦数慌ただし」といった有様だ。その間、エヒウ王朝は二代目のゼカリヤで絶え、ギレアデ出身の簒奪者シャルムが王となる。次は、これもギレアデ出身だがヘブライ名のメナヘムがサマリヤに上ってきて簒奪し、子のペカヒヤまで続いたが、その副官のペカが再びギレアデびとを率いて王を殺し、位を奪った。何故かギレアデびとだらけである。

このペカの世に、シリアと組んでエルサレムを攻略しようとするが、南ユダのアハズ王がアッシリアのティグラト・ピレセル三世に貢物で懇請したため、アッシリア軍が動いてダマスカスは陥落し、北イスラエルの多くの民が拉致奴隷となった。

北はサマリヤだけが領土となり、ホセアが徒党を組んでペカから王位を簒奪した。だが、エジプトに貢物で援助を頼んだためアッシリアの侵攻を招き、シャルマネセル五世がサマリヤを陥落させ、次のサルゴン二世により、民は敗戦奴隷にされて北王国は滅びる。この前七二二年の北王国の最期は本書第3節の「油断していると『奴隷』にされる」で、すでに書いてしまったので、本節では省略する。ここからは北を離れ、南のユダ王国に筆を移すことにしたい。記録の時間を敢えて二百年ほど前に跳び移る。

預言者ガラ空きの南ユダ王国

これまでで分かるように、北イスラエルの王はヘブライ人の王朝、オムリ朝、エヒウ朝、その後の短命の王朝も、ことごとくバアル・アシラ信仰に染まっていた。レカブびとヨナダブと、エリシャが王位につけたエヒウ（前八四二‐前八一四）さえも、「このようにエヒウはイスラエルのうちからバアルを一掃した。しかしエヒウはイスラエルに罪を犯させたネバテの子ヤラベアムの罪、すなわちベテルとダンにある金の子牛に仕えることをやめなかった」（列王紀下10：28‐29）という、折衷派だった。

これに比べて、南のユダ王国には、ソロモンの建てた神殿がある。ヤハヴェ信徒のいわば総本山なのだから、当然ヤハヴェ信仰は堅固なのだろうと思いきや、全然そうではなかった。

そもそもエルサレム神殿を建てたソロモン王が、異国の妻をたくさん抱え、異教の神も同時に祭っていたことは、本書第19節で述べておいた。シドンの女神アシタロテ、アンモンの神ミルコム、モレク、モアブの神ケモシなどの祈祷所として、エルサレムの東の山（オリーブ山）に高き所を築き、香をたき、犠牲をささげていた（列王紀上11：5‐7）。

ダビデ・ソロモン朝、二代目、三代目も実は同じようなものだった。

二代目レハベアムの母はアンモン人でミルコムを祭り、ユダの人々は、「彼らもすべての高い丘の上と、すべての青木の下に、高き所と石の柱とアシラ像とを建てたからである。その国にはまた神殿男娼たちがいた」（同14：23−24）という有様だった。

三代目のアビヤム（アビヤ）も、「彼はその父が先に行ったもろもろの罪をおこない、その心は父ダビデの心のようにその神、主に対して全く真実ではなかった」（同15：３）と、ある。つまり、エルサレム神殿の周囲には、二代目の時代に北で迫害されて逃げて集まってきた祭司とレビびとや、王の記録をつける宮廷預言者や先見者が陸の孤島のようにいたが、ユダ全土ではバアル・アシラ信徒がむしろ多い状況だったのだ。そして王は、その両者の間を行ったり来たりする存在であった。

南がこのような折衷状態だったので、強力なヤハヴェの預言者たちは総力を結集すべく、異教徒だらけの北のサマリヤへと行ってしまった。ベテル・エリコ・ギルガルが、北の預言者たちの最南の防衛ラインである。以南は、エルサレムの王と宮廷預言者、祭司とレビびとにほぼ任されていた。

三代目のアビヤム王の治世はわずか三年だった。その三年は北のヤラベアム一世との戦いに費やされたのだが、祭司がエフライムの戦場でラッパを吹いて鼓舞し、南軍がヤラベアムを追撃して、ベテルとエシャナ（ベニヤミンの地）・エフロンと各々の村里を取った（歴代志下13：14−19）ので、ヤハヴェ信徒の多いベニヤミンやベテルの預言者たちはずっと暮らしやすくなった。本書第８節で述べた、北南大路（シケム−シロ−エシャナ−ベテル−ラマ）が、預言者の防衛ラインとベテル（預言者の町）で交叉していたのだ。

代わって四代目のアサ王（前九〇八−前八六七）は、珍しく真正のヤハヴェ信徒だった。

イスラエルの王ヤラベアムの第二十年に、アサはユダの王となり、エルサレムで四十一年世を治めた。その母の名はマアカといってアブサロムの娘であった。アサはその父ダビデがしたように主の目にかなう事をし、神殿男娼を国から追い出し、先祖たちの造ったもろもろの偶像を除いた。彼はまたその母マアカが、アシラのために憎むべき像を造らせたので、彼女を太后の位から退けた。そしてアサはその憎むべき像を切り倒してキデロンの谷で焼き捨てた。ただし高き所は除かなかった。けれどもアサの心は一生の間、主に対して全く真実であった。（列王紀上15：9–14）

歴代志下一四章五節によれば、「高き所」、つまり民衆の異教の祈祷所をぜんぶ取り除いたとあるので、記録が一部異なる。でも当時、なかなかここまではできないので、篤信者だったのだろう。

偽預言者を使って王をけなす

前八七二年、北のバアシャ王がユダに攻め上り、北南大路のラマに砦を築き南に王手をかけてきた。これは南の王には死活問題だったので、神殿と王宮の宝蔵の金銀をかき集めてシリアの王ベネハダデに貢物とし、バアシャの背後を突いてくれるように懇請した。

ベネハダデは聞き入れて、軍を南下させ、ダン族の町ダンと、ナフタリ族のイヨン、アベル・ベテ・マアカの町、ガリラヤ湖畔のキンネレテの町々を撃ったので、バアシャはラマからテルザまで後退した。その隙にアサ王はユダ全土に徴用を布告し、ラマの砦の石と木材をベニヤミン族の町、ゲバ（ラマの東）とミヅパ（ラマの西）に分けて運ばせ、これらを堅固にしたのだった（同15：17–22）。

すると、主に頼まず、外国の王に頼んだということで、先見者のハナニ（本書二二四頁。先見者エヒウの父）がアサ王のもとにやって来た。

「あなたがスリヤの王に寄り頼んで、あなたの神、主に寄り頼まなかったので、スリヤ王の軍勢はあなたの手からのがれてしまった。……主の目はあまねく全地を行きめぐり、自分に向かって心を全うする者のために力をあらわされる。今度の事では、あなたは愚かな事をした。ゆえにこの後、あなたに戦争が臨むであろう」。するとアサはその先見者を怒って、獄屋に入れた。この事のために激しく彼を怒ったからである。アサはまたそのころ民のある者をしえたげた。（歴代志下16：7、9―10）

これはおかしな挿話だ。ソロモン王など、ファラオの軍隊をエルサレム近くに引き入れても、理があるので別に神の罰は下らなかった。ここではハナニの方に理がない。ラマは要衝のベテルの近くで、預言者たちの居住地であるから、助けてもらった方が良いのである。ソロモンよりも軽いことで罰を告げに来た。それにアサ王は残り三年で死んでしまうから、この戦争の先見もはずれだ。獄に下されて当然の偽預言者である。

王の死の記述もヘンだ。

アサはその治世の三十九年に足を病み、その病は激しくなったが、その病の時にも、主を求めな

いで医者を求めた。（同16：12）

つまり良いことを書くべき人を無理やり悪く書こうとしているのである。これはおそらくこの王は善政だったのだが、王をあまり良く言ってはならない、「人は神の奴隷であり、人の奴隷ではない」という、例の暗黙のテーゼが善政の記述を抑制しているのであろうか。

北王国との友好が善政を生んだ

あるいは手ぬるい預言者しか、実際南には残っていないので、記述がぜんぶ手ぬるくなるということかもしれない。どうも南では、北とは様子が違う。南の預言者は王を脅すのではなく、主の霊（直観）だけを得、勇気を与え、励ましたりするのである。

時に神の霊がオデデの子アザリヤに臨んだので、彼は出ていってアサを迎え、これに言った、「アサおよびユダとベニヤミンの人々よ、わたしに聞きなさい。あなたがたが主と共におる間は、主もあなたがたと共におられます。あなたがたが、もし彼を求めるならば、彼に会うでしょう。しかし、彼を捨てるならば、彼もあなたがたを捨てられるでしょう。そもそも、イスラエルには長い間、まことの神がなく、教をなす祭司もなく、律法もなかった。しかし、悩みの時、彼らがイスラエルの神、主に立ち返り、彼を求めたので彼に会った。……あなたがたは勇気を出しなさい。手を弱くしてはならない。あなたがたのわざには報いがあるからです」。アサはこれらの言葉すなわちオデデの子アザリヤの預言を聞いて勇気を得、憎むべき偶像をユダとベニヤミンの全地から除き、また彼がエフライムの山地で得た町々から除き、主の宮の廊の前にあった主の祭壇を再興した。(同15：1–4、7–8)。

だが、アサの世になお残っていた神殿男娼は除けなかった。除いたのは第五代のヨシャパテ王で、彼も真正ヤハヴェ信徒だった（列王紀上22：46)。

ヨシャパテは父アサのすべての道に歩み、それを離れることなく、主の目にかなう事をした。ただし高き所は除かなかったので、民はなお高き所で犠牲をささげ、香をたいた。ヨシャパテはまたイスラエルの王と、よしみを結んだ。(同22：43–44)

かれこそ父以上の善政であり、先の「イスラエルには長い間、まことの神がなく、教をなす祭司もなく、律法もなかった」という状況を変えたのは、むしろ彼である。彼は律法の宣布に務め（歴代志下17：9)、ユダ族とベニヤミン族からなる軍隊を強化し、要塞と倉庫の町を立てた（同17：12–17)。また、ユダの要塞の町々に裁判官を立て、レビびと、祭司、士族の長の参加する最高裁判制度をエルサレムに確立した（同19：5、8)。もっとも古代のことであるから、近代的な司法を思い浮かべてはならない。あくまで、伝統と慣習法の裁き人だ。

この王は、本書第23節と第24節でも出て来た。北のアハブ王と連合し、預言者ミカヤの預言を退け、シリヤ領のラモテ・ギレアデを撃って敗れ、またアハブの次代のアハジヤ王とタルシシ行きの船を造り、預言者エリエゼルの預言により船を難破させられた王である。北の異教徒の王と友好的だったので、聖書のその点の記述は悪と書かれなければならなかった。だが、その友好のおかげで、平和と善政がもたらされたというのが事実であろう。

王を脅さず励ます「預言者?」

善政なので、どうしても預言者は励ましてしまうのか、モアブ、アンモン、メニウびと、セイルの山の民らが、エドムから攻め上ってくると、主の霊がレビびとヤハジェルに臨んだ。ヤハジェルもアザリヤ同様に主の霊だけなのでちょっとくさい。だが、間違いなく「祭司とレビびと」の宮廷人である。宮廷人ならば、なおさら王に対して政治的にならざるを得ない。

ヤハジエルは言った、「ユダの人々、エルサレムの住民、およびヨシャパテ王よ、聞きなさい。主はあなたがたにこう仰せられる、『この大軍のために恐れてはならない。おののいてはならない。これはあなたがたの戦いではなく、主の戦いだからである。あす、彼らの所へ攻め下りなさい。見よ、彼らはヂヅの坂から上って来る。あなたがたはエルエルの野の東、谷の端でこれに会うであろう。この戦いには、あなたがたは戦うに及ばない。ユダおよびエルサレムよ、あなたがたは進み出て立ち、あなたがたと共におられる主の勝利を見なさい。恐れてはならない。おののいてはならない。あす、彼らの所に攻めて行きなさい。主はあなたがたと共におられるからであ

る』」。（同20：15―17）

そしてテコアの野で勝利した。

これを本書第5節のギデオンと比べれば、励ましの懇切さが分かるというものである。

その夜、主はギデオンに言われた、「立てよ、下っていって敵陣に攻め入れ。わたしはそれをあなたの手にわたす」。（士師記7：9）

励ましの優しさに雲泥の差がある。

さて、六代目になってようやく異教徒の王が位についた。ヨラム王は、北のアハブ王の娘を娶り、バアル・アシラ信仰に服した。本書第24節で、北の預言者エリヤに、死の預言の手紙をもらったあの王である。彼はエドム領を失い、エチオピア・ペリシテ・アラビア人の侵略を受け、妻子を奪われ、ストレスで脱腸になり死んだ。

30 南の王と祭司団の確執
……………癩王と謎の会衆アム・ハーアーレッツ

南の預言者の時代はまだ来ない

前節、南ユダ王国六代目のヨラム王で終わったが、ここから八代目（女）まではバアル・アシラ信仰の王が続き、九代目と十代目は前半ヤハヴェ、後半異教徒という王になり、十一代目ウジヤと十二代目ヨタムはヤハヴェ信徒でこの時代あたりから預言者第一イザヤの活躍が始まり、十三代目のアハズがバアル・アシラ信徒で、このときに北王国の滅亡（前七二二年）に遭う、というストーリになる。

つまりどちらの側の信徒の王になるのかはバラバラで因果がない。バアル・アシラとヤハヴェは天秤のように御利益で量られていて、その時々にどちらかに傾いただけであろう。

預言者もたいして出てこない。九代目と十代目が異教に染まった時に、「預言者たち」や無名の預言者が、ちょっと文句を言いに出てくるが、簡単に退けられてしまう。十代目では祭司の子に神の霊が下るが、すぐに殺されてしまう（歴代志下24：19–20）。有力な預言者たちはみな北に行ってしまい、南にロクな預言者が残っていなかった証拠である。

南にはエルサレム神殿があるのだから、宮廷預言者と「祭司とレビびと」がいれば十分だ、といった認識だろうか。南ユダ王国では、前八世紀後半になるまで、「預言者の時代」はやって来ない。北イスラエル王国の「終わりの頃」からがその始まりだ。

さて、脱腸で死んだヨラム王の次が、七代目のアハジヤ王で、母は北王国のオムリの孫娘のアタリヤ、彼女がバアル・アシラを持ち込んだのでアハジヤは異教徒となった。北とは友好的で、共同戦線を張り、ラモテ・ギレアデをシリアのハザエルから取り返しに行ってまた敗れた。エズレルに北王を見舞いに行ったときに、「エヒウ革命」に巻き込まれ、追撃されて殺された、あの王である（列王紀下9章、歴代志下22章）。

八代目は、母のアタリヤがそのまま女王になった。王子をことごとく殺したが、王の娘で祭司エホヤダの妻だったエホシバが、ベエルシバ出身のチビアを母とするヨアシ一人をかくまい、神殿の寝具の間に六年隠し養った（列王紀下11章、歴代志下22章）。

七年目に祭司エホヤダは、百人隊長らと契約し、ユダの町々からレビびとを集め、北のイスラエルの氏族長を呼び寄せて皆と契約し、全土の「アム・ハーアーレッツ」を味方につけて会衆とし、「宮廷クーデタ」を敢行した（列王紀下11章、歴代志下23章）。アタリヤ女王は、王宮の「馬の門」に引き出され、殺害された。馬に踏み殺されたアハブ王の妻、イゼベルといい、古代ヘブライ人が力ある女を侮辱する時には、「馬」を表象とするようである。

また、アム・ハーアーレッツは、バアルの祭壇と像を打ち砕き、バアルの祭司マッタン（ツロ人）を祭壇の前で殺した。つまりバアル神殿が付近に建てられていた模様である。

ここで聖書訳に「国の民」（列王紀下11：14、18）、あるいは他に「地の民」と訳されるアム・ハーアーレッツが問題である。M・ウェーバーによれば、「農村出身の軍装せる采邑所有者で、各州の聖所に利害関係を持つ者」と定義されている（『古代ユダヤ教』I、五一–五三頁注(5)）。

私の見立てでは、これまで何回も聖書に出てきた、世襲地保有者が武装化したものではないかと、思われる。ルツの夫のボアズ（本書三四頁）、エルサレム北の台地のエブスびと（本書一二四頁）、戦場に軍糧を贈ったアルキびとホシャイやギレアデびとバルジライ、サウル時代の賜圃を持つメピボセテ（本書一五二、一五五頁）、世襲地保有者のレビびと（本書一七八頁）、サマリヤの旧所有者セメル（本書二〇六頁）などの世襲地保有者が私兵を蓄えて、武装化したものではないだろうか。次の記録に出てくる「民」は、明確に常備軍ではない。

ユダの王アサの第二十七年にジムリはテルザで七日の間、世を治めた。民はペリシテびとに属するギベトンにむかって陣取っていたが、その陣取っていた民が「ジムリはむほんを起して王を殺した」と人のいうのを聞いたので、イスラエルは皆その日陣営で、軍の長オムリをイスラエルの王とした。（列王紀上16：15–16）

これは北のオムリ王朝の起源を語った記録のコマだが、アサ王の二十七年（前八八一年）に、民兵がペリシテ領のギベトンを囲んでいる。ダビデからすでに百年経っているので、世襲地保有者が武装化していてもおかしくはないだろう。

これが開拓などを通じて領主化し、独立して産業化すると、日本の封建制やインドの藩王国のようになるのだろうか。古代イスラエルは、異民族の侵略により古代で滅亡してしまったので、すべては推測の域を出ない。

王と祭司団との争い

九代目のヨアシ王は、七歳で即位し、在位は四十年、前半ヤハヴェ信徒、後半はアシラ信徒になった。祭司エホヤダの生前はよきヤハヴェ信徒だった。ヨアシが幼少の間、エホヤダは摂政となり、祭司団の勢力が拡大した。結果、ヨアシの晩年には、祭司団と神殿収入の管理をめぐって王との争いが生じた。

慣習法では、民のための愆祭と罪祭（罪の贖い）の銀収入は祭司に帰していたが、彼らは神殿の建物の修繕を怠ったため、ヨアシ王は祭司団に今後民の銀を受け取らないことを要求した（列王紀下12：6–8）。

祭司エホヤダは、折衷策を講じ、神殿の門に納金箱を設け、神殿収入を全て入れさせ、王の書記官と大祭司に出納を任せ、銀を神殿工事の監督者に渡して、工事費と労賃に当てさせたのだった。修繕はうまく行ったが、金銀の祭器を整えるのには足りなかった（列王紀下同12：9–13）。エホヤダの世にある間は、神殿で燔祭が行われた（歴代志下24：14）。

エホヤダの死後、ヨアシ王はユダの司たちと共にアシラ像と偶像に仕え、神は預言者たちを遣わしたが耳を傾けなかった（同24：18–19）。そこで祭司エホヤダの子、ゼカリヤに神の霊が臨み、禍を告げると、人々は王命により、神殿の庭で彼を撃ち殺した。ゼカリヤは「どうぞ主がこれをみそなわして罰せられるように」と、呟いて死んだ（同24：20–22）。

この後、本書第26節に述べたように、前八一四年、シリアのハザエルの侵攻が始まり、シリア軍はイスラエルの領土を通過し、サマリヤを撃破、ペリシテ領のガテまで到達した。さらに、軍はエルサレムまで攻め上って来たので、ヨアシ王は、すべての宝物と神の宮と倉の金を貢物としハザエルに贈り、難を逃れた。このことが原因となり、王と祭司団の間に争いが繰り返される一方、シリア・フェニキヤ・ペリシテの通商路から外されて孤立したため、南王国の経済的困難が生じた。その上、ヨアシはハザエルとベネハダデ三世に服属した。この内部闘争と経済的・政治的退潮の結果、ヨアシ王は、徒党を組んだ家来たちに、シラに下る道にあるベテ・ミロで殺害された（列王紀12：17–21、歴代志下24：23–25）。

アム・ハーアーレツとは？

十代目アマジヤ（前七九八–前七六九）は、二十五で即位し、二十九年間の治世だった。母はエルサレム出身のエホヤダンだったので、異教には染まらなかったが、異教徒の祈祷所は放置した（列王紀下14：1–4）。

彼の代に、アッシリアのアダドニラリ三世は西方への野心を復活させ、前七九六年シリア軍に打撃を加え、ダマスカスに入城、ベネハダデ三世から重い貢物を取り立てた。北王国ではエヒウ王朝第三代のヨアシが、南王国では十代目のアマジヤが、アッシリアの保護を求めて貢物を送り、南北は漸くシリアのくびきから解放された。

アマジヤ王は軍隊を整備した。ユダ族とベニヤミン族の二十歳以上の者を、百人、千人の単位でまとめ上げ、三十万の常備軍を得た。さらに百タラントの支払いを約して、北イスラエルから傭兵十万人を雇ったが、異教徒の軍隊を引き入れてはならないと、預言者がやって来て反対したため、彼らを分離して帰国させた。傭兵たちは、怒りを発して、ベテホロンからサマリヤまでのユダの町々を襲い、三千人を殺し略奪して故郷に帰った（歴代志下25：5–10、13）。

アマジヤ王はまた、六代目のヨラム王代に失ったエドム領に遠征し、塩の谷でエドムびと一万人を撃ち殺した。歴代志でセイルびとというのは、エドムびとの古い名称である。アマジヤは遠征の際、セイルの神々を持ち帰り礼拝して、捧げものをした。さっそく預言者がやって来て、禍を告げたが、王は聞き入れなかった（同25：11、14–15）。

アマジヤは好戦的な王で、北王国に同盟を申し入れ断られると即戦いとなり、南北両軍はベテシメシでぶつかったが、結果は南の敗戦となった（同25：21–22）。アマジヤは捕らえられてエルサレムに引かれ、北軍は「エルサレムの城壁をエフライム門から、隅の門まで四百キュビトほどをこわし、また神の宮のうちで、オベデエドムが守っていたすべての金銀およびもろもろの器物ならびに王の家の財宝を奪い、また人質をとって、サマリヤに帰った」（同25：23–24）。アマジヤは解放されたが、後は「生きながらえた」（列王紀下14：17）だけだった。最期は、エルサレムで王に敵対した徒党に追われ、ラキシで殺害された（同14：19）。

十一代目の王には、子のウジヤ（アザリヤ）が、アム・ハーアーレツによって推戴された。アム・ハーアーレツについては、M・ウェーバーの定義を少し変えて、「農村出身の武装せる世襲地保有者で、ヤハヴェ信徒として会衆をなす者たち」としておく。

癩王の神殿

ウジヤ王は父のエドムに対する遠征を継続し、アカバ湾港のエジオン・ゲベル（エラテ、エイラト）までのエドム征服を完遂した。ここからの隊商ルートを確保するため、アラブ遊牧民のメニウびとを撃ち、カデシバルネアの中央オアシスを占領した。

そしてさらにエルサレム西方、海沿いのペリシテ領ヤブネ、アシドドを落とし、海岸の通商ルートの北方地区に居住地と要塞を建てた。こうして彼は九代目のヨアシ王代に失った、シリア・フェニキヤ・ペリシテの通商ルートをエドムの隊商ルートにつなぐことで、南王国の経済的孤立を解消し、南王国の経済的困難を救ったのであった（歴代志下26：2―8）。

彼は、農事、軍事、土木建設も強めた。荒れ野に櫓を立てて貯水槽を掘らせ、葡萄栽培を奨励し、家畜を殖やした。書記らに人口調査を命じ、氏族の長を大勇士として二千六百人を数え、その指揮下に約三十万の大軍を擁した。さらに全軍のために、槍、鎧、兜、弓を与え、都市の城壁と要塞に投石器とバリスタ（大石弓）を配備させた（同26：9―15）。彼はまごうことなき名君だった。

だが、彼の後半生は全くの不幸に彩られている。大地震（アモス書1：1、ゼカリヤ書14：5）、癩病、王の傲慢。歴代志の記録は次のように伝える。

ところが彼は強くなるに及んで、その心に高ぶり、ついに自分を滅ぼすに至った。すなわち彼はその神、主にむかって罪を犯し、主の宮にはいって香の祭壇の上に香をたこうとした。その時、祭司アザリヤは主の祭司である勇士八十人を率いて、彼のあとに従ってはいり、ウジヤ王を引き止めて言った、「ウジヤよ、主に香をたくことはあなたのなすべきことではなく、ただアロンの子孫で、香をたくために清められた祭司たちのすることです。すぐ聖所から出なさい。あなたは罪を犯しました。あなたは主なる神から栄えを得ることはできません」。するとウジヤは怒りを発し、香炉を手にとって香をたこうとしたが、彼が祭司に向かって怒りを発している間に、らい病がその額に起った。（歴代志下26：16–19）

傲慢になったウジヤは神殿で祭司に代わって香を焚こうとした。祭司アザリヤは止めたが、王は怒って止めなかったので、主が彼を撃ち、額に癩を発したという。この因果ストーリの記述者は第一イザヤらしい（同26：22）。要するに、九代目のヨアシ王の時に顕在化した王と祭司団との確執が、到頭ここまでに至ったということである。

紀元後百年以内に書かれたユダヤの歴史家、フラウィウス・ヨセフスの『ユダヤ古代誌』（第九巻）によれば、このとき大地震が起こり、神殿が裂け、王は癩に撃たれた、とある。

癩王の遺体は王家の墓地には入れられず近くの野に葬られ（新、歴代志26：23）、第二神殿時代に改葬された際、墓石にアラム語で次のように刻まれた。「ここにウジヤ王の骨が持って来られた。開くべからず」（『ユダヤ民族史』Ⅰ、二二四頁）、と。

続く第十二代の王ヨタムは、前代に蓄えた武力で東ヨルダンに侵入し、アンモン人から貢ぎ物を取ったとある（歴代志下27：5）が、北王ヤラベアム二世との共同戦線だった模様（歴代志上5：17）で、この戦果が誇張されていることは、本書第27節（二五六頁）に既に述べたとおりである。

31　富めるエルサレムの預言者
……シリア・エフライム戦争と第一イザヤ

社会科学で何が分かるか

前節の南ユダ王国のヨタム王の続きである。ヘブライ人とギレアデびととの来歴は、本書第23節でまとめておいた。エフタの時代にヤベシとミズパがヤハヴェ信徒となり、ヤベシはベニヤミン族との婚姻関係に入った。おそらく嫁をやり取りして世代ごとにぐるぐると回す、文化人類学の「糸車婚」ではないかと思われる。ヘブライ人の部族間闘争に巻き込まれ、討伐されてベニヤミン族とヤベシ・ギレアデの連帯が一層強くなったことは、サウル王のヤベシ救援に現れた。

三つ目の町、ラモテ・ギレアデはダビデ王代に領土となり、ソロモン王代に代官が派されたが、王国分裂後にシリアに併呑された。これを取り戻しに、北のアハブ王と南のヨシャバテ王が共同戦線を張るが失敗し、アハブが斃れ、これをミカヤが先見した。

次に、北のヨラム王と南のアハジヤ王の共同戦線で再びラモテ遠征が行われるが失敗、二人は帰国後「エヒウ革命」に遭って死亡した。三度目は北のヤラベアム二世と南のヨタム王によって行われ、ギレアデからバシャンまで一時取った模様だが、記録に戦果の誇張が見られる。その後、北ではヤラベアムの死後、混乱期に入り、四人の王のうち三人がギレアデ出身だった。そして最期のホセア王代で北王国は滅亡する。

　とにかく東ヨルダンのギレアデ地方は、ヘブライ人との因縁が深いのである。そして間違いなく、シリアのアンモン人との係争地だった。今日グーグル地図《マップ》で見ると、ラモテはほぼイルビドの町に当たる。ティベリア湖から山脈が南東に伸びており、その南側のすそにあるので、ヘブライ人とアンモン人の勢力がぶつかる、ラモテはまさに要害だった。で、それ以上のことは筆者には読み取れない。

　本書の「はじめに」で、社会科学という方法でどれくらい聖書という記録から、古代イスラエルが読み取れるか実験してみることにしたことは、そこに述べたとおりである。そして、「社会科学とは、政治・経済・軍事に着目して記録に同期し、諸国家・諸民族・諸宗教（思想）の因果ストーリを矛盾なく組み立てることにより、社会の生活態（記録からは読み取りにくい、日々の生き生きとした動態）を明らかにし、大衆の世界認識に用立てる学問だ」と、自分なりに一応定義して記述を始めた。言うまでもないことだが、定義とは自分でするものである。社会科学は西洋では、資本制の発展とともに中世の飢えから解放された大衆が、啓蒙され始める十九世紀頃から漸く盛んになる学問である。

　人文研究が古代からあるのとは違い、比較的新しい大衆的な学問なのだ。だから分析要領を体得すれば、誰にでもできる。人文研究はそうはいかない。この本の例で言えば、古代ヘブライ語やアラム語、古代ギリシャ語なども読めなくてはならないし、その研究蓄積のあるドイツ語やフランス語は必須である。そうなると、家に文化資本の豊かにある人でないと、「今度イスラエルの大学に留学（修業）に行くよ」といっても、親が許さない。何の意味があるのか分からないからである。分からないものに、親は金を出さない。

日本の社会科学者に必要な覚悟

このような理由で、社会科学は世間的にはずっと通りがよい。普通人・貧乏人でもできる科学であり、人物や心性よりマスや構築物が分析相手なので、自然科学に近い。ただし教養としては、人文のような含蓄のある研究結果を望めないことも、また致し方のないことなのである。もとい、「大衆の世界認識に用立てる」学問なのだから。

それは「高貴なものや、厳かなものを埃ある地上に引きずり下す学問」かもしれない。貴族より大衆の世界認識に供する学問なのだ。したがって、こちら側の無根拠に耐えながら、向う側の根拠に近づく探究を繰り返し、ようやく得た研究結果は、結構単純で殺伐としたものになるのが普通である。

現代アメリカの政治学者などを見れば、それは歴然としている。

サミュエル・ハンチントンの『文明の衝突』(原書、一九九六年、邦訳、集英社、一九九八年)など、文明概念が浅薄そのものである。しかし、圏分け《ゾーニング》という方法により、冷戦後の世界が文明圏のぶつかり合いになることを先見したということで、人々の世界認識に大きく貢献をしたこともまた明らかなのだ。

米政治学者のベンジャミン・バーバーなどは身も蓋もないことをいう。「皮肉なことに、グローバルな経済力は最も民主的な国民国家を弱体化し、最も非民主的な第三世界でそれを強化し、どちらの場合にも自由を危うくしている」(『ジハード対マックワールド』三田出版会、一九九七年)。いまから二十年も前に言っているのだから、これは優れた先見であり、役に立ったのだ。だが、本のタイトルが実に「えげつない」。

そう、社会科学は先見を含み、人々の今と未来の世界認識に役に立たなければ何の意味もないのである。研究結果は、現実妥当性・有用性・先見性によって優劣が決まる。だが、それは長い年月の研究生活の果てのものとしては、あまりに殺伐として、場合によっては「えげつなく」、あるいは「冷酷に」見えるのである。

私の四十年の研究結果である、「朝鮮半島廊下立国説」などはその好例だろう。これは政治学者の中西輝政先生から、「あまりにも冷酷だ」と酷評されたことがある。研究対象の物象化がひどいからかもしれない。生身の人間の動態に関する研究は、「物象化」がひどいと反感を惹起するのである。アメリカのように伝統的な共同体文化の薄いところならば反感はさほどではないが、日本のようにそれが濃いと、人文的な教養を加味しなければなかなか読んでもらえない。

かてて加えて、社会科学は人間の情緒的価値判断を極力排除する。本書第25節のシリア軍包囲戦での人肉食などは、ソ連の同様な例を挙げて平然と通りすぎる。キリスト教徒でも旧約聖書の残酷シーンを嫌う人がいるが、社会科学者にとって人間は、ホッブズ的な「自然のままの状態」の人間である。「冷酷、殺伐、えげつなさ」などは、その時代の社会が運んでくるもので、二十一世紀はそれらがもっとひどくなると先見している。「高貴なものや厳かなもの」は地上からほとんどかき消える、と思っているのである。

進歩史観はすでに崩れた。歴史には進歩も必然もない。アンコールワットの先は中世でも近代でもなかった。密林の闇であった。フーコーの予測した監視社会は、精神の近代化をスルーし、ＡＩ顔認証のビッグデータを有する中国で成就した。

　進歩史観が崩れると、歴史の中に進歩と必然を促す絶対的な価値がないことになり、こちら側の「普遍」信仰が倒壊する。文系の理論はいまやことごとく残骸が露わになり、普遍性がないことがほぼ明らかになってしまった。しかし今の時点では、それらを認めることは多くの高学歴者にとって苦痛を伴うことになるだろう。

預言者イザヤの登場

前七四三年、ダマスカスに新王朝を創始したシリア王レヂンは、ヘブライ人との係争地、東ヨルダンのバシャン、ギレアデに侵攻を開始した。戦闘は四、五年かかった模様だが、結果、シリアの領土はレバノンからバシャン、ラモテ・ギレアデまで広げられた。

　前七三八年、北からの侵攻が起こると、呼応するように南のエドムに反乱がおこり、ヨタムを継いだ南ユダ王国第十三代アハズは、ヨルダンの河向こうの領土をすべて失った（歴代志下28：17）。

　同時期、第十一代の王ウジヤにガテ・ヤブネ・アシドドの城壁を破られ、周辺に散らされていたペリシテ人たちが糾合してベテシメシまで侵攻、東経三十五度線に沿うギゾム・アヤロン・ベテシメシ・テムナ・ソコに広く兵を散開させ、そこの村々を奪って移り住んだ（同28：18）。

　前七三四年、アッシリア王ティグラト・ピレセル三世の大軍が、北シリアから南下し、地中海岸に沿って、フェニキヤ・ペリシテを通過し、要衝ガザを占領して、エジプトの川まで前進し、戦勝碑を建てた。アッシリア王の編年記の貢物表には、南ユダ国アハズ王の名があるという（『ユダヤ民族史』I、二二九頁）。だが、ティグラト・ピレセルにはさらに一歩進んで領土を併呑する意志は当時なかった。

同時期、シリア王レヂンと、彼の力を借りてメナヘムから王位を奪った北イスラエルの新王ペカは、反アッシリアの同盟を結んで反抗を始めた。南ユダ王国のアハズ王は親アッシリア政策を取り参加しなかったため、エフライム（北イスラエル）とダマスカス（シリア）は共謀してエルサレムを攻撃した。これをシリア・エフライム戦争という。ここで、預言者第一イザヤが登場する。

「イザヤ書」のイザヤは人文研究により、三人いたということが通説になっている。学者によって多少異なるが、第一章から第三九章までが第一イザヤで、南王国のウジヤ王・ヨタム王・アハズ王・ヒゼキヤ王代の人。エルサレムの上流階級の教養人だった。第四〇章から第五五章までが第二イザヤで、南王国が滅亡してバビロンに曳かれた捕囚期の人。容貌魁偉（イザヤ書52：14）だった。第五六章から第六六章までが第三イザヤで、女性的な語彙が多い（同60：16、61：10、62：4–5、66：7、12–13）。華奢な男性か、女預言者かもしれない。本書で話題になる人は、第一イザヤである。ウジヤ王の行跡の記録者でもあった（歴代志下26：22）。

家の力の支えの有る無し

このイザヤは宮廷預言者ではないと思う。ダビデ王代のナタンや、ヤラベアム二世代のヨナのような政治的配慮が全く見られない。ずばずばと物を言う。また語彙が豊かで表現が洒落ている。「シオンの娘はぶどう畑の仮小屋のように、きゅうり畑の番小屋のように、包囲された町のように、ただひとり残った」（イザヤ書1：8）など。そして、上流階級の女性に詳しい。

主は言われた、
シオンの娘らは高ぶり、
首をのばしてあるき、目でこびをおくり、
その行くとき気どって歩き、
その足でりんりんと鳴り響かす。
それゆえ、主はシオンの娘らの頭を
撃って、かさぶたでおおい、
彼らの隠れた所をあらわされる。
　その日、主は彼らの美しい装身具と服装すなわち、くるぶし輪、髪ひも、月形の飾り、耳輪、腕輪、顔おおい、頭飾り、すね飾り、飾り帯、香箱、守り袋、指輪、鼻輪、礼服、外套、肩掛、手さげ袋、薄織の上着、亜麻布の着物、帽子、被衣などを取り除かれる。
芳香はかわって、悪臭となり、
帯はかわって、なわとなり、
よく編んだ髪はかわって、かぶろとなり、
はなやかな衣はかわって、荒布の衣となり、

美しい顔はかわって、焼き印された顔となる。(同3:16―24)

視覚映像が美しい。

「わざわいなるかな、不義の判決を下す者、暴虐の宣告を書きしるす者」(同10:1)と、役人や長老を糾弾し、エルサレムの高貴な貴族的氏族(具体的には、ヒゼキヤ王の家令セブナ)への怒りを容赦なくぶちまける。

『主はあなたを堅くつかまえ、ぐるぐるまわして、まりのように広々した地に投げられる。主人の家の恥となる者よ、あなたはそこで死に、あなたの華麗な車はそこに残る。わたしは、あなたをその職から追い、その地位から引きおろす。』」(同22:17―19)。

それでも、北王国のエリヤやエリシャと異なり、刺客が一人もやってこない。アモスのように追い出されることもない。彼が権威に守られていた証拠である。

M・ウェーバーは、第一イザヤが、「高貴な貴族の出身であり、祭司貴族とも密接な交際があったばかりでなく、助言者及び侍医として王と交際し、うたがいもなくその時代のエルサレムきっての名誉ある人物の一人であった」(『古代ユダヤ教』Ⅱ、四三一頁)と語っている。「侍医」というのは、病気のヒゼキヤ王の寿命を主の命で延ばし(イザヤ書38:4)、王の腫物を、「干しいちじくのひとかたまりを持ってきて、それを腫物につけさせなさい。そうすれば直るでしょう」(同38:21)と、癒したからであろう。

要するに、イザヤは今までの預言者たちとは異なり、「富めるエルサレムびと」なのである。山地の家から祭司見習いにエリ家に出されたサムエル、毛衣に革帯をしめた遊牧者エリヤ、牛を屠って参じた農夫のエリシャ、パン職人で淫乱妻の夫ホセア、イチジク桑の実を食べる牧羊者アモス。みなどこか貧しかったり、不幸だったりする。

だから召命を受けると、もっと不幸になるので、モーセ、ヨナ、エレミヤ時代のウリヤのように逃げ出すのである。すると神が追ってくる。あるいは、エリヤ、ヨブ、ヨナ、エレミヤのように自己の生まれを呪う。「母の胎が墓場だったら良かったのに……」と、ヨブは嘆いた。だがイザヤは、これまでの預言者たちとは一味違う。

イザヤへの召命は黙示的だった。主の衣のすそが神殿に満ち、六つの翼をもったセラピム（天使）が飛び交い、神をことほいだ。すると、

わたしはまた主の言われる声を聞いた、「わたしはだれをつかわそうか。だれがわれわれのために行くだろうか」。その時わたしは言った、「ここにわたしがおります。わたしをおつかわしください」。（同6：8）

重苦しかった預言者の運命が晴れるようである。そしてイザヤは直ちに、アハズ王にシリア・エフライム戦争の開始を告げに行くのだった。

32 エルサレムで孤立する預言者

……アッシリア軍のエルサレム包囲と第一イザヤ

イザヤは貴族でアハズ王の友

預言者イザヤは人をやり、アハズ王をエルサレム城外に呼び出して、「布さらしの野へ行く大路に沿う上《かみ》の池の水道の端」（イザヤ書7：3）で会った。ここは、ギホンの泉と呼ばれる前は水量のある池で、染色職人たちが色とりどりの染布を池の水で晒し、それが干されて風にたなびいていた。

この池からエブスびと以前の民族が水路を掘り、城壁内に水を汲み上げていた。エブスびとはそれを宮の水槽にひいた。ダビデの軍が縦穴から入り、そこにいた身障者たちの傍らに躍り出たため凶事とされ、「めしいや足なえは、宮にはいってはならない」（サムエル記下5：8）と言い慣わされるようになった。

イザヤとアハズは水道のはずれで秘かに会った。人目を避けるためである。王をこんな城外に呼び出せるのだから、イザヤは貴族で王の友だったのだろう。彼は息子のシャル・ヤシャブ（「残りの者は帰って来る」の意味）を伴っていた（イザヤ書7：3）。

この頃イザヤはラビとして多くの弟子たちを教えていた（同8：16）。その中に、王の息子の後のヒゼキヤ王がいても不思議ではない。何しろイザヤは、ヒゼキヤの王宮に自由に出入りできる身分なのだから（同39：3）。

イザヤは神の言葉を告げた。

「『気をつけて、静かにし、恐れてはならない。レヂンとスリヤおよびレマリヤの子が激しく怒っても、これら二つの燃え残りのくすぶっている切り株のゆえに心を弱くしてはならない。』」（同7：4）。

シリア王レヂンと、彼の援助で北の王位を得た、レマリヤの子ペカが共謀して攻めてくる、という。彼らは言う、「われわれはユダに攻め上って、これを脅し、われわれのためにこれを破り取り、タビエルの子をそこの王にしよう」（同7：6）と。ベン・タビエルというのは、たぶん東ヨルダンの人で、ギレアデびとだろう。だが、彼らの企ては成就しないことが既に告げられた。

いわゆる「インマヌエル予言」

ところが、次の一節はどうにも理由が分からない。神がイザヤを通じて王の無事を告げたのに、さらにそのしるしを求めるようにと、神が王に強要するのである。

「あなたの神、主に一つのしるしを求めよ、陰府《よみ》のように深い所に、あるいは天のように高い所

に求めよ」。（同7：11）

つまり直接神が王に告げてしまうので、これでは王が召命されたことになってしまう。すると王は、次のように断わる。

「わたしはそれを求めて、主を試みることをいたしません」。（同7：12）

士師記のギデオンのところでも述べたが、預言者は神を試みるのである。試みることを断ったのだから、王は王たろうとしている。するとイザヤが神の言葉を告げる。

「ダビデの家よ、聞け。あなたがたは人を煩わすことを小さい事とし、またわが神をも煩わそうとするのか。それゆえ、主はみずから一つのしるしをあなたがたに与えられる。見よ、おとめがみごもって男の子を産む。その名はインマヌエルととなえられる。その子が悪を捨て、善を選ぶことを知るころになって、凝乳と、蜂蜜とを食べる。それはこの子が悪を捨て、善を選ぶことを知る前に、あなたが恐れているふたりの王の地は捨てられるからである。」（同7：13–16）

王が断っているのに、無理やりイザヤが「インマヌエルという子をしるしとして与える」、その子が大人になる前に、シリア王レヂンと北イスラエル王ペカは滅びる、と言う。つまり、二人はもうすぐ滅びる、といっているだけで、こんなしるしは別に要らないだろう。その前に、二人のエルサレム侵略は、「この事は決して行われない、また起ることはない」（同7：7）と、告げられているのだから、つまり余計な挿入である。

七章のこの部分は、「インマヌエル予言」と言われる。先ほどの「しるし」として、神が若い女に男の子を授け、インマヌエルと名付けられた。そこを取って、後一世紀末頃のキリスト教徒たちが「処女降誕」だと言い出し、マタイ福音書（1：23）で、インマヌエルは即ちイエス・キリストのことなのだと仮託された。マルコやパウロはそれ以前なのでこんなことは知る由もない。

田川建三さんの言うように、それならばマリヤの子はイエスではなく、インマヌエルと名付けなければいけないだろう（『新約聖書 訳と註 第一巻』五一六頁）。意味は「我らと共に神はいます」で、哲学者カントのファーストネームにもなっている。以上、イザヤ書七章一〇－一六節の部分は預言ではなく、文章のうまいイザヤの修辞かもしれない。

大量捕囚と再植民政策

さて、シリア・北イスラエル連合軍はエルサレムに進軍し、これを包囲した。アハズ王は、アッシリアのティグラト・ピレセル三世に援助を求めた。

「わたしはあなたのしもべ、あなたの子です。スリヤの王とイスラエルの王がわたしを攻め囲んでいます。どうぞ上ってきて、彼らの手からわたしを救い出してください」。（列王紀下16：7）

本書第31節で述べたように、彼はアッシリア王の貢物表に名を連ねる、属王だった。

そしてアハズは主の宮と王の家の倉にある金と銀をとり、これを贈り物としてアッスリヤの王におくったので、アッスリヤの王は彼の願いを聞きいれた。すなわちアッスリヤの王はダマスコに攻め上って、これを取り、その民をキルに捕え移し、またレヂンを殺した。（同16：8―9）

ティグラト・ピレセル三世は、前七三二年にダマスカスを占領し、急ぎ帰国したレヂンを殺し、シリアはアッシリアの属州に編入された。住民はモアブのキルハレセテに徙民《しみん》された。「キルハレセテの干ぶどうのために嘆け」（イザヤ書16：7）。ここは干しぶどうの産地だった。

北のイスラエル王国も同様の運命に見舞われた。

イスラエルの王ペカの世に、アッスリヤの王テグラテピレセルが来て、イヨン、アベル・ベテマアカ、ヤノア、ケデシ、ハゾル、ギレアデ、ガリラヤ、ナフタリの全地を取り、人々をアッスリヤへ捕え移した。（列王紀下15：29）

これは二軍に分かれたものか、ヨルダン川西岸軍はエルサレム近郊まで迫り、北上してハゾル、ヤノア、ガリラヤ、ケデシ、ナフタリ、ベテマアカ、ダンから人々を拉致し去り、ヨルダン川東岸軍は散開し、ギレアデ地方から広く人を掠めたのだろう。アッシリアの資料によると、一万三千百五十人がアッシリアに連れ去られたという（『ユダヤ民族史』I、二三〇頁）。ガリラヤは併合され、メギドを中心とするアッシリアの属州マギドゥとなるが、多くのヘブライ人が残って、アッシリアに忠実な混成文化を形成した。ゆえに後の新約のイエスはアラム語しか話せなかった。

『ユダヤ民族史』が語るように、アッシリアの最も重要な征服政策は、「大量捕囚と再植民政策」であった。しかしこれはアッシリアだけの特徴ではなく、古代シナも得意だった。周が殷の「頑民」を洛陽に徙民したり、漢の高祖が旧六国の大族を関中に移したり、武帝が郡国の豪傑で三百万銭以上の金持ちを茂陵に移したこともある。再植民政策も、漢の武帝の河西四郡設置や朝鮮の漢四郡の設置が著名である。その他、ソ連の徙民政策もあった。それはレーニン・スターリンのクラーク（富農）絶滅計画に沿い、史上最も残酷なものとなった。

なぜか虚しい第一イザヤ

アハズ王は、前七三二年のダマスカス陥落直後にティグラト・ピレセル三世の軍営に赴き、その祭壇の図面と模型を祭司ウリヤに送り、エルサレムの祭壇と祭儀をアッシリア式に変えた（列王紀下16：10–18）。属王として、更なる庇護を期待したのであろう。

アハズは神の宮の器物を集めて、神の宮の器物を切り破り、主の宮の戸を閉じ、エルサレムのすべてのすみずみに祭壇を造り、ユダのすべての町々に高き所を造って、他の神々に香をたきなど

して、先祖の神、主の怒りを引き起した。（歴代志下28：24–25）

その怒りは、エヒウへの怒りがホセアに向かったように、アハズへの怒りもイザヤへと臨むのであった。不審な女に近づき、子をなせというのだ。

主はわたしに言われた、「一枚の大きな札を取って、その上に普通の文字で、『マヘル・シャラル・ハシ・バズ』と書きなさい」。そこで、わたしは確かな証人として、祭司ウリヤおよびエベレキヤの子ゼカリヤを立てた。わたしが預言者の妻に近づくと、彼女はみごもって男の子を産んだ。その時、主はわたしに言われた、「その名をマヘル・シャラル・ハシ・バズと呼びなさい。それはこの子がまだ『おとうさん、おかあさん』と呼ぶことを知らないうちに、ダマスコの富と、サマリヤのぶんどり品とが、アッスリヤ王の前に奪い去られるからである」。（イザヤ書8：1–4）

ここの「預言者の妻」は、新改訳と新共同訳では「女預言者」になっている。女預言者ならば必ず名前が書かれる。預言者の妻ならば不義だ。そして祭司ウリヤを証人に立て、今度の息子の名は、マヘル・シャラル・ハシ・バズ（「分捕りは早く、略奪は速やかに来る」の意味）とする。正妻による第一子は、シャル・ヤシャブ（「残りの者は帰って来る」の意味）だ。そしてイザヤは告げる。

見よ、わたしと、主のわたしに賜わった子たちとは、シオンの山にいます万軍の主から与えられたイスラエルのしるしであり、前ぶれである。人々があなたがたにむかって「さえずるように、ささやくように語る巫子および魔術者に求めよ」という時、民は自分たちの神に求むべきではないか。生ける者のために死んだ者に求めるであろうか。（同8：18－19）

ここの「巫女、魔術師」は、新改訳と新共同訳では「口寄せ、霊媒」になっている。神ホセア書の「なぞらえ婚」の類似から酌めば、イザヤはこんなことを言っているのではないか。神から賜った私の子ら、「分捕りは早く、略奪は速やかに来る」と、「残りの者は帰って来る」は、神からの試しと救いである。私は神に試され、不審な巫女、魔術師、口寄せ、霊媒のような女と子をなした。だが救いは神に求むべきなのだ。残りの者は帰ってくる……。だが、どうも誰も聞いていないらしい、言い訳というか、奇妙な一人芝居のようなのだ。

本書第31節の上流階級の麗しい女性描写と合わせ見て、私にはどうも彼が「快楽主義者」だったように思われてならない。快楽主義者には、エピクロス、ホッブズ、ロック、エルヴェシウス、ベンサム、ゾラ、スタンダールなどの西洋思想の系譜があるが、ロックを除き、みな不幸な先見者（あるいは預言者）なのである。イザヤはどうもジョン・ロックに似ている気がしてしかたがない。二人とも幸福者なのだ。これは次の著作に譲りたい。

贅言しておくと、澁澤龍彦『快楽主義の哲学』（光文社カッパ・ブックス、一九六五年）は、耽美主義者を快楽主義者と思いこんだ誤解の書である。不幸者－快楽主義者－先見者－有用主義者という連なり、つまり「不幸なので快を求めて先見で有用なものを見つける」、有用主義者の思想の系譜に、サドが入り込む余地は残念ながらない。

アッシリアのエルサレム包囲

第十三代のアハズ王が死に、第十四代のヒゼキヤ（前七二七–前六九八）が即位し、前七二二年に北のイスラエル王国が滅亡した。サルゴンの編年記には、サマリヤからの捕囚、二万七千二百九十人と記された（『ユダヤ民族史』I、二三三頁）。南のユダ王国は、これより百三十年余り続く。

前七一六年、アッシリア人は再びペリシテの平野に現れ、サルゴン二世の軍隊はエジプトの川に到達し、そこに軍事拠点を築いた。エジプトの第二十二王朝は末期で、オソルコン四世はサルゴンに貢物を送った。だが南部からは好戦的なヌビア人の王が現れ始めていた。

前七一二年、アシドドに反乱が起き、アッシリアの属王を倒し、ヤマニというペリシテ人の指導者に代わった。彼はエジプトのファラオから軍事援助を取り付けた。

反乱を知ると、サルゴンは直ちに司令官タルタンの率いる軍を派遣し鎮圧した（イザヤ書20：1）。アシドドを征服し、これを属州に変えた。エジプトのファラオは助けるどころではなかった。第二十五王朝のブラック・ファラオにより、エジプト全土が征服されたからである。

前七〇五年、サルゴンが死ぬと、諸国は絶好の機会ととらえ、バビロンではカルデヤ人のメロダク・バラダンが王位を奪い、領域の支配を再確立した。ヌビア人のファラオもサルゴンの死をエジプトの覇権を再確立する好機と見た。ヒゼキヤはアシケロン、エクロンと同盟を結び、バビロンとの同盟は密接なものだった。イザヤはこの同盟に対し、否定的だった模様である（同39：1－8）。彼は王の庇護からも孤立する。

ヒゼキヤ王はアッシリア軍が必ずエルサレムを包囲する日の来ることを悟り、城外のギホンの泉（布晒し場へ向かう広道のそばの上の池）から城内まで、水路トンネルを穿たせた（歴代志下32：30、イザヤ書22：11）。そして敵の飲み水を絶つため国中の泉と谷川をふさいだ（歴代志下32：4）。サルゴンの嗣子セナケリブは、前七〇二年に支配を確立すると、翌年ペリシテの海岸沿いに南下、アシケロンを取り、エクロンを包囲するとエジプトの援軍が到着し、両者はエルテケ平野で会戦したが引き分けに終わった。セナケリブはいよいよヒゼキヤの処分に向かった。

アッスリヤの王はラキシからラブシャケをエルサレムにつかわし、大軍を率いてヒゼキヤ王のもとへ行かせた。ラブシャケは布さらしの野へ行く大路に沿う、上の池の水道のかたわらに立った。（イザヤ36：2）。

そしてヘブライ語で降伏勧告を行った。

33 偉大な預言者は田舎町にいた
……………ミカのエルサレム滅亡とバビロン捕囚の預言

エルサレム滅亡と捕囚の預言

前八世紀前半、かつての預言者の町ベテルは、バアル・アシラの信徒に占領され、同世紀後半にはヤハヴェの預言者の権威は地に墜ちていた。南北問わず、異教徒たちは預言者に「預言するな」（イザヤ30：10、アモス2：12）との言葉を遠慮会釈もなく投げつけるようになった。

富めるエルサレムびとの預言者イザヤは、召命時には意気軒高だったが、やがて王や民に代わり、神の試しと救いを虚しく繰り返すだけの存在となっていた。同時代、エルサレムの西南三十五キロ、モレシテ（モレセテ・ガテ）の田舎町にミカという強力な預言者が現れた。なぜ強力かと言うと、神が下し、ミカがあずかる「預言」が桁外れに大きいからである。以下、箇条書きする。

1 エルサレム滅亡の預言

「流血をもってシオンを

不正をもってエルサレムを建てる者たちよ。
頭たちは賄賂を取って裁判をし
祭司たちは代価を取って教え
預言者たちは金を取って託宣を告げる。
しかも主を頼りにして言う。
「主が我らの中におられるではないか
災いが我々に及ぶことはない」と。
それゆえ、お前たちのゆえに
シオンは耕されて畑となり
エルサレムは石塚に変わり
神殿の山は木の生い茂る聖なる高台となる。（新、ミカ書3：10―12）

ミカが、エリヤ、エリシャのような職業預言者でなかったことが、預言内容から窺える。当時は報酬を取る偽預言者も横行していた（新、同2：11、3：5）。ミカは、元はただの農夫だったのではないかと私は思う。「それゆえ、主の集会で、あなたのために、くじを引いて測り綱を張る者がいなくなる」（新、同2：5）とある。これは世襲地保有者の土地を除き、他はすべて神の土地（現実には王土）であるから、村の農民たちは何年かに一度集会を開き、土地使用の入れ替えをするのである。その時、一人が選ばれて測り綱《へベル》を土地に張って分割し、くじを作って村人に引かせる。ミカは、くじびとの経験があったのだろう。くじ神託をしていたレビ族の子孫かもしれない。エルサレムの滅亡の預言を初めてしたのはミカだったので、エレミヤがこの箇所を引用し、自らのエルサレム滅亡の先見について、説得力を強化している（エレミヤ書26：18）。

2 バビロン捕囚の預言

娘シオンよ
子を産む女のように、もだえて押し出せ。
今、お前は町を出て、野に宿らねばならない。
だが、バビロンにたどりつけば
そこで救われる。
その地で、主がお前を敵の手から贖われる。（新、ミカ書4：10）

捕囚先がバビロンであることがミカには託されていた、と視ることができる。たいていの預言は、『エルサレムは石塚に変わる』と告げよ」、『バビロンにたどりついて救われる』と告げよ」のような単文の命令形（あるいは黙示的な映像や音楽）で降ってくる。それを人々に告げるときに説得しなければならないから、色々理由づけが要るのである。預言と預言の間を、預言者が進んで因果で関連付けようとするとき、預言者は先見者となり、その言葉は先見になる。だから先見は預言よりも弱いものであり、説明はさらに長くなり、韻文になりやすい。それで旧約では詩が長々と歌われるのだろう。ちなみにノストラダムスのような予言者は、預言者でも先見者でもない。ただの占い師か占星術師であろう。預言者の「預言」はそれらしく想像して当てるという類のものではなく、向う側から否応なしに突然託される。ゆえに預言者本人が慄くのである。日本語の「予言者」は紛らわしい。もう死語にした方がよくはないだろうか。

後半部の「そこで救われる。その地で、主がお前を敵の手から贖われる」というのは、バビロンはエジプトとは異なり、ヘブライ人と同じセム語族の言語を使っていたので言葉が通じた。だから、エジプトのような過酷な目には合わなかったのである。奴隷として曳かれていった先でも、やがて土地所有者になったり、貨幣の両替商になったりするものがあり、迫害やゲットーはなかったと、M・ウェーバーが指摘している（『古代ユダヤ教』Ⅱ、五三一頁）。

「ベツレヘムの救世主の預言」

三番目のベツレヘムの救世主の預言は、ふつうキリスト教徒にとっては、最も大きな預言だとされる。しかし私に言わせれば、その成就は八百年も後のことであり、そんな預言は無理だとしか思われない。

エフラタのベツレヘムよ
お前はユダの氏族の中でいと小さき者。

お前の中から、わたしのために
イスラエルを治める者が出る。
彼の出生は古く、永遠の昔にさかのぼる。
まことに、主は彼らを捨ておかれる
産婦が子を産むときまで。
そのとき、彼の兄弟の残りの者は
イスラエルの子らのもとに帰って来る。
彼は立って、群れを養う
主の力、神である主の御名の威厳をもって。
彼らは安らかに住まう。
今や、彼は大いなる者となり
その力が地の果てに及ぶからだ。（新、ミカ書5：1‐3）

「そのとき、彼の兄弟の残りの者は／イスラエルの子らのもとに帰って来る」というのは、第一イザヤの正妻による第一子、シャル・ヤシャブ（「残りの者は帰って来る」の意味）を踏んだものであり、明確に誰かの挿入である。私は暇で当時記録をつけまくっていた、第一イザヤ自身ではないかと思う。彼ならば筆記者をモレシテに派すこともできる。あるいは彼自身、モレシテに行って帰って暗誦した。古代人である。ミカ書くらいの長さの暗記はお茶の子さいさいだろう。そして全体の内容は、イザヤの「インマヌエル予言」を彷彿とさせる。そこでは、「見よ、おとめがみごもって、男の子を産み／その名をインマヌエルと呼ぶ」（新、イザヤ書7：14）とあった。今回は名前ではなく、地名である。ベツレヘムはダビデの故郷で、「ダビデは、ユダのベツレヘム出身のエフラタ人で、名をエッサイという人の息子」（新、サムエル記上17：12）だと、あった。田川建三氏によれば、「キリスト〔救世主〕はダヴィデの子孫から生まれる、という信仰自体は当時のユダヤ教でも広く普及していたものだし、ダヴィデがベツレヘムの出身だということは誰でも知っていたことなのだから、キリストはベツレヘムで生まれるに違いないという考えそのものは民間に広く流布していたことだろう」（『新約聖書訳と註　第五巻　ヨハネ福音書』三九五頁）と、いう。

つまり当時、救世主誕生の願望が世に広くあり、そこにイザヤ書はインマヌエルという名を付け加え、ミカ書はダビデの家から生まれるのだからベツレヘム出身者だという、民の「常識」を突き固めたのであろう。それだけであり、それは先ほど述べたような預言者の不安定な先見過程の産物にほかならない。預言は確かだが、先見はあくまでも推測の域を出ないのである。第一、先のユダヤ教徒が後のキリスト教徒のために、信仰のドグマ化を手伝ったりするわけがない。

後のキリスト教徒の側から眺めれば、マルコもパウロもそれをドグマ化しなかった。ガリラヤのナザレ生まれのイエスをベツレヘム生まれのダビデの子孫だと、福音書に書き込んでドグマ化してしまったのは、マタイとルカだった（マタイ福音書2：1‐12、ルカ福音書2：1‐7）。マタイは東方の三博士のところでミカ書を引用し、ルカは住民登録のためにベツレヘムに出かけてイエスが生まれたことにした。

彼らより後のヨハネ福音書は、「キリストはまさか、ガリラヤからは出てこないだろう。キリストは、ダビデの子孫から、またダビデのいたベツレヘムの村から出ると、聖書〔ミカ書のこと〕に書いてあるではないか」（ヨハネ福音書7：42）と、民衆の一人に批判的に語らせている。（以上、田川前掲書第五巻に加え、第一巻の五一七頁、第二巻上の一二四頁も参照）。

ミカ書の預言自体に戻れば、民間の常識にのっとって、救世主が現れるということの理由づけをしているだけということになる。

民族共同態に立つ偉大な預言者

ミカの預言者としての活動は、出身地のモレシテの圧政に苦しんでいる人々のためになされたものと言える。彼はおそらくこの田舎町で一生を終えたのであろう。ただ一点、社会科学的な疑問がある。それならばなぜ、ミカ書にはペリシテが登場しないのか、ということである。

ウジヤ王代に、「彼〔ウジヤ王のこと〕は出てペリシテびとと戦い、ガテの城壁、ヤブネの城壁およびアシドドの城壁をくずし、アシドドの地とペリシテびとのなかに町を建てた」（歴代志下26：6）とあり、その多くの者が散らされたペリシテ人だったが、アハズ王代には回復し、「ペリシテびともまた平野の町々およびユダのネゲブの町々を侵して、ベテシメシ、アヤロン、ゲデロテおよびソコとその村里、テムナとその村里、ギムゾとその村里を取って、そこに住んだ」（歴代志下28：18）とあるように、東経三十五度線上の町々、村々まで進出した。

ミカの故郷モレシテは別名モレセテ・ガテといい、ガテのペリシテ人の支配下にあったものであり、ソコ、ベテシメシ、アヤロンの町々へと進出する過程で、ガテとの中間点にあるモレセテ・ガテをペリシテ人が通過しなかったとは考えづらい。ミカ書で、少しはペリシテと関係のある地名を拾ってみる。

ガテに告げるな、泣き叫ぶな。
ベテレアフラ（塵の町）で、ちりの中にころがれ。
サピル（快楽）に住む者よ、
裸になり、恥をこうむって進み行け。
ザアナン（マレシャの南、ラキシの北西の町）に住む者は出てこない。
ベテエゼル（近くの町）の嘆きはあなたがたからその跡を断つ。
マロテ（苦み）に住む者は気づかわしそうに幸を待つ。
災が主から出て、
エルサレムの門に臨んだからである。
ラキシ（モレシテの南の町）に住む者よ、
戦車に早馬をつなげ。
ラキシはシオンの娘にとって罪の初めであった。
イスラエルのとがが、
あなたがたのうちに見られたからである。

それゆえ、あなたはモレセテ・ガテに／別れの贈り物を与える。
アクジブ（フェニキアの町）の家々はイスラエルの王たちにとって、
人を欺くものとなる。
マレシャ（モレシテとラキシの中間の町）に住む者よ、
わたしはまた侵略者をあなたの所に連れて行く。
イスラエルの栄光はアドラム〔モレシテの東南、東経三十五度線上のソコ近くの町〕に去るであろう（ミカ書1：10–15）

空想の町々を除いて推定すれば、「ペリシテのガテに通じるな、ザアナンは籠城している。エルサレムの門に敵が迫った。ラキシの民よ武器をとれ、ラキシの上層は裏切り者だ。アクジブは壊滅した。マレシャは侵略者に襲われる。エルサレムのダビデ・ソロモン王家はアドラムまで逃げる」こんな読みになるだろうか。とすれば、この韻文が書かれたのはヒゼキヤ王の時代だろう。

アッシリア王セナケリブは、前七〇二年に支配を確立すると、翌年フェニキアの海岸沿いに南下、アグジブを壊滅させ、アシケロンを取り、エクロンを包囲した。ウジヤ王代の痛手から回復したペリシテ人はアッシリアの軍門に降り、ガテを根拠地として東経三十五度線まで進出し、エルサレムに迫ったものだろう。とすれば、モレセテ・ガテはすでにペリシテ人の手に落ちていたと見ることができる。ミカは敵の監視を避け、故意に韻文で危機を告げているかに思われる。

ミカは百年も前に、エルサレム滅亡とバビロン捕囚を預言した偉大な預言者だったが、それが田舎町で一生を終えるという、預言者たちの中では極めてまれな存在だった。しかしミカは家に安閑としていたわけではない。世間から情報を集め、ペリシテの目を逃れて、危機を発信し続けたものであろう。

そんなミカには救世主願望に加え、「イスラエルが軍事的に勝利し、諸民族の上になって支配する」という強大国願望も強くあった。

シオンの娘よ、立って打ちこなせ。
わたしはあなたの角を鉄となし、
あなたのひずめを青銅としよう。
あなたは多くの民を打ち砕き、
彼らのぶんどり物を主にささげ、
彼らの富を全地の主にささげる。（ミカ書4：13）

このような激情は第三イザヤ（イザヤ書61：5–6）にも見られる。

残念ながら弱小国が強大国を凌駕することはあり得ないことである。だがM・ウェーバーは、「予言者〔預言者〕は一つの政治的民族共同態のただなかに立っていて、この運命こそがかれらの関心事だったのである」（『古代ユダヤ教』II、四六五頁）という。これは優れた直観である。

ユダヤ教には、「人は神の奴隷であり、人の奴隷ではない」という大テーゼがあるため、預言者は究極的には国の側には立てない。国は人を奴隷にするものだからである。このことは、サムエル記に神の警告としてはっきりと記されている（サムエル記上8：10–18）。だが眺望的にいえば。預言者はやはりナショナリストたらざるを得ない。でもそれは国ではなく、民族のナショナリストということなのである。

34 民は過越を笑い、王は谷で赤子を焼く
………ヒゼキヤ王の水道と瀆神のマナセ王

過越の祭を嘲笑する民

ここで記述は、預言者ミカのいた田舎町モレシテから、再び首都エルサレムへと戻される。南ユダ王国第十四代のヒゼキヤは篤信の王で、治世の初めから神殿修復を命じた。歴代志下の記述を読むと、前代までで相当に荒れ果てていたことが分かる。彼は祭具・祭儀を整え、再組織した祭司とレビびとを率いて、祭壇で贖罪の捧げものを実際に焼かせた。そしてダビデ王代のようにレビびとにシンバルを打たせ、祭司にラッパを吹かせた（歴代志下29：24–27）。

ヒゼキヤはエルサレムで盛大に過ぎ越しの祭を祝うべく、北と南にあまねく使者を遣わし、エルサレムへ来るようにと勧めた。ところが、

このように飛脚たちは、エフライムとマナセの国にはいって、町から町に行き巡り、ついに、ゼブルンまで行ったが、人々はこれをあざけり笑った。ただしアセル、マナセ、ゼブルンのうちには身を低くして、エルサレムにきた人々もあった。（歴代志下30：10–11）

何ともはや嘲笑の対象にすぎなかった。それでも来た者たちは、

会衆の中には自分を聖別していない者が多かったため、清くないすべての人に代わって、レビ人が過越のいけにえを屠る務めを果たし、清めたものを主にささげた。民の大多数、エフライム、マナセ、イサカル、ゼブルンの多数の者が身を清めていなかった。それにもかかわらず、彼らは記されていることに違反して、過越のいけにえを食べたので、ヒゼキヤは彼らのために祈って言った。「恵み深い主よ、彼らをお赦しください。彼らは聖所の清めの規定には従いませんでしたが、神、先祖の神、主を求めようと決意しているのです。」主はヒゼキヤの祈りを聞き入れ、民をいやされた。(新、同30:17–18)

過越の生け贄を食べてはいけない「清くない者」というのは、出エジプト記一二章四八節の規定にある、無割礼の者をさしているのだろう。とすれば、ガリラヤ湖から死海に至る、ヨルダン川西のヘブライ人のほとんどが割礼を忘れたということである。半異教徒の彼らはただ飢えを満たすためにエルサレムにやって来て、贄をガツガツと食べたのだろう。

ヒゼキヤの虚しい振興策は続く。彼はエルサレムの住民に、祭司とレビびとの食い扶持の為にかっての十分の一税を命じた。いくらかの食糧は集まったのだろう、富者も貴族もいるのだから。そしてソロモン王代に中央から外され、記録から姿を消したはずのザドク家が再び祭司長として登場する。

ザドクの家から出た祭司の長アザリヤは彼に答えて言った、「民が主の宮に供え物を携えて来ることを始めてからこのかた、われわれは飽きるほど食べたが、たくさん残りました。主がその民を恵まれたからです。それでわれわれは、このように多くの残った物をもっているのです」。（同31：10）

癒された飢えの恍惚が視えるようではないか。ザドク家はここまで落魄したのである。

アッシリア軍の撤兵の預言

このような時代の預言者第一イザヤは虚しい。ホセアのような「なぞらえ婚」をして、神の試しと救いを繰り返したり、自己の記録を修辞で飾ったりしていた。だが、アッシリアの将、ラブシャケが大軍を率いて、城外の「布さらしの野へ行く大路に沿う、上の池の水道のかたわらに立った」時、イザヤに神の言葉が下った。

「それゆえ、主はアッスリヤの王について、こう仰せられる、『彼はこの町にこない、またここに矢を放たない、盾をもってその前に来ることなく、また塁を築いてこれを攻めることはない。彼は来た道を帰って、この町に、はいることはない。主がこれを言う。わたしは自分のため、またわたしのしもベダビデのためにこの町を守って、これを救うであろう』」。（列王紀下19：32－34）

そしてそのようになった。ラブシャケの軍は、突如首都ニネヴェへと帰って行ったのである。理由は分からない。陣営内の疫病の流行とか、野ネズミの襲来とか、後世の学者がいろいろな説を残している。私としては、ヒゼキヤによる飲み水の遮断が功を奏したのではないかと思われる。何故ならラブシャケは、「布さらしの野へ行く大路に沿う、上の池の水道のかたわら」、ギボンの泉を被覆する岩盤の上に立ったのだから。

いずれにせよ、南ユダ王国を大いに破壊したアッシリア王セナケリブの軍が、ユダの首都を占領することはできなかったという事実が、後世の人々により実際奇跡と見なされたのだった。

エルサレムはサマリアのような運命を逃れたが、国土は侵略により甚大な被害を蒙り、多くの町々は廃墟と化し、多数の住民がアッシリアに連行された。アッシリアのセナケリブの記録には、二十万百五十人を捕囚したとある（『ユダヤ民族史』I、二四七頁）。だが、こんなに大勢では旅程の食糧が足りない。ゆえに誇張であろうか。あるいは連れて行って、途中で散らした。そして、南ユダ王国の領土は、アッシリア軍にいち早く下ったペリシテに一部割譲され縮小した。

上の池の水道のかたわら

一八八〇年に、ヒゼキヤの水道が発見された。下の池の方の壁面に、碑文が残されていた。

トンネル開通の次第は以下のとおりである。石工たちが（岩の向こうの）仲間たちに向かって斧を振るっていた時、貫通までまだ3キュービット（1・3メートル）あったが、相手を呼ぶ人の声が聞えた。壁に亀裂が南から（北に向けて）走っていたからである。そして貫通の日、石工たちは仲間と出会うため斧を振った。こうしてついに水は泉から1200キュービット（533メートル）の路を流れていった。石工たちの頭上の岩の厚さは100キュービット（44・4メートル）あった。（マイケル・ケリガン『世界の碑文』池田裕訳、東洋書林、二〇一〇年、八二頁）

おそらく、給水技術にたけたエブスびとか、ヒビびとの職人集団がいたのであろう。それが北と南の二手に分かれて、両端から鑿、槌、つるはしを使って岩盤を掘り進んだ。全長五三三メートルで、硬いところは避けたのでS字型をしている。敵に城外の泉を占領される愚を避け、城内に水道を引き入れ、泉は岩盤で被覆した。一年くらいかかったであろうか。優れた直観なので、私としては第一イザヤがヒゼキヤ王に告げたものだと思いたい。エフライム・シリア戦争のときに、ヒゼキヤの父、アハズ王を城外の「布さらしの野へ行く大路に沿う、上の池の水道のかたわら」に呼び出したのも、彼だったではないか。

他方、アッシリア軍の将、ラブシャケはラキシから大軍を率いてエルサレムの城壁に迫り、そこで被覆された泉の岩盤の上に立ち、ヘブライ語で降伏勧告を行ったのだった。対応として城外に出た宮内卿のエリアキムたちは慌てた。城内の民に勧告内容を聞かれてしまうからである。

その時ヒルキヤの子エリアキムおよびセブナとヨアはラブシャケに言った、「どうぞ、アラム語でしもべどもに話してください。わたしたちは、それがわかるからです。城壁の上にいる民の聞いているところで、わたしたちにユダヤの言葉で話さないでください」。(列王紀下18：26)

ラブシャケは応えて、自分の出自の一端を明かしてしまう。

しかしラブシャケは彼らに言った、「わたしの主君は、あなたの主君とあなたにだけでなく、城壁の上に座している人々にも、この言葉を告げるためにわたしをつかわしたのではないか。彼らも、あなたがたと共に自分の糞尿を食い飲みするに至るであろう」。(同18：27)

最後の部分は、兵糧攻めを示唆している。

ラブシャケは、ヘブライ語を話せることを前提として、アッシリア王セナケリブに送りこまれたことが分かる。アラム語とヘブライ語は、預言者ミカのところでも述べたが、同系統のセム語に属し、耳慣れれば聞いていて大体分かるのである。それを敢えて流暢な者を送りこみ、耳慣れない民にも勧告内容を告げようとしたとみることができる。

つまりラブシャケは、何らかの理由で子供時代をエルサレムで過ごした者であろう。とすれば、当然今自分が、ギホンの泉を被覆した岩盤の上、「布さらしの野へ行く大路に沿う、上の池の水道のかたわら」に立っていることを、瞬時に理解したはずである。ゆえに彼は、水源が遮断されていることを悟り、兵を退いたというのが、私の見立てである。人は三日水を飲まないと死ぬのだから、飲み水がなければ戦えるわけがない。

呪いを呼ぶ王の偶像崇拝

ヒゼキヤは、セナケリブの遠征後数年して死んだ。彼の子、十五代のマナセ王は、即位したときまだ少年だった。彼は五十年間王位にあったが、その大部分でアッシリアの忠実なる属王であった。聖書はこの王を、度はずれた偶像崇拝者として記している。

バアルの祭壇を築き、アシラ像を刻み、占い、口寄せ、魔術師を用い、当時のアッシリアの信仰だった「太陽に捧げられた馬と車」を祭り（同23：11）、アッシリアの星辰祭儀を広めた。最もひどかったのは、ベンヒンノムの谷に祭場を作り、自分の子に火を渡らせ焼き殺して捧げ物にしたことであった（列王紀下21：5、歴代志下33：6）。

これにより、ユダヤ教ではマナセの罪は拭い去れないものとされ、次々代の女預言者で、エルサレムの第二区に住むホルダの「消えぬ神の怒りの炎」（列王下22：14–20、歴代志下34：22–28）となり、預言者エレミヤの「またユダの王ヒゼキヤの子マナセが、エルサレムでした行いのゆえに、わたしは彼らを地のすべての国が見て恐れおののくものとする」（エレミヤ書15：4）という呪いとなって書き記されたのだった。

マナセの治世は南ユダ王国がアッシリアの影響を最も色濃く受けた時代だった。アッシリア王エサルハドンは、エジプト第二十五王朝（ヌビア朝）のテルハカを駆逐してペリシテにおける支配を再確立したが、エジプトの入口で大敗を喫した。彼は前六七一年に再びエジプト遠征を行い、ナイル・デルタを征服して死んだ。子のアッシュールバニパルは父を継ぎ、ついにエジプト南部の首都テーベを陥落させ、ヌビア朝を終焉させた。

マナセ王がアッシュールバニパルのエジプト遠征の一つに、彼の軍を率いて参加したことが分かっている。前六五六年以後、アッシリアがエジプトから撤退するまで従軍は続き、アッシリアの支配は少なくとも前六四九年まで続いていたことが、ゲゼル出土のアッシリアの行政文書から分かるという（『ユダヤ民族史』I、二五二頁）。

つづく歴代志下三三章の後半部の記述は怪しい。なんの理由も書かれていないが、マナセはアッシリア軍の諸将に攻められ、バビロンに曳かれ、監禁されたが、身を低くしてヤハヴェに祈ったので願いが叶い、解放されたというのだ。

王の回心という挿話

帰国したマナセ王は、「この後、彼はダビデの町の外の石がきをギホンの西の方の谷のうちに築き、魚の門の入口にまで及ぼし、またオペルに石がきをめぐらして、非常に高くこれを築き上げ、ユダのすべての堅固な町に軍長を置」（歴代志下33：14）いた。つまりエルサレムの要塞化に努め、国の守りを固めたことになっている。のみならず、宗教的な回心をしたことが語られる。

また主の宮から、異邦の神々および偶像を取り除き、主の宮の山とエルサレムに自分で築いたすべての祭壇を取り除いて、町の外に投げ捨て、主の祭壇を築き直して、酬恩祭および感謝の犠牲を、その上にささげ、ユダに命じてイスラエルの神、主に仕えさせた。しかし民は、なお高き所で犠牲をささげた。ただしその神、主にのみささげた。マナセのそのほかの行為、その神にささげた祈、およびイスラエルの神、主の名をもって彼に告げた先見者たちの言葉は、イスラエルの列王の記録のうちにしるされている。（同33：15–18）

だが、列王紀下には、そんなことは全く記されていない。記されているのは、女預言者ホルダの「消えぬ神の怒りの炎」という呪いのほうである。ゆえに三三章後半部は、誰かの挿入であろう。あまりにひどい瀆神の王なので、編集者が薄めたのかもしれない。『ユダヤ民族史』の著者マラマットとタドモールはユダヤ教徒なので、「歴史上の謎」と、穏やかに言っている。

さて、マナセ王の次代は子のアモンが継ぐが、わずか二年で家来たちの徒党により暗殺された。これも謎である。八代目アタリヤ女王を九代目のヨアシ王に替え、徒党に殺された十代目のアマジヤ王に継ぎ、十一代目のウジヤ王を推戴したように、再びアム・ハーアーレツ（地の民、国の民）が現れ、十七代目としてヨシヤを推戴した（歴代志下33：24–25）。アム・ハーアーレツについては、本書第30節で「農村出身の武装せる世襲地保有者で、ヤハヴェ信徒として会衆をなす者たち」と一応定義しておいた。

35 預言者は神に復讐を求める
……田舎祭司エレミヤの召命と迫害

ヨシヤ王の宗教改革

前六二七年、アッシリア王アッシュールバニパルが死ぬと、バビロンはカルデア人ナボポラッサルに率いられて独立し、バビロニア王国が始まった。同年、エルサレムの北東、かつてソロモン王により追放されたエリ家の祭司アビヤタルの故地、アナトテの祭司のひとりエレミヤに召命が下った。ちょうど会食中だったが、エレミヤは離れて座り、笑いさんざめく会衆に恐ろし気な顔を向けていた。神の手が彼に触れ、憤りに満たされたからである（エレミヤ書15：17）。

「見よ、わたしはきょう、この全国と、ユダの王と、そのつかさと、その祭司と、その地の民〔アム・ハーアーレツ〕の前に、あなたを堅き城、鉄の柱、青銅の城壁とする。彼らはあなたと戦うが、あなたに勝つことはできない。わたしがあなたと共にいて、あなたを救うからである』と主は言われる。（同1：18）

不幸なことに、彼はこれらすべての権力者たちとの闘争を命じられたのだった。彼は直ちに、アナトテの「貧しい愚かな人々」から「偉い人たちの所」（同5：4–5）エルサレムへと居を移した。エレミヤ自身は貧しい田舎祭司だった。ときにユダ王国は若いヨシヤ王の治世で、アッシリアの属国の軛を解かれるや、彼はサマリヤ州南部へと侵入し、北イスラエルを取り戻した。これでヤハヴェの威光は十二部族のすべての地に及ぶことになった。

前六二八年、二十歳のヨシヤは宗教改革に着手した。

彼はまだ若かったが、その治世の第八年に父ダビデの神を求めることを始め、その十二年〔前六二八年〕には高き所、アシラ像、刻んだ像、鋳た像などを除いて、ユダとエルサレムを清めることを始め、もろもろのバアルの祭壇を、自分の前で打ちこわさせ、その上に立っていた香の祭壇を切り倒し、アシラ像、刻んだ像、鋳た像を打ち砕いて粉々にし、これらの像に犠牲をささげた者どもの墓の上にそれをまき散らし、祭司らの骨をそのもろもろの祭壇の上で焼き、こうしてユダとエルサレムを清めた。またマナセ、エフライム、シメオンおよびナフタリの荒れた町々にもこのようにし〔た。〕（歴代志下34：3–6）

既に本書第21節で述べたように、人の骨が焼かれたり、人の骨で満たされた場所は穢れるとされ、侮辱する時にも彼らは往々そのようにしたのであった。文中「清めた」というのは、ヤハヴェ側から見て清めたのである。次にヨシヤ王は神殿修理に着手するのだが、ここのところの記述は岡田英弘氏にちょっと譲ってみよう。

人文学者の「社会科学の歴史学」

このときヨシヤ王は、長いあいだほったらかしになっていたイェルサレムのヤハヴェ神殿の修理を行ったが、神殿のなかにこんなものがあった、と言って、祭司〔ヒルキヤ〕が持ってきたのが『申命記』である。ヨシヤ王が読んでみると、イスラエル人たちがヤハヴェにそむいて他の神々を信仰したので、ヤハヴェが怒ってイスラエルを滅ぼそうとしている、と書いてあった。それでヨシヤ王はピシッと額を叩き、髪の毛をかきむしって、着物を引き裂き（これは悔恨のジェスチャーだが）、みなで物忌に入った。また、国のなかの大そうじに着手した。イェルサレムのヤハヴェ神殿だけを残し、国じゅうの他の神々をことごとく破壊して、他の宗教の祭司たちを国外に追放した。これでユダ王国はヤハヴェだけになった。これが世界最初の一神教の改革である。
（『岡田英弘著作集』Ⅰ、「歴史とは何か」八〇頁）

また王は、契約の書に記されているように、最初の過越の祭りをイェルサレムで執り行った。こうして世界最初の一神教王国が誕生した。これがユダヤ教の起源である。（同一六六頁）

「おいおい、そこまで言ってもいいのか？」という向きには、だって、「北の王国では、ヤハヴェはもう全然信仰されていない。南のユダ王国でも一般の人々が信仰しているのはヤハヴェではない」（七九頁）、バール・アシラだったじゃないかと、返すのである。

社会科学者の私が読むと、「すごい！」と感嘆する。なぜかと言えば、まず記録へのシンクロが深い。岡田氏は額を叩き、髪の毛をかきむしってしまう。記録の読み込みが深く、到来する直観を次々と知識に織り込んで概念化し、超越して因果ストーリを作ってしまう。そこの過程でこの分野での記憶を埋め尽くしていた知見へと逆算していくのである（単なる「思い込み」だと逆算は起きない）。その中にはたぶんこんなのも含まれていたことだろう。「神殿の壁から『申命記』が出てきただと！　漢の武帝の末に、魯の孔子の旧宅の壁から『礼記』が出てきたという漢書と同じ大ウソじゃ。だがこれにより、この宗教は法典を得たのだ。そして法典に基づき、全国的に過越の祭が行われた」。

そして向う側の根拠を一挙に把捉する、「これがユダヤ教の起源だ」。これは社会科学である。人文研究ではないのだ。そのかわり、読み返してみてほしい、どこか、えげつなくはないか。あるいは人文系の人には戯画的に見えるかもしれない。

「逆算」とは、直観から超越して得た向う側の根拠をもとに、自己の分野の知見へと摘み取りが始まることを指すのである。これはおそらく、帰納法の逆だ。帰納法は諸事実から抽象化して根拠に近づくが、逆算は根拠をつかんでから諸事実へと向かうのである。そのため予め分野の知見を埋め尽くしておかないと、この方法はたちまち挫折してしまう。

古代から現代まで至る日本の政治思想のうち、特にどこかの時代を専門として看板に掲げるつもりはなく、漫然と勉強を続けてきた。これはひとえに、一つの時代に関して知見を掘りさげ、その全体について詳細に知り尽くそうとする根気が〔自分に〕ないことに、早くから気づいたせいである。（苅部直『「維新革命」への道』新潮社、二〇一七年、二七一頁）

これは「直観・超越・逆算→因果ストーリ形成」という方法論に不向きだという自戒である。師（渡辺浩氏）を見て、よく知っているのであろう。

再度立ち戻る、なぜ岡田先生の人文研究が社会科学になってしまったのか。それは、文明を「政治と軍事と経済の複合体と考えればよいように思われる」（同二五五頁）と、定義したときから、論理的帰結としてそうなったのである。

概念化の要領と様々な工夫

もう一人、社会科学者の歴史学をしている日本政治思想史の渡辺浩先生の例を挙げておこう。この方は社会科学の歴史学に、「冷酷さ、殺伐、えげつなさ」が見えないように色々工夫をしている。記録への体内時間のシンクロは、文中にそのまま書くと、岡田先生のように額を叩いて、髪かきむしってえげつなくなる。そこで、文末に、括弧で吹き出すのである。これを私は吹き出し文と呼んでいる。

例えば、渡辺氏は日本の戦国武者を語って、次のように言う。

武士は、その名の通り、何よりも「武」をその自己規定の核とする。武者であり、軍人であり、兵隊である。つまり、戦における暴行・傷害・殺人を本来の役割とする特殊な職業人である。しかも、その戦闘は、遥か遠方から精密機械を操作するようなものではない。一人一人が弓・鉄砲・槍・刀などを持って、顔の見える敵と対峙し、その生身の手応えを感じ、返り血を浴びつつ遂行するものである。個々人の勇猛と武芸とが意味を持ち、個々人の戦闘業績が評価されうる。そこで、自分の業績を証拠立てるため、殺した敵の頭部を切断して本陣に持参し、記帳してもらう慣行が武士にはあった。後日、ずらりと並べた首を大将が検分した（「首実検」）。当時の記録は、「頸数二千七百余討ち捕る」「翌日頸御実検候ひしなり。頸数三千余あり」（太田牛一『信長公記』）などと伝えている（どんな臭気が漂っていたのだろうか）。（『日本政治思想史――十七〜十九世紀』東京大学出版会、二〇一〇年、三四–三五頁）

本文は見事な概念化ではないか。概念化とは、知識と直観から得た推論を帰納法による知見に織り交ぜて言葉で矛盾なく説明できることを言う。渡辺氏は殺人などしたことがないはずなので、手応えも返り血も全部直観である。武者は取った首を腰や槍にぶら下げて転戦する（満洲族の留学生によると、ヌルハチたちも同じだったという）。それを合戦後に並べたらどんな臭気がするのだろうかと、体内時間で記録にシンクロしている。この因果ストーリの形成で、超越はほぼ完了である。どこに超越するのか、記録の向う側だ。だから渡辺氏は、「文字はタイムマシンだ」（五頁）というのである。便宜的にこれを着地主義と呼んでおこう。要は向う側に着地して思考経験を知覚経験に転換するのである。これは教養をも培う方法であることを付け加えておこう。

迫害される預言者エレミヤ

と、いうわけで私はこれからの歴史学は、「社会科学の歴史学」が「人文研究の歴史学」を越えて発展していくと見ている。直観と超越の理力を科学として備えているからである。私の歴史学も全部社会科学のそれだ、人文研究のものではない。

ただ岡田氏の説を少し補っておけば、「申命記」はヨシヤ王の時代に王命で編纂されたものだと思う。つとに本書第2節で、モーセがまだヨルダン川を渡っていないはずなのに、「申命記」には、遠慮会釈なく都市が出て来ることを指摘しておいた。一つだけ再引用しておく。

新しい家を建てる時は、屋根に欄干を設けなければならない。それは人が屋根から落ちて、血のとがをあなたの家に帰することのないようにするためである。(申命記22:8)

都市の家の屋根から人が落ちないように欄干を設けよ、と言っている。これはかなり発達した時代の都市住宅の建築規定である。

ともかく、エルサレム神殿の繕いから、ありがたいモーセの律法の書が出てきたという、権威付けにより、都市祭司層は法典を欽定することができた――と、いうのが、すべての事実である。紀元前六二二年のことだった。

我らの預言者エレミヤはどのように反応したか。当初はエルサレム神殿への礼拝集中を歓迎した。

「彼らに言え、イスラエルの神、主はこう仰せられる。この契約の言葉に従わない人は、のろわれる。」（エレミヤ書11：3）。

だが、申命記運動の発起人たちが偽りの神の礼拝を固守する（同8：5）のを見て、申命記が書記たちの偽りの筆であることを喝破するのであった。

「どうしてあなたがたは、『われわれには知恵がある、
主のおきてがある』と言うことができようか。
見よ、まことに書記の偽りの筆が
これを偽りにしたのだ。
知恵ある者は、はずかしめられ、
あわてふためき、捕えられる。
見よ、彼らは主の言葉を捨てた、
彼らになんの知恵があろうか。」（同8：8－9）

そして、祭司らの罪を激しく非難した。

それゆえ、わたしは彼らの妻を他人に与え、
その畑を征服者に与える。
それは彼らが小さい者から大きい者にいたるまで、
みな不正な利をむさぼり、
預言者から祭司にいたるまで、
みな偽りを行っているからである。」（同8：10）

この虚偽を許さぬ態度ゆえにエレミヤは、アモスのように罵られ追放されたり、イザヤのように無視されるだけでは済まなかった。迫害が直接身に及ぶ、初めての預言者となったのである。

呪い、復讐を乞う

その後、ヨシヤ王は、前六〇九年、侵入してきたエジプト第二十六王朝の王ネコ二世の軍に立ち向かってメギドで射殺され、アム・ハーアーレツにより推戴された第十八代のエホアハズは、たった三月でエジプト王に廃されて捕囚されてしまった（列王紀下23：29-34）。これは属国レベルではなく、宗主国モンゴルと高麗国の関係に類似している。下王を廃するのであり、下王は国の主人ではなく、宗主国の僕になったということである。第十九代のエホヤキム（前六〇九-前五九八）は前王の兄弟で、エジプトにより立てられた。同年、バビロニアによりアッシリアが滅亡した。

六〇五年、エジプトとバビロニアとの決戦がカルケミシュで行われ、ナボポラッサルの嗣子、軍司令官のネブカドネザルがネコ二世を撃ち破った。エホヤキムの治世第四年のことと、エレミヤ書は記している（46：2）。直後、ネブカドネザルはバビロン王となった。彼は、パレスチナに侵入せず、シリアからフェニキアに南下し、ペリシテの最重要都市アシケロンに迫った。

アシケロンは大きな港をもつため、エジプトとの交易で深い関係を築き、七世紀末にはアッシリアの支配を排除したエジプトの属国となっていた。エジプトの軍事援助が保証されていたため、アシケロンは降伏しないことを選択したが、ネブカドネザルの包囲の後征服され、アシケロン王はバビロンに捕囚され、町は徹底略奪・破壊された。バビロニア年代記によれば、町は「塚となり、廃墟の丘となった」（『ユダヤ民族史』1、二六二頁）と、ある。

その間、預言者エレミヤはエルサレム神殿の庭に立ち、すべての民に言った。

「万軍の主、イスラエルの神はこう仰せられる、見よ、わたしは、この町とそのすべての村々に、わたしの言ったもろもろの災を下す。彼らが強情で、わたしの言葉に聞き従おうとしないからである」。（エレミヤ書19：14–15）

神殿の最高監督者である祭司の子パシュフルが怒って、配下にエレミヤを打たせ、北の門に足枷でつないだ。翌日パシュフルが解き放ったとき、エレミヤはその場で呪うのだった。

「見よ、わたしはお前を『恐怖』に引き渡す。お前も、お前の親しい者も皆。彼らは敵の剣に倒れ、お前は自分の目でそれを見る。……パシュフルよ、お前は一族の者と共に、捕らえられて行き、バビロンに行って死に、そこに葬られる。お前も、お前の偽りの預言を聞いた親しい者らも共に。」（新、同20：4－6）

これは相当に恐ろしかったに違いない。だが、それのみではない。彼は「主よ、復讐してください」と、公然と言うのである。

わたしに見させてください
あなたが彼らに復讐されるのを。（新、同11：20）

これがエレミヤの凄味である。

36　預言者、廃墟に立つ

……………バビロン捕囚と預言者エレミヤの運命

バビロニアの第一次ユダ侵攻

エジプト王に第十八代を廃され、十九代の属王となったエホヤキムの時代、預言者エレミヤは激しく迫害された。王の初年に彼はまず、今まで誰もやっていないことをやってしまった。本書第10節でも述べたように、前十一世紀中葉のペリシテ軍とのアペク戦で滅亡したシロになぞらえ、エルサレム神殿を預言者中はじめて批判したのだった。「わたしはこの宮をシロのようにし、またこの町を地の万国にのろわれるものとする」（エレミヤ書26：６）。エレミヤの田舎は、かつてシロから逃げたエリ家の領地だった。

祭司と預言者らは騒ぎだして役人《サーリーム》と民に訴え、神殿での裁判にエレミヤを引き出した。危ないところだったが、長老《ゼケーニーム》たちの勧めで、ヒゼキヤ王代に同様の預言をしたミカの先例を理由に免訴された。Ｍ・ウェーバーは、この記録が後世イエスの裁判に何らかの影を落としてものと直観している（『古代ユダヤ教』Ⅱ、四四〇頁）。

エホヤキムの治世五年（前六〇四年）、バビロニアのネブカドネザルの軍隊は、ペリシテの港湾都市アシケロンを攻略し、更地にした。エホヤキムは恐慌をきたし、物忌みの断食を全国に布告した（エレミヤ書36：9）。

この危機的時期に再びヤハウェの命がエレミヤに下った。これまでの預言を巻物（パピルス）に書きしるせという。エレミヤは記述者の友バルクに口述を頼み、書き上がると言った。

「それで、あなたが行って、断食の日に主の宮で、すべての民が聞いているところで、あなたがわたしの口述にしたがって、巻物に筆記した主の言葉を読みなさい。またユダの人々がその町々から来て聞いているところで、それを読みなさい。」（同36：6）

バルクは、前年バビロニアがカルケミシュで勝利を収めた、その衝撃も冷めやらぬエレミヤの預言の書を読み上げた。

エレミヤでは、国の禍が避けがたいのは、契約を破り他の神々に仕えた先祖の罪のせいで（同11：8–10）、それを罰しにくるバビロニアのネブカドネザルは「神の僕」（同43：10）であり、降伏するものは死を免れるとカルデヤ人にかわって勧告までした（同21：9）。ウェーバーが「こんにちの我々なら売国奴と名づけるであろう」（前掲書、四二七頁）というほど、彼の行動は敗北的なものだった。

書記ヨナタン（エレミヤ書37：20）の反対派閥ではないかと思うのだが、書記の部屋の親切な役人たちは、エレミヤとバルクに早く身を隠すように促してから王に巻物を報告した。エホヤキム王は怒り、小刀をもってそれを切り取り、炉の火に投げいれ、ついに巻物全部を炉の火で焼きつくした。
(同36：23)

エホヤキム王自身が宗主国エジプトによって立てられたため、エジプトに対する親密度は高く、バビロニアに対する忠実度は低かった。前六〇一年の冬頃、バビロニア王はエジプトを攻撃したが撃退されたため、エホヤキムはそれまで送っていた属王の貢物を停止し、反抗を宣言した。怒ったネブカドネザルは体制を立て直し、前五九八年、バビロニアの第一次ユダ侵攻が行われた。敵軍の接近の最中にエホヤキムは死に、十八歳の王子エホヤキンが王位に就いたが、エルサレムが包囲されると戦わずして軍門に下った(列王紀下24：1－2、6)。王と、王の母、王の妻たち、役人、侍従、神殿祭司と宮廷預言者、そして精鋭部隊と木工や鍛冶の技術者の最上部が、家族づれの総勢約一万人でグループ毎にバビロンに捕囚された(列王紀下24：12－16)。エホヤキンの叔父マッタニヤが王位に就けられ、ゼデキヤと改名させられた。

世界中に現れる預言者・先見者

事ここに至ると、王国はほとんどコントロールを失った。捕囚された宮廷に代わる未経験な指導層は、多数の反抗派と少数の従属派に割れ、預言者たちもそのようになった。反抗派のハナニヤは、神がバビロン王の軛を打ち砕き、二年以内に神殿の器物は戻り、捕囚の民は帰ってくると告げた。エレミヤは主に言われた通り横木の奴隷の軛を首に着け、ハナニヤよ、「平和を預言する預言者は、その預言者の言葉が成就するとき、真実に主がその預言者をつかわされたのであることが知られるのだ」(エレミヤ書28:9)と、平和を預言する預言者など聞いたことがないよと、究極の嫌味を言った。

付言すると、平和とは毎日同じ生活ができることである。預言者はその断面を露わにするので禍になるのである。先見もほとんど禍だが、時に幸いだったりすることもある。幸いの先見は非常に難しい。

怒ったハナニヤは、エレミヤの軛を奪うと、これをへし折り、このようにバビロンの軛は打ち砕かれると、神殿の祭司たちとすべての民の前で呼ばわった。エレミヤが帰宅すると、主の言葉がエレミヤに臨んだ。よくも折ってくれたな、木の軛を鉄の軛に替えるとハナニヤに告げよという。そこで彼はハナニヤの所に向かった。

「ハナニヤよ、聞きなさい。主があなたをつかわされたのではない。あなたはこの民に偽りを信じさせた。それゆえ主は仰せられる、『わたしはあなたを地のおもてから除く。あなたは主に対する反逆を語ったので、今年のうちに死ぬのだ』と」。預言者ハナニヤはその年の七月に死んだ。(同28:15―17)

この過程で、私はシナ史の十二世紀、金国の侵攻を受け、真っ二つに裂けた南宋の宮廷を思うのである。宰相秦檜《しんかい》は武官の岳飛ら反抗派を謀殺し、金に対し徹底敗北的であった。後世、その名は売国奴の代名詞となって蔑まれ、杭州岳王廟（岳飛の廟）にある秦檜夫妻の像にかつて訪問客は唾を吐きかける習慣があった。エレミヤがチャイニーズだったなら糞便を投げつけられたかもしれない。

では一体何が違うのかと言えば、エレミヤは全く政治的ではないのだ。彼はレカブびとの人脈にも近かった（同35章）が、エリシャの「エヒウ革命」のように政治運動はしなかった。偶像崇拝の王を補佐することなど論外だった。彼は徹頭徹尾、神の教えてくれる「先見の結果の善」に従っただけなのである。

善悪というのは、本当はその当座は分からない。未来の結果の見通しにすぎない。だから人類の歴史には、先見者という存在が実はいて、それがあちこちで記録を残している。例えば、古代ギリシャの人エピクロスは言う。

不正は、それ自体では悪ではない。むしろそれは、そうした行為を処罰する任に当たる人々によって発覚されはしないかという気がかりから生じる恐怖の結果として、悪なのである。（『エピクロス　教説と手紙』「主要教説三四」岩波文庫、一九五九年、八四頁）

もうひとり、近代イギリスの人ジェレミー・ベンサムは言う。

動機が善または悪であるのは、ひたすらその結果による。（『道徳および立法の諸原理』世界の名著38、中央公論社、一九七七年、一七七頁）

つまり、始めから善をとりたければ、ちゃんと善に当たるように、あらかじめ先見しなければ、取れないのである。将来悪になるのではないかと恐怖しているようでは、悪からは逃れられない。預言者というのは、神からあらかじめ当たる方（これは禍だが、善なのである。例えば、「バビロンに曳かれるが、そこで救われる」「降伏するものは死を免れる」など）を教えられている。後はその言葉をつなぎながら先見するのだ。

エレミヤでいえば、エドムもアンモンも、モアブもシドンも、エルサレムも全部敗けてバビロンの奴隷になる（エレミヤ書27：3–7）と、あらかじめ神から告げられているので、ハナニヤの言ったことは全部ウソであり、悪だと分かっている。

こういう預言者や先見者は世界中にしょっちゅう現れるのだが、たいていは圧迫され、迫害され、なかなか世に出てこられない。チャイナやコリアなどは史上一人もいない。ただただ政治的なだけで、秦檜や岳飛のような人物が繰り返し登場するだけである。

バビロニアの第二次ユダ侵攻

エレミヤは、エホヤキン王と共にバビロンへ移された捕囚の民に手紙を送り、バビロンに家を建てて産み増えるように勧めたため、直ちに現地の偽預言者たちとの間で激しい闘争となった。エレミヤは偽預言者たちを呪った。

『わたしの名によって、あなたがたに偽りを預言しているコラヤの子アハブと、マアセヤの子ゼデキヤについて万軍の主、イスラエルの神はこう仰せられる、見よ、わたしは彼らをバビロンの王ネブカデレザルの手に渡す。王はあなたがたの目の前で彼らを殺す。』」（同29：21）

「ネヘラムびとシマヤの事について主はこう仰せられる、わたしはシマヤをつかわさなかったのに、彼があなたがたに預言して偽りを信じさせたので、主はこう仰せられる、見よ、わたしはネヘラムびとシマヤとその子孫を罰する。彼は主に対する反逆を語ったゆえ、彼に属する者で、この民のうちに住み、わたしが自分の民に行おうとしている良い事を見るものはひとりもいない」。（同29：31－32）

前五九五年、エジプト第二十六王朝のネコ二世が死に、プサメティコス二世に代わった。同年、バビロニアのネブカドネザルはパレスチナ遠征を行う。ユダのゼデキヤ王は直ちに貢物を携えてバビロンを訪れ、再び属王の誓いをした（同51：59）。

このとき、エレミヤは王同行の宿営長マアセヤの子であるネリヤの子セラヤにバビロンに対する巻物と呪術を託している。彼はエレミヤの筆記者バルクと兄弟だ（同32：12）。エレミヤは、おそらく内心では、バビロニアよりもエジプトの方に好感を持っていたものだろう。

ゼデキヤの臣従の誓いにもかかわらず、ユダは強くエジプトの勢力圏にあり、プサメティコス王の四年、ユダの軍はエジプトのエチオピア遠征に傭兵として参加した。

翌年、エジプトの使節が特命を帯びてユダを訪れた。そしてエジプトとの連携が固まりつつある頃、前五八九年にプサメティコスが急死し、アプリエス（聖書ではホフラ、同44：30）に代わった。この交代をネブカドネザルは第二次ユダ侵攻の好機と捉えた。エルサレムの包囲は、前五八七年冬の半ばに始まった。ゼデキヤ王の第九年、ネブカドネザル王の第十七年のことだった。

シオンの最期と預言者の運命

エジプトは約束を守り救援軍を急派したが、バビロニア軍に撃退されて退却した。エルサレムは、ぶどう畑の仮小屋、キュウリ畑の番小屋のように包囲され孤立した。このときエレミヤは、王家の宦官エベデメレクに助けられ監視の庭にいた（同38：7―13）。

ベニヤミン地区の諸都市は、早々とバビロニアに降伏して難を逃れた。ラキシとアゼカが戦いの最終段階に入った頃、ゼデキヤ王はエルサレムの民と契約を立て、すべての奴隷を解放した。しかしのちに翻意して再び奴隷に繋いだため神は激怒し、エレミヤは役人《サーリーム》と地の民（アム・ハーアーレツ）などユダの全富裕層に「空の鳥と地の獣をもって食い滅ぼさせる」呪いをかけるのだった（同34：8―20）。

エルサレムは前五八六年まで持ちこたえた。飢饉が広がり、水が欠乏し、抵抗が崩れ、ついに城壁は撃ち破られ占領された。ゼデキヤは逃亡したが捕えられ、レバノン峡谷のリブラの陣営まで引き摺られ、属王の誓いを破った者の法的処置として、ネブカドネザルの前で王子らを殺され、その映像を網膜に残すまま両眼をえぐられ、バビロンに曳かれていった（列王紀下25：1―7）。

前五八五年、すべての民が捕囚された。

バビロンの王ネブカデネザルの第十九年の五月七日に、バビロンの王の臣、侍衛の長ネブザラダンがエルサレムにきて、主の宮と王の家とエルサレムのすべての家を焼いた。すなわち火をもってすべての大きな家を焼いた。また侍衛の長と共にいたカルデヤびとのすべての軍勢はエルサレムの周囲の城壁を破壊した。そして侍衛の長ネブザラダンは、町に残された民およびバビロン王に降服した者と残りの群衆を捕え移した。ただし侍衛の長はその地の貧しい者を残して、ぶどうを作る者とし、農夫とした。（同25：8－12）

エレミヤはその後も、エルサレムでユダヤ人総督ゲダリヤの監視下にあったが、総督暗殺とその後の余波で、エジプト逃亡を主張する一団に口述筆記者バルクと共にエジプトに拉致された（エレミヤ書43：6－7）。預言者はそこでも女神イシスを拝する者たちを呪い続けた（同44：25－27）。

おわりに

「考える」ことを阻害する「筋」

私は教えるのが好きでない。「教育は感動をむしばむ」というのが、私の一貫した教育観である。私は幼いころからそれを感じていたので、「独学魔」で、「原典フリーク」であった。日本人の概説書は、四十を越えてからしか読んだことがない。人生の先達など一人もいない。

中学校の授業中、膝の上に馬琴の『椿説弓張月』を広げ、高校では中公の紫色のミシュレ『フランス革命史』を穴が開くほど読んだ。そして感動する。この感動がないと勉学など続くものではない。そのとき感動して残ったものが、本の「紫色」だ。

それが不幸なことに大学教授になってしまい、二十五年間嫌いな授業をした。苦痛を減らすために考えたのが、知識以上のことを教えることだった。毎回まったく筋もなく、学問や社会のことで感動して色々考えた話をする。学生に届くか心配なので、いまＮＨＫの中国特派員をしている、当時の吉田稔君にどうだったかと授業後に尋ねると、

「はい、先生がうるさくて眠れませんでした」と、毎回言う。でも、毎年やって来るおなじみさんが前二列を占めたものだ。私にはこちらの方が大事だった。

国立大学の学生はみんな勉強ができるので、意味の分からない単語や単文も、すいすい頭に入ってしまう。そして欲しがるのは、話の筋（レトリック）だ。

いま東京新聞の政治部にいる、妹尾聡太君は親切だった。「先生、講義ノート作ってあげました」と、筋のない私の話に筋をつけてくれた。たぶんこうやって、ソシュールやベルクソンの講義ノートはできあがるのだろう。妹尾君は、さらに親切だった。

「先生、コピーして配ってはいけませんよ」と、言ってくれた。私は、うんと頷き、妹尾君が卒業してからコピーして授業前に配った。その方がもっと親切だろう。どうしても筋が欲しいのだからしかたないではないか。だが以後も、もちろん、私はコピーとは全く無縁の別の話を定年までつづけた。

防衛大学校に大学院のなかった頃、自衛隊の幹部候補生が筑波大学の大学院に来ていた。いま海将補をしている真殿知彦君は一等群を抜いていた。現代韓国朝鮮学会の学会づくりをしていた時で、尽力の要だった彼をねぎらって私はこう言った。

「真殿君が軍で、僕が民で、軍民一致だね」、すると、

「いいえ、先生は軍です。軍軍一致です」と、応えた。

私が何かと戦う人生を選び取っているのを察知したのであろう。

「わたしの仕える万軍の主は生きておられます」（エリシャ。列王紀下3：14）とは、私は言わなかったが、これは旧約の預言者たちの一面を突いている。彼らは架空の万軍を背負って、毎日懸命にサバイバルしていたのだ。その姿が美しいのである。

勉強して筋をつけるのは時代遅れ

ここで若い読者に一言申し述べたいことがある。どうかこの本を勉強の素材だと思わないでほしい。

アハブとか、ベテルとか、意味の分からない単語は捨てておく。あとで気になれば、ネット検索すればよいのである。

勉強のできる子は、意味が分からなくてもすいすい頭に入ってしまう、いわばＡＩ頭なのだ。学校教育は国民の民度を上げるために必要なだけで、それらしく筋が作ってあるが、そんなものは個々の事実を確かめれば簡単に壊れてしまう。ＡＩ頭はそのうち本当のＡＩに取って代わり、意味がなくなるだろう。

国立大学の勉強ができる学生は、ほうっておくとテレビによく出てくる三浦瑠璃氏（この人には本当は理力がある）みたいに、筋だらけでがんじがらめになってしまうから、私の作った因果ストーリでうまく視覚映像が結べるかどうかを確かめてほしい。類似・欠如・例外を考えるとよい。あとは方法論の体得だ。体育や美術のように社会科学を修めてほしい。

勉強できない子はできなくても全然大丈夫、勉強できない文芸評論家の富岡幸一郎は、鎌倉文学館の館長をしているし、使者のように私を言葉で導けるのだ。この人のすごさは、『使徒的人間――カール・バルト』（講談社文芸文庫、二〇一二年）を読むといい。

勉強のできない子は、私の本を小説や物語として読んでほしい。そして思考経験を知覚経験に変えていく、そこにいるように体験してしまうことが大事だ。これが「教養」の極意。十年やれば、教養人になれる。日本の今の小説家は、朝日新聞と同じことばかり言う非教養人に成り下がっているから、将来の文学界はブルー・オーシャンだ。今までの小説とはまったく違う物語をつくればよい。

西洋人の間違った学説は弾く

人文でも社会科学でも、究極的に正しさを決めるものは、向う側の美であると思う。これは概念化できない。こちら側で直観できるものは、「感動」しかないのだ。

工学系で間違っていれば製品ができない。医系、理系では再現実験で失敗を繰り返せば、漸進的に間違っていたことが分かる。数学は難しい。間違っていたことが分かるまで何度も演算して何年もかかることがある。文系は、さらに難しい。だれも止めに来ないし、自然も沈黙する。だから仮説1を検証して、だめだったら仮説2に移るなどという芸当は、文系ではとれない。

社会学者の大澤真幸氏は、仮説1が止められず、マルクス学を「プロレタリアートの宗教」にしてしまった（『社会学史』講談社現代新書、二〇一九年）。だが、これは一面で当たっている。マルクスの進歩史観の核にあるのは、「プロレタリアート」という実在しない神なのである。ヘーゲルの絶対精神がプロレタリアートに化けたものだと言っても良い。だが、これらの説を人は正しいと認められるだろうか？

第一に、何の財も持たない無産者など存在しない。歴史とはそれが書かれた紙だ。紙背に何者かが潜んでいるというのか。第二に、この説は何の役にも立たない。社会科学で失敗と成功を決めに訪れるものは、第二審級では「有用性」だ。それは「最大多数の最大幸福をもたらす」（ベンサム）有用性であるべきである。そうでないと不幸者が増える。

ジョン・ロックの社会契約説は、契約書が一枚も現実的に存在しないので、本当は間違っている。だが、有用性がある。テレビドラマで、復讐犯が公園に本物の犯人を呼び出して果物ナイフで刺そうとする。刑事がばらばらと急に現れて、「法の正義に任せよ」と言って取り押さえる。あれがロックである。復讐の自然権（擬制）を国に委譲させたのだ。役に立つので「有用性のある擬制」という。だが、間違っているので美はアウトだ。こんな間違った学説を一生研究してはいけない。それは無明である。

謝辞

筋のないまま、どんどん話が広がるので、この辺で終わりにしたい。本書はもともと雑誌『ＷＩＬＬ』の連載「預言者の時代」（全三十八話）を私がまとめて、加筆・削除・修正したものである。『ＷＩＬＬ』の立林昭彦編集長とＷＡＣの鈴木隆一社長に感謝したい。

肺ガンを患ったので、この本が最後になるかもしれない。もうすぐ私の無知・無明との戦いも終わる。いままでお世話になった方々に感謝しておきたい。

下関市立大学の就職でお世話になった、中嶋嶺雄先生（故人、政治学）、小木裕文先生（国際関係）、伊豆見元さん（朝鮮政治）。筑波大学の就職でお世話になった、阿部洋先生（教育学）、石田敏子先生（日本語学）、稲葉継雄先生（教育学）、ありがとうございました。

最後に、韓国で流浪していた筆者を、日本国に着地させてくれた元在日韓国人で皇室ファンの妻、金寿美子にこの本をささげよう。

令和二年一月五日　筑波の寓居にて

乱蝉亭（筑波の蝉もめっきり静かになった）

古 田 博 司 *Hiroshi Furuta*
1953年生まれ。政治学者・歴史学者。博士（法学）は政治学の学位。専門は、政治思想・東洋政治思想史。慶應義塾大学文学部史学科卒業。同大学院文学研究科東洋史専攻修士課程修了。ソウル大学師範大学院国語教育科に留学。延世大学や漢陽大学の日本語講師、下関市立大学経済学部講師、筑波大学社会科学系助教授などを経て、筑波大学人文社会系教授を長く務め、2019年に退官。現在は、筑波大学名誉教授。著者に『東アジアの思想風景』（岩波書店。サントリー学芸賞）、『東アジア・イデオロギーを超えて』（新書館。読売・吉野作造賞）、『ヨーロッパ思想を読み解く』（ちくま新書）、『「紙の本」はかく語りき』（ちくま文庫）など多数。

旧約聖書の政治史

預言者たちの過酷なサバイバル

2020年5月25日　第1刷発行

著者――――――――古田博司
発行者――――――――神田　明
発行所――――――――株式会社 **春秋社**
〒101-0021 東京都千代田区外神田2-18-6
電話 03-3255-9611
振替 00180-6-24861
https://www.shunjusha.co.jp/
印刷・製本――――――萩原印刷 株式会社
装丁――――――――河村　誠

Printed in Japan, Shunjusha
ISBN978-4-393-32386-1
定価はカバー等に表示してあります